KB199006

드림빅

DREAM BIG 드림 빅

불멸의 위대한 기업을 만들자
대담한 꿈을 꾸자

크리스치아니 코레아 지음 | 이미숙 옮김 | 짐 콜린스 서문

서문

불멸의 위대한 기업을 만드는 경영 철학 10계명

"결국 나는 교사다. 그것이 진정으로 내가 생각하는 내 모습이다."

-조르지 파울루 레만

내가 이 놀라운 이야기를 처음 접한 것은 1990년대 초반 스탠퍼드대 경영대학원의 한 교실에서였다. 당시 나는 '불멸의 위대한 기업을 세우기 위해 필요한 요소'라는 주제로 경영 프로그램의 사례 토론을 이끌고 있었다. 그 교실의 앞줄에는 수수한 치노* 바지와 캐주얼한 셔츠를 입은, 눈에 띄지 않는 소극적인 경영자 한 명이 앉아 있었다. 내가 격렬하게 몸짓을 섞어가며 월마트의 기업가 샘 월튼을 예로 들어 이야기를 시작하자 그의 얼굴에 생기가 돌았다. 나는 월튼이 문화를 창조하고 위대한 조직을 설립한 과정을 설명하면서 월마트가 성공한 것은 기업 전략이라는 개념보다는 바로 그 과정 덕분이었다고 설명했다. 아울러 샘 월튼이 '시간을 알리는 사람time teller'이라기보다는 '시계를 만드는 사람clock-maker'에 가까우며, 자신의 천재적인 통찰력과 카리스마 넘치는 개성에 의존하지 않는 방향으로 건설했다고 역설했다.

그때 앞줄에 앉은 경영자가 손을 들고 내 말에 반박했다. "글쎄

* 군복 등에 쓰이는 카키색의 질긴 면직물-옮긴이

요, 샘을 개인적으로 아는 사람으로서 당신 말에 동의할 수 없군요. 나는 샘이야말로 월마트가 거둔 성공의 핵심이며 그의 천재적인 통찰력이 월마트를 오랫동안 이끌어왔다고 생각합니다." "맞습니다." 나는 일단 인정한 다음 되받아쳤다. "하지만 리더 한 사람의 능력을 넘어 번창할 수 있는 기업을 세워야 비로소 진정한 위대함이 빛을 발하는 법이지요. 당신은 그렇게 생각하지 않으십니까?"

우리는 복도로 나가면서까지 토론을 계속했다. 나는 그 경영자가 한 세대의 리더십을 넘어서는 지속적인 위대함이라는 개념에 매료되었을 느꼈다. 그는 내게 브라질로 와서 그의 두 파트너와 회사 직원들에게 내 아이디어들을 전달할 수 있겠냐고 물었다. 그때만 해도 나는 이 뜻밖의 순간이 평생 여러 사업가와 맺은 관계 중에서 가장 고무적인 우정으로 이끌어주리라는 사실을 미처 알지 못했다.

그 경영자의 이름은 조르지 파울루 레만Jorge Paulo Lemann이었고 그의 파트너들은 마르셀 에르만 텔레스Marcel Herrmann Telles와 카를로스 알베르투 시쿠피라Carlos Alberto Sicupira였다. 그의 회사는 투자 은행 가란치아Garantia였다. 그들에 대해서 전혀 들어본 바가 없었던 나는 MBA 과정을 밟고 있는 브라질 출신 제자에게 물었다. "이보게, 이 사람들에 대해 들어본 적이 있는가?" 제자는 마치 내가 "워렌 버핏이나 빌 게이츠 아니면 스티브 잡스에 대해 들어본 적이 있는가?"라고 묻기라도 한 것처럼 미친 사람 보듯이 쳐다보았다. 그리고는 그 투자 은행에 관한 기사를 보여주며 젊고 열정적인 인재들을 모아 팀을 구성한 작은 중개 사무실을 남아메리카 최대의 투자 중심지로 일구어낸 전설을 전했다. 그러더니 "아, 지금은 맥주 사업을 하고 있어요."라고 덧붙였다. '맥주 사업이라고?' 나는 속으로 생각했다. '대체 투자 은행이 맥주 업계에서 뭘 하는 거야?' 만일 그때 누군가가 나에게 이 은행가들이 세계 최대의 맥주 회사를 설립해 앤호이저-부시Anheuser-Busch를 매입할 꿈을 꾸고 있다고 말했다면 아마 "그건 비전이 아니라 망상"이라고 말했을 것이다. 하지만 그들은 이 망상을 현실로 바꾸었다.

나는 거의 20년 동안 그 회사, 문화, 그리고 세 파트너와 친숙한 관계를 쌓았다. 덕분에 영광스럽게도 최근 몇 년 동안 이 성공담의 전개를 지켜볼 수 있었다. 나는 우리가 그토록 친한 친구가 될 수 있었던 것은 아마도 그들이 지난 20년 동안 내 지적 호기심을 사로잡았던 문제, 즉 '영속적인 위대한 기업을 설립하려면 무엇이 필요할까?'에 깊이 공감했기 때문이라고 믿는다. 그들은 내가 제리 포라스Jerry Porras와 1994년에 공저 『성공하는 기업들의 8가지 습관』을 출간했을 때 본능적으로 그 개념들, 특히 사실상 영속할 수 있는 기업을 만든다는 대담한 꿈에 이끌렸다.

이 20년 동안 나는 그들에게서 많은 점을 배웠다. 이제 이 서문에서 그들의 여정을 지켜보고 가르치고 배우면서 조금씩 수집한 열 가지 교훈을 여러분과 공유하고 싶다.

1. 언제나 (무엇보다) 사람들에게 투자한다

세 창업자들은 물론 금융 분야에서 남다른 천재성을 지녔다. 하지만 그들이 성공을 거둔 주된 요인은 천재성이 아니었다. 그들의 일차적인 투자 대상은 처음부터 사람, 특히 젊고 유능한 리더들이었다. 그들의 철학은 (비록 검증되지 않았다 하더라도) 유능한 사람에게 기회를 주고 그동안 몇 차례 실망스러운 일이 일어나더라도 감내하며 사람들에 대한 신뢰를 저버리지 않는 편이 더 이롭다는 것이다. 그들의 성공 비법은 무엇보다 적절한 인재를 찾아 투자하고 도전을 제시한 다음 그들 중심으로 기반을 쌓고 대담한 꿈을 성취하며 순수한 기쁨과 환희를 경험하는 모습을 지켜보고 싶다는 간절한 열망이다. 적절한 인재를 구해 투자하고 도전을 제시하는 것이다.

세 창업자는 인재들을 중심으로 토대를 쌓아 원대한 꿈을 성취하고 순수한 기쁨과 환희를 경험하는 모습을 지켜보는 것에 집착하다시피 했다. 아울러 검증된 사람들과 가능한 한 오랫동안 일하는 것 또한 이에 못지않게 중요하게 여겼다. 매우 흥미롭게도 세 창업자는 함께 40년을 일하는 동안 줄곧 단결해왔다. 또한 현 CEO인 카를로스 브리투Carlos Brito처럼 그들이 이 시스템에 영입한 최고의 젊은 인재 중에는 수십 년 동안 열정을 잃지 않고 헌신한 사람이 많다. 즉 그들은 단순히 적절한 인재를 확보하는 것이 아니라 적절한 인재를 오랫동안 확보한 것이다.

2. 대담한 목표를 세우고 인력을 구해 강력하게 추진해간다

위대한 사람들에게는 중요한 임무를 맡겨야 한다. 그렇지 않으면 그들은 타고난 창조적인 에너지를 다른 곳에 쏟을 것이다. 세 창업자들이 일종의 이중 추진 구조를 개발한 것은 바로 그 때문이다. 첫째, 훌륭한 인재들을 확보한다. 둘째, 그들에게 수행해야 할 중대한 일을 제시한다. 그런 다음 더욱 훌륭한 인재들을 확보하고 수행해야 할 중대한 일을 다시 제시한다. 그리고 같은 과정을 계속 반복한다. 그들은 이런 방식으로 오랫동안 추진력을 유지했다. 또 언제나 크고 위험하고 대담한 목표인 비핵BHAGs, Big Hairy Audacious Goals이라는 개념에 공감하며 성취하려는 문화를 조성했다. 나는 그들을 지켜보면서 원대한 목표를 추구하려면 훌륭한 인재를 지속적으로 구해 추진력을 유지해야 한다는 것과 그 일은 내재된 위험을 감수할 만한 가치가 있다는 것을 배웠다. 이는 훌륭한 등반팀을 유지하는 방법과 비슷하다. 큰 산 하나를 오르고 다음번에 또 큰 산을 오르고 그 다음번에 더 큰 산을 오르는 일에는 언제나 위험이 따른다. 하지만 올라야 할 새로운 큰 산이 없다면 그 등반팀은 더 이상 발전하고 성장하지 못할 것이다. 그렇게 되면 결국 최고의 등반가들을 잃게 될 것이다.

3. 인센티브와 능력주의에 기초한 주인의식 문화를 창조한다

세 창업자는 대담한 꿈에는 보상이 따르는 일괄적인 문화를 조성하여 사람들에게 공유할 기회를 제공했다. 이 문화는 지위보다는 성과, 연령보다는 성취, 위치보다는 기여, 신임보다는 재능을 중요시했다. 그들은 이 세 가지 요소(꿈+사람+문화)를 하나의 강력한 조합으로 묶음으로써 지속적인 성공의 비법을 창조했다. 이 문화는 성과에 보상을 제시했다. 이 문화가 통하는 경계선 안에서 중대한 공헌을 하고 결과를 전달한 사람이면 누구나 성공할 수 있었다. 하지만 아무리 큰 신임을 받고 있더라도 이례적인 성과를 거두지 못한 사람은 결국 쫓겨날 수밖에 없었다. 세 창업자는 최고의 인재들은 능력주의를 바라지만 평범한 사람들은 그것을 두려워한다고 믿었다.

4. 매우 다양한 산업과 지역에 위대한 문화를 수출할 수 있다

진정으로 주목할 만한 사실은 이 모형(꿈-사람-문화)이 투자 은행과 금융 분야에서 맥주 업계로 확장됐고 브라질에서 남아메리카, 유럽과 미국을 거쳐 이제 전 세계로 퍼져나갔다는 점이다. 레만, 텔레스, 시쿠피라에게 문화란 단순히 전략을 지지하는 수단이 아니다. 사실 문화가 곧 전략이다. 세 파트너는 끊임없이 새로운 산업으로 진출해 이를 여러 지역으로 확장하고 한층 큰 목표를 향해 전진하면서 언제나 자신들의 핵심 가치관과 특이한 문화를 유지했다. 이들의 사례는 영속하는 위대한 기업에서 입증된 '핵심을 보존하고 진보를 자극하라'는 기본적인 역학을 훌륭하게 증명했다. '다른 지역을 보면 미래를 예측할 수 있다'는 가르침을 실천하면 확실한 대가를 얻을 수 있다. 초창기에 이 세 창업자는 브라질에서 미국까지 두루 둘러보고 이미 효과를 거두고 있는 모범 관행들을 확인했다. 그런 다음 브라질에서도 그러한 일이 일어나기를 기다리는 대신 적극적으로 수입해서 남들보다 먼저 실천하고자 노력했다.

5. '돈 관리'가 아니라 위대한 것을 창조하는 일에 초점을 맞춘다

세 창업자는 브라질 경제의 혼란기에 성년이 됐다. 나는 그때의 경험에 대해서 물은 적이 있었다. "그런 불확실한 인플레이션 시기에는 돈 관리하는 방법에 대해 어떻게 배웠습니까?" 대답은 이러했다. "다른 모든 사람이 돈을 관리하는 데 시간을 쏟고 있을 때 우리는 회사를 설립하는 데 시간을 투자했습니다. 회사를 설립하게 된다면 결국 부를 창출하는 최고의 방법이 될 테니까요. 돈 관리 자체는 위대하고 지속적인 것을 창조할 수 없지만 위대한 것을 수립하면 중대한 결과를 얻을 수 있죠." 세 창업자가 브라마Brahma 맥주를 매입하기로 결정했을 때 많은 사람이 브라마를 이용해 신속한 기업 회생을 꾀할 것이라고 예상했다. 그러나 매입한 지 20여 년이 지난 지금 그들이 브라마를 금융 거래의 수단으로 생각한 적이 없다는 사실이 입증됐다. 오히려 그들은 브라마 매입을 회사를 설립하는 과정의 또 다른 단계로 보았다. 이렇듯 그들은 한탕주의 사고방식을 반대하며 언제나 오래 지속되는 기업을 설립하기 위해 노력한다.

6. 모든 단계에서의 단순함에 천재성과 마법이 담겨 있다

세 창업자는 거의 모든 단계에서 단순함을 구현한다. 먼저 그들의 옷차림은 무척 수수해서 사람들 틈에서도 눈에 띄지 않는다. 또한 그들의 집무실은 언제나 소박하며 중역실에만 머물면서 다른 직원들과 거리를 두는 일도 없다. 그들은 지속적으로 회사를 성장시키는 데만 초점을 맞추기 위해 점점 늘어가는 부로 풍족한 생활을 누리는 대신 소박한 생활방식을 유지했다(내가 배운 바에 의하면 진정한 부의 증거는 우선순위에 초점을 맞출 시간을 정해서 표시해둔 달력이다). 그들의 사업 전략 또한 매우 단순하다. 훌륭한 인재를 구하고 중대한 일을 제시하고 능력주의에 기초한 주인의식을 갖춘 문화를 유지하는 것이다. 본질적으로 이것이 전부이며 더 복잡한 사항은 없다. 진정한 천재성은 개념을 복잡하게 만드는 것이 아니라 복잡한 세계를 매우 단순화하고 그것을 오랫동안 유지하는 것이다.

7. 열광적인 사람들과 일할 때 승수효과가 일어난다

“여러분이 찾고 있는 유형의 사람이 지닌 핵심은 무엇입니까?”

한번은 내가 그렇게 물은 적이 있었다. 그러자 그들은 “우리는 열광적인 사람을 찾고 있습니다.”라고 대답했다. 현대인들은 즉효약과 이례적인 결과를 거둘 수 있는 지름길을 원하지만 그런 쉬운 길은 존재하지 않는다. 오로지 진지하고 장기적이며 지속적인 노력만 존재할 뿐이다. 그런 기업을 설립하려면 반드시 열광적이어야 한다. 이처럼 열광적인 사람들은 다른 이들에게 위협적으로 보일 수 있어 인기를 누리진 못하지만 같은 유형의 사람과 만났을 때는 승수효과가 일어나며 누구도 막을 수 없다.

8. 잠재적 위기에는 속도가 아니라 규율과 침착함이 핵심이다

2008~2009년 금융 위기가 시작됐을 때 이 회사는 단 500억 달러만 대출해서 역사적인 앤호이저-부시 인수를 진행했다. 이전 몇 년 동안 이 회사의 이사회는 매년 콜로라도주 볼더의 산꼭대기에 있는 내 경영 연구소에서 가장 중대한 문제를 의논하면서 시간을 보냈다.

나는 2008년 볼더 회의에 참석했을 때 그들이 위기감을 느끼고 어쩔 줄 몰라 할 거라고 예상했다가 의외로 침착하고 진지하게 이 어마어마한 위험의 시대를 헤쳐 나가는 모습에 무척 놀랐다. 그들은 당황한 기색을 보이지 않고 여러 가지 선택 방안을 세심하게 고려해서 신중하고 과감한 결정을 내렸다. 사람들은 대체로 불확실한 혼란의 시대가 닥치면 최대한 빨리 행동하기를 원한다. 마치 그렇게 하면 위기가 사라지기라도 하는 양 말이다. 그러나 앤호이저-부시 인에브AB Inbev 이사회의 철학은 이와는 달랐다. 결정을 내리기까지 얼마나 시간이 있는지 파악한 다음 그 시간을 이용해 최선의 결정을 내리며 침착함을 잃지 않았다. 한 창업자는 이렇게 말했다.

"불확실성을 견디지 못하고 없애려는 것이 인간의 본성이지요. 하지만 욕망은 우리가 어떤 결정을 내리고 조치를 취하든 상관없이 빨리 이따금 지나치게 빨리 결정하도록 몰고 갈 수 있습니다. 그래서 우리는 행동하기에 앞서 상황 파악할 시간이 있으면 먼저 전개를 지켜봅니다. 물론 적절한 시기가 닥쳤을 때 단호하게 행동할 준비도 해야 하죠."

9. 강력하고 단련된 이사회가 강력한 전략적 자산이 될 수 있다

브라질 사람들과 벨기에 사람들이 세계 최대의 맥주 회사 합병을 진행하기 위해 만났다. 그때 이 두 문화가 어떻게 공존할 수 있을지가 화두로 떠올랐다. 그러나 두 나라 사람들은 이내 하나로 통합됐다. 어떻게 이런 일이 가능했을까? 그것은 모든 관련자에게 한 가지 목표, 즉 위대하고 영속적인 기업을 만들기 위해 최선의 일을 실천한다는 목표가 있었기 때문이다. 그들은 모두 '꿈-사람-문화' 철학을 토대로 완전히 통합된 한 집단이 돼 2008~2009년 금융위기를 헤쳐 나갔다.

미국의 이사회는 대부분 최고경영자에게 우호적이며 대부분의 권력이 그에게 집중돼 있다. 이사회가 중요할 때는 오직 실패한 CEO를 교체할 때가 닥친 경우뿐이다. 하지만 앤호이저-부시 인베브 이사회는 회사 권력의 핵심이다. 이 회사는 이사회가 비핵BHAGs

을 수립하고 전략을 개발하고 문화를 유지하고 기회를 포착하고 혼란의 시기에 주도적으로 회사를 지휘할 수 있다는 모범적인 사례를 보여주었다. 그처럼 강력하고 통합된 이사회가 없었다면 앤호이저-부시 인베브가 2008~2009년에 닥쳤던 여러 도전에 그처럼 강력하게(어쩌면 전혀) 대처하지 못했을지도 모른다. 앤호이저-부시 인베브 이사회는 회사의 경영 문화를 조성하고 유지하는 일에 열정적으로 주의를 기울이는 만큼 이사회의 문화, 규율, 활력에 지속적으로 주의를 기울인다. 가장 중요한 사실은 이사회가 그 해의 4분기가 아니라 수십 년 동안 측정한 장기적인 주주 가치를 위해 결정을 내리고 자본을 할당한다는 점이다. 만일 이런 이사회가 많아진다면 더욱 좋은 성과를 거두고 오래 지속되는 기업도 많아질 것이다.

10. 멘토와 스승을 찾고 그들을 서로 연결시킨다

조르지 파울루 레만은 사회 초년병이었을 때 위대한 일본 실업가 마쓰시타 고노스케, 통찰력 있는 소매업자 샘 월튼, 투자의 귀재 워렌 버핏 등 배울 수 있는 사람들을 적극적으로 찾아다니며 교류하곤 했다. 그뿐만 아니라 위대한 사람들을 다른 위대한 사람들과 연결할 방법을 모색했다. 이때 전통적인 방식으로 '연결'하기보다는 뛰어난 사람들 사이의 상호작용을 촉진시켜 모든 사람이 그 비범한 수준을 배우도록 자극했다. 흥미롭게도 그는 50대, 60대, 그리고 70대에 접어들어서도 이런 배움의 여행을 계속하며 자신보다 젊은 멘토와 스승을 찾았다. 세 창업자는 언제나 학생으로 남아 최고로부터 배우고 다음 세대를 가르친다. 내가 짐작하기에 조르지 파울루 레만, 카를로스 알베르투 시쿠피라, 그리고 마르셀 에르만 텔레스는 나를 스승으로 보았던 것 같다. 그러나 아이러니하게도 사실상 내가 그들에게서 더 많은 것을 배웠다.

나는 역사상 가장 비범한 몇몇 사업 스토리, 기업가, 그리고 그 기업을 설립한 리더들의 발전을 연구한 사람으로서 소박하게 시작해 세계적인 명성을 얻은 이 이야기에 브라질 사람들이 무한한 자부심을 느껴야 마땅하다고 단언한다. 이는 월트 디즈니, 헨리 포드, 샘 월튼, 아키오 모리타, 그리고 스티브 잡스 같은 위대한 사업계 선지자들의 반열에 들 만한 이야기이다. 아울러 전 세계 리더들이 교훈과 영감의 원천으로서 반드시 알아야 할 이야기이기도 하다.

무엇보다 이 이야기는 아직 끝나지 않았다. 이 열광자들이 아무리 많은 것을 성취했더라도 결코 멈추지 않고 질문하듯이 말이다. 이제 다음 차례는 무엇일까?

짐 콜린스

미국 콜로라도주 볼더에서

2013년 1월 4일

| 차례 |

DREAM

BIG

Dream Big

1

능력주의와 파트너십으로 새로운 역사를 창조하다

: 앤호이저-부시를 인수하며 세계 4대 소비제품 그룹이 되다

2008년 5월 말 브라질 기업가 조르지 파울루 레만은 고비 사막을 여행하고 있었다. 그때 그의 휴대전화가 끊이지 않고 울려대기 시작했다. 그는 아내 수자나 그리고 전 브라질 대통령 페르난두 카르도주와 그의 아내 루스와 함께 아시아에서 휴가를 보내던 중이었다. 그들은 중국 북부에 위치한 세계 최대의 사막, 몽골 남부의 험준한 산맥, 자갈로 덮인 평원, 그리고 끊임없이 움직이는 모래언덕이 몹시 보고 싶었다. 이 지역은 여름에는 40도가 넘고 겨울에는 영하 40도로 떨어지는 극한 기온 지역이다.

레만은 여행 일정을 따를 생각이었으나 휴대전화는 항상 곁에 두었다. 상황이 급박했다. 몇 달 전 그는 벨기에-브라질 맥주 회사 인베브(암베비의 소유주) 이사회 임원이자 주주인 파트너 마르셀 에르만 텔레스와 카를로스 알베르투 시쿠피라와 함께 세계에서 가장

많이 팔리는 맥주 버드와이저의 제조업체인 앤호이저-부시AB를 인수할 계획을 세웠다.

은행, 변호사, 그리고 소수의 인베브 이사단은 이른바 암스테르담 프로젝트를 철저히 비밀리에 진행했다. 인수가 성사될 경우 인베브와 앤호이저-부시의 합병으로 탄생할 회사는 피앤지P&G, 코카콜라, 그리고 네슬레 같은 거대 기업의 뒤를 이어 세계 4대 소비제품 그룹이 될 터였다. 미국 자본주의 상징인 회사의 인수는 세 카리오카cariocas*가 이제껏 성사시켰던 거래 가운데 최대 규모일 뿐만 아니라 브라질에서 가장 유력하고 세계에서 가장 넓은 지역에 진출하는 사업가로 거듭나게 해줄 거래였다.

모든 일이 철저히 통제된 것처럼 보였지만 5월 23일 오후 2시 29분 『파이낸셜 타임스』 알파빌 블로그를 통해 전 세계에 그들의 비밀이 폭로됐다. 인베브가 역사가 오래된 앤호이저-부시를 대상으로 460억 달러에 상당하는 매입 제안을 준비하고 있다는 글을 게재했다. 이 글에는 회사를 매입할 자금의 조달 모형, 거래를 계획한 관련자들의 이름, 오거스트 부시 4세에게 처음 접근했던 시기, 그리고 회사명의 원천이 된 그 가문의 구성원까지 자세히 나와 있었다. 비록 아시아 최대의 사막 한복판에 '푹 빠져 있었지만' 레만은 전체 계획을 위태롭게 만들지도 모를 누출 정보를 무시할 수 없었다.

카르도주 전 대통령은 "그는 중국으로 여행하는 내내 침묵을 지켰는데 휴대전화에 매우 객관적인 방식으로 모든 것을 정리했다."

---

* 리우데자네이루 출신 사람

라고 말했다. 그는 대통령직에서 물러난 후에 레만과 친해졌다. 그 사막 여행은 바로 두 사람이 처음으로 함께 떠난 여행이었다. 레만은 낙타 타기를 즐기는 한편 일생일대의 가장 야심찬 사업을 지휘하면서도 한 통의 전자우편에만 일부러 답장을 보내지 않았다. 그 전자우편은 부시 4세가 보낸 것이었다. 자기 가문이 설립한 회사를 잃을 위험에 처했다는 소식을 인터넷에서 접한 후 레만에게 해명을 요구하는 내용이었다. 레만은 부시 4세에게 인베브가 그의 회사를 장악할 의도가 없음을 전달할 최선의 방법을 생각해내야 했다. 그 역시 이것이 쉽지 않은 대화가 되리라는 사실을 알았다. 당장은 무슨 말을 전하기보다는 기다리는 편이 나았다.

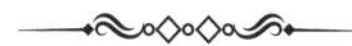

브라질의 삼총사 레만, 텔레스, 시쿠피라의 계획은 물론 앤호이저-부시와 전 세계 분석가, 투자가, 기자들에게 충격적이었을 것이다. 하지만 이는 그들이 리우에 본사를 둔 맥주 회사의 통수권을 매입했던 1989년부터 줄곧 꿈꾸어 왔던 일이었다. 당시 세 사람은 맥주 업계에 대해서는 완전히 문외한이었다. 그들은 1971년 레만이 설립했던 가란치아라는 투자 은행을 통해 자금을 확보했다. 이 은행은 능력주의*와 파트너십**을 강조함으로써 새로운 역사를 창조했다. 그때까지만 해도 능력주의와 파트너십이라는 개념은 브라질에서 전례를 찾아볼 수 없었다. 텔레스와 일명 베투Beto라 불리는 시쿠

* 근무 기한과 같은 요소를 고려하지 않고 순전히 성과를 토대로 직원들에게 보상하고 승진시키는 방식

** 최고 성과를 거둔 사람들에게 회사의 파트너가 될 기회를 제공하는 방식

피라는 모두 리우의 중산층 출신으로 이 새로운 개념의 전형과도 같은 인물이다. 레만은 가란치아를 설립한 첫 해에 두 사람을 고용했다. 그들은 승승장구하며 마침내 레만의 핵심 파트너가 됐다.

시쿠피라는 1980년대 초반 은행의 일상 업무에서 손을 떼고 바로 얼마 전에 가란치아가 매입한 소매 체인점 로자스 아메리카나스의 지휘를 맡았다. 그때껏 브라질 투자 은행이 어떤 회사를 매입해 경영권을 인수한 사례는 전혀 없었다. 텔레스는 훗날 금융계를 떠나서 위기에 처한 한 맥주 회사를 국제적인 기준의 기업으로 변모시키는 과업을 떠맡음으로써 시쿠피라와 같은 길을 걸었다. 텔레스가 인수한 브라마는 당시 세계 최대 맥주 제조 회사인 앤호이저-부시의 규모에 비하면 보잘 것 없는 수준이었다. 텔레스가 한번은 이렇게 말한 적이 있다. "나는 회사 사람들에게 우리가 언젠가 앤호이저-부시를 사들일 것이라고 말하면서 웃곤 했죠. 사람들이 나를 미쳤다고 생각할까봐 지레 웃은 겁니다. 비록 그건 한낱 꿈이었지만 앞날을 미리 그려보면 꿈을 성취할 가능성이 있죠."

앤호이저-부시에게 거래를 제안하기까지 긴 행로를 거쳤다. 몇 가지 중대한 사건을 짚어보자면, 1999년 상파울루 맥주 회사 안타르치카를 매입해 암베비를 설립했고 2004년에는 벨기에의 인베브와 거래를 체결했다. 브라마를 매입하고 20년 남짓 지난 2008년 레만, 텔레스, 시쿠피라는 마침내 거대 기업 앤호이저-부시를 삼켜버릴 태세를 갖추었고 먼저 새어나간 뉴스 기사도 그들의 앞길을 막지 못했다. 흔히 '4세'로 일컬어지는 부시 4세는 자신의 사형 집행자가 될 수도 있는 사람이 답장을 보내지 않자 무척 당황스러웠다. 그와 팀원들은 이 브라질 사람들이 과연 미국의 상징과도 같은 기업을 장악할 배짱이 있을지 궁금했다. 전통과 규모 면에서는 남부럽지 않았으나 사실 앤호이저-부시는 이미 과거의 광채를 잃은 상태였다.

1852년 일단의 독일 이민자들이 미시시피 강둑의 세인트루이스에 설립했던 이 회사의 본래 명칭은 바바리안 브루어리였다. 8년 뒤 회사는 비누 공장을 운영해 재산을 모았던 지역 사업가 에버하르트 앤호이저Eberhard Anheuser에게 매각됐다. 그후 그의 사위 애돌퍼스 부시Adolphus Busch가 참여하면서 회사는 급성장하기 시작했고 1896년 버드와이저 브랜드가 출시됐다. 부시가 장인이 보유한 주식의 50퍼센트를 매입하면서 회사명을 앤호이저-부시로 바꾸었다. 그때껏 이 회사는 후손에게 지휘권을 물려주는 가족 소유 업체였다. 모든 가족 구성원이 그야말로 요람에 있을 때부터 회사와 연을 맺었다. 그들에게는 가문에 남자 아이가 태어나면 몇 시간 안에 버드와이저 다섯 방울을 먹이는 전통이 있었다. 이 전통은 몇 십 년 동안 맥을 이어갔다.

지난 세기 말에 앤호이저-부시의 미국 시장점유율은 60퍼센트에 이르렀으며 총 수입은 최대 규모였다. 그러나 이 같은 대기업에서 흔히 볼 수 있듯이 전성기 뒤에는 쇠퇴가 따르게 마련이다. 앤호이저-부시는 인베브 같은 경쟁 회사들이 세계로 사업을 확장하는 동안 오로지 미국 사업에 집중하며 국제무대에 진출할 기회를 무심히 흘려보냈다. 그 결과 회사 수익이 정체되기 시작했다. 미국 기자 줄리 매킨토시Julie MacIntosh가 저서 『국왕 폐위시키기: 앤호이저-부시의 적대적 인수』에서 설명했듯이 설상가상으로 풍요로운 생활에 익숙해진 상속자들과 경영진이 특전을 흥청망청 낭비했다.

항공기 기단이 부시 가족과 회사 임원진을 위해 항시 대기하고 있었다. 민간 비행기 여섯 대와 헬리콥터 두 대로 구성된 이 기단에 고용된 조종사만 무려 스무 명이었다. 회사 비행기에 탑승하지 못한 직원들은 1등석을 이용할 수 있었다. 숙소는 언제나 뉴욕의 피에르 같은 5성급 호텔이었고 일반적인 사업상 식비가 거의 미화 1,000달러에 이르렀다. 앤호이저-부시는 부시 가든스 같은 특이한 '장난감'과 플로리다의 시월드 놀이공원 등 버릇없는 아이가 원하는 것이면 무엇이든 사도록 내버려두는 애정 과다 엄마와 같았다. 롤러코스터나 훈련된 돌고래가 양조 회사와 어떤 연관성이 있는지 도무지 이해할 수 없었지만 앤호이저-부시의 경영주들에게 이런 사실은 전혀 문제가 되지 않는 것처럼 보였다.

고비용을 죄악처럼 여기는 인베브에서 이런 일이 일어날 리가 만무하듯이 호화로운 인수가 진행될 가능성도 희박했다. 인베브의 중역들은 비행기에서 일반석을 이용하고 3성급 호텔에 투숙했다. 심지어 두 사람이 한 방을 쓰는 경우도 있었다. 식사는 소박했고 기껏해야 맥주로 입가심하는 정도였다. 바야흐로 이처럼 정반대인 두 세계가 곧 충돌할 참이었다. 인베브 경영진은 이런 차이점들을 익히 알고 있었다. 2006년 말 그들은 앤호이저-부시를 인베브의 미국 공식 수입업체로 선정하는 계약을 맺었다. 이 계약을 통해 미국인들이 스텔라 아르투아와 벡스 같은 세계적으로 유명한 브랜드를 접하게 되자 앤호이저-부시의 상황이 어느 정도 호전됐다. 하지만 실상 그것은 미국의 사업 파트너를 얻어 그들의 운영 방식을 가까이서 지켜볼 수 있었던 인베브에게 훨씬 더 유리한 거래였다. 기업의 총수권자가 된 후에도 본사에는 좀처럼 모습을 드러내지 않았던 왕년의 플레이보이 부시 4세는 자신이 어떤 위험을 향해 가고 있는지 미처 깨닫지 못한 채 인베브의 CEO 카를로스 브리투에게 문을 열어준 셈이었다.

1960년생인 브리투는 레만에게 받은 장학금으로 스탠퍼드에서 MBA 과정을 마쳤다. 가란치아에 입사해 브라마를 인수할 무렵까지 남았던 네 명의 직원 가운데 브리투도 포함돼 있었다. 브리투는 레만과 그의 파트너들과 친분을 쌓았던 10년 동안 이 세 사람의 개념을 고스란히 흡수했다. 그리고 그들이 역설하던 문화의 전형이 됐다. 비용 절감을 절대적으로 신봉하고 능력주의에 헌신했다. 인터뷰와 사람들의 이목을 피하면서 아내와 네 자녀와 함께 조용하게 생활했다. 부시 4세와는 정반대인 인물이었다. 바로 그 덕분에 유통 거래를 맺은 이후 부시가 제공한 기회를 하나도 놓치지 않고 이용할 수 있었다.

브리투는 겉치레와 본인을 위한 투자를 중요시하지 않았으며 권력 구조를 신중하게 분석했다. 부시 가문의 이름은 여전히 회사 명칭에 남아 있었지만 가문이 보유한 앤호이저-부시 주식은 고작 4퍼센트에 불과했다. 이는 초대형 투자가 워렌 버핏의 보유분보다 적은 양이었다. 이 모든 상황이 인베브가 미국인들에게 그토록 상징적인 브랜드인 버드와이저 제조업체를 정복할 전략을 세우는 과정에 요긴하게 쓰였다. 브리투는 버드와이저를 '병에 담긴 미국 America in a bottle'이라고 표현하기도 했다.

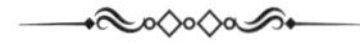

레만이 침묵을 지키는 동안 부시 4세는 손을 쓰기로 결심했다.

그는 『파이낸셜 타임스』 블로그에서 처음 뉴스가 발표되고 엿새가 지난 5월 29일 이사회 임원을 소집해 자신의 오랜 고문인 골드만삭스 은행가들과 회의를 열었다. 이 회의에는 스카덴, 아르프스, 슬레이트, 미거 앤 플롬의 변호사들까지 동석했다. 앤호이저-부시는 잠정적으로 시티뱅크를 고용할 계획이었다. 부시 4세는 인베브가 이미 고전의 기미를 보이고 있던 금융 시장에서 미화 460만 달러라는 거금을 대출받을 수 있을지 궁금했다. 이를 테면 베어 스턴스가 JP 모건의 압력을 받아 구제된 지 얼마 되지 않은 상황이었던 데다가 인베브에게는 인수 제안이 받아들여질 경우 실제로 인수를 진행할 방식을 결정해야 한다는 부담이 있었다.

이 무렵에도 레만은 여전히 고비 사막을 여행하는 중이었지만 결국 부시의 전자우편에 답장을 보내서 서로 만나는 것이 좋겠다는 뜻을 전했다. 양측은 6월 2일 플로리다주 탐파에서 만나기로 결정했다. 레만은 부시 4세에게 자신도 혼자나 다름없는 상태로 참석할 테니 고문이나 컨설턴트를 대동하지 말라고 부탁했다. 레만은 텔레스를 대동할 예정이었다. 후계자 부시는 본인의 회사조차 제대로 파악하지 못했다. 그러다 보니 노련한 사업가이자 은행가 두 사람을 만날 자리였는데도 경솔하게 제안에 동의하고 말았다.

부시 4세는 초조함을 달랠 수 없었다. 상대방이 실제로 인수를 제안할 것인지와 그렇다면 액수는 얼마일지가 궁금했다. 레만과 텔레스는 일생일대의 거래를 목전에 두고 있었음에도 전혀 긴장한 기색을 보이지 않고 침착한 태도와 금융 시장에서 다년간 활동하면서 익힌 포커페이스를 유지했다. 두 사람은 인베브가 앤호이저-부시의 매입에 관심이 있다는 점만 확실히 밝혔을 뿐 세부적인 조건을 제시하지는 않았다. 어떤 면에서 보면 1년 전과는 정반대의 상황이었다. 당시 레만은 부시와 비공식적으로 만난 자리에서 두 회사가 합병해야 한다는 뜻을 전했다. 그는 만약 두 회사가 합치면 천하무적이 될 것이라고 주장했다. 하지만 부시 4세는 그의 말뜻을 이해하지 못했다. 어쩌면 이해하지 못한 척 했는지도 모른다.

탐파 회의를 마치고 겨우 9일이 지난 6월 11일에 인베브는 정식으로 매입을 제안했다. 브리투는 브뤼셀에서 부시 4세에게 전화를 걸어서 매입 제안서를 곧바로 보내겠다고 전했다. 인베브는 주당 미화 65달러(최고 주가에 18퍼센트 프리미엄을 붙인 가격)를 매입가로 제시했다. 새 회사의 본사를 세인트루이스에 그대로 남겨둘 것이며 회사명을 앤호이저-부시 인베브로 바꾸어 미국식 이름을 유지하겠다는 제안을 덧붙였다. 인베브 경영진이 앤호이저-부시 주주들을 설득하려면 무엇보다 가격이 중요했다. 그래도 앤호이저-부시의 전통을 존중한다는 뜻을 전달해야 인베브의 제안을 거부하지 않으리라고 판단했기 때문이다. 물론 여론도 무시할 수 없었다. 상징적인 지위를 두고 실랑이가 일어나면 거래가 결렬될 가능성이 다분했던 상황이다. 본사의 위치를 그대로 유지하고 새 회사명의 앞자리를 양보한 것은 현명한 결정이었다.

제안을 전달한 후 브리투는 전화를 끊었다. 인베브의 주요 금융 자문인 라자드 프레레의 두 대표는 문서에 서명하기에 앞서 시간을 5분만 달라고 요청했다. 당시 62세였던 노련한 은행가 스티븐 골럽Steven Golub은 브리투에게 앞으로 닥칠 풍파에 대해 경고했다. "이제 우리가 이 문서를 기점으로 시작할 여행은 기나긴 여정이 될 겁니다. 오르막인 날이 있고 내리막인 날인 날도 있을 겁니다. 상대방이 우리가 예상치 못한 방식으로 행동할 때도 있을 테고 어떤 때는 계획을 전면 수정해야 할 겁니다. 각오하십시오."

물론 브리투는 인수가 성공할 것이라는 확신이 있었다. 하지만 이 정도 규모의 사업체를 지휘한 경험이 없었던 터라 은행가의 조언을 잠자코 듣고 있었다. 라자드의 다른 대표인 뉴욕 출신의 안토니오 웨이스Antonio Weiss는 수많은 인수 합병에 참여한 경험에 비추어 일이 순조롭게 진행되지 않을 경우 대개 CEO가 가장 먼저 자리를 내놓아야 한다는 점을 지적했다. 이 말에 브리투는 다음과 같이 대꾸했다. "내가 우리 팀과 제대로 일을 처리했는데도 상대편이 매각하지 않기로 결정한다면 비난의 화살이 내게 쏠리지는 않을 겁니다. 물론 내가 일을 망쳐버리면 이야기는 달라지겠지요. 여기 사람들은 더 대단한 모험을 마다하지 않고 원대한 꿈을 꿀 태세가 돼 있습니다. 그것은 서로 합의한 사항만 지킨다면 설령 일이 잘못될지언정 처벌을 받는 일은 없을 것이라고 믿기 때문이죠."

웨이스는 아무 말도 덧붙이지 않았다.

앞으로 난관이 기다리고 있을 것이라는 골럽의 경고가 현실로 나타났다. 브리투와 부시가 전화를 끊은 순간부터 미국 맥주 회사의 통수권을 둘러싼 치열한 전투가 시작됐다. 인베브의 제안이 서로 대립하는 주주와 경영자들에게 중대한 사안으로 대두된 것은 물론이고 거래에 반대하는 인터넷 사이트까지 등장해서 전국적인 정치 문제로 확산됐다. 심지어 당시 대통령 후보였던 버락 오바마는 앤호이저-부시가 외국 회사에 넘어가면 '수치스러운 일'이 될 것이라고 단언했다.

누군가 미국인들에게 브라질 사람들의 계획을 설명해야 했으나 레만, 텔레스, 시쿠피라는 적임자라 할 수 없었다. 그들은 하나같이 우회 전술을 싫어했다. 결국 스포트라이트에 익숙하지 않을 뿐더러 외교술 또한 뛰어나다 할 수 없는 브리투가 모든 부담을 짊어졌다. 브리투가 신중하지만 귀에 거슬리는 그의 말투까지 고치면서 공세에 대비해야 할 만큼 절박한 상황이었다. 자신의 주장을 설득력 있게 전달함으로써 인수 계획에 대한 대대적인 공감을 얻어내야 했다. 6월 16일 워싱턴에서 미주리 주 민주당 상원의원 클레어 맥카스킬을 비롯한 상원의원들과 만난 자리에서부터 성공을 향한 통과의례가 시작됐다. 브리투는 이 자리를 다음과 같이 회상했다.

"맥카스킬이 기자들을 초대한 줄은 몰랐습니다. 상원의원들에게 연설하려고 준비하던 중이었는데 갑자기 그녀가 문을 열고 방에서 나가버렸죠. 밖에 있던 우리 팀원 한 명이 들어와서는 기자들이 나를 기다리고 있다고 전하더군요. 출구가 하나뿐이었기 때문에 그 문을 통과하는 수밖에 없었습니다. 마치 영화의 한 장면 같았죠. 문을 여는데 모든 사람들이 마이크를 들고 달려들어 회사를 매입할 예정인지 아닌지, 직원들을 해고할 예정인지 아닌지 등 의도에 대해 질문해대는 겁니다.

우리는 두 회사의 가장 큰 장점을 고스란히 물려받은 회사를 창조하는 것이 목적이라고 주장했죠. 버드와이저를 세계무대로 진출시키고 최고 인재들에게 더 좋은 기회를 제공하고 싶다고 말했습니다. 또 공장을 폐쇄하지 않고 회사 이름을 유지하며 세인트루이스에 본사를 그대로 둘 것이라 약속했습니다. 누가 이런 제안에 반대할 수 있겠습니까? 누가 뭐라고 대꾸할 수 있겠습니까? 합치기보다는 따로 남아서 더 나빠져야 한다고 주장할 사람이 있을까요?"

인베브가 미국인들을 설득하기 위해 노력하는 동안 앤호이저-부시 4세는 방어 전략을 준비하고 있었다. 앤호이저-부시 경영진은 자기네 회사를 브라질 사람들에게 넘길 마음이 추호도 없었다. 그들은 벨기에의 인터브루에게 어떤 상황이 벌어졌는지 익히 알고 있었다. 인터브루 또한 역사가 오래된 가족 경영 회사였다. 사실상 인베브를 매입한 것은 인터브루였으나 브라질의 문화와 경영 방식이 회사를 주도했다.

부시 4세는 최근 들어 앤호이저-부시의 주가가 계속 소강상태를 보였지만 매각은 성장세를 되찾을 최선책이 아니라고 투자가들을 설득했다. 또한 중역진, 고문, 이사회의 일부 임원들로부터 도움을 받아 비용 절감 계획을 세웠다. 이와 동시에 멕시코 기업 모델로 Modelo와 제휴를 맺음으로써 경쟁 회사에 통수권을 양도하지 않고도 앤호이저-부시가 확장할 수 있음을 입증하고자 노력했다. 이런 전략 때문에 그렇지 않아도 순탄치 않았던 아버지 오거스트 3세와의 관계가 더욱 악화됐다. 4세는 무슨 일이 있어도 인베브의 제안을 거부하기를 원했다. 반면 3세는 큰 소동을 일으키기보다는 공정한 가격에 회사를 매각하는 편이 나을 것이라고 생각했던 것이다.

협상 과정을 계속 지켜보았던 한 사람에 따르면 "3세의 가장 큰 고민은 제안을 거부할 경우 회사 주가가 곤두박질칠 것이라는 사실이었다." 약 5퍼센트의 주식을 보유한 2대 주주 워렌 버핏이 인베브의 제안보다 5달러 적은 주당 미화 60달러로 주식을 매각하기 시작할 무렵, 두 양조 회사 간의 거래 때문에 일부 주주들의 우려가 고조되고 있다는 첫 번째 명백한 증거가 나타났다.

버핏은 그 일에 대해 "내 생각에 이사회에는 '침입자들'이라고 표현했던 사람들을 막을 심산으로 손해를 불사한 임원들이 있었다."고 말했다.

버핏은 세계 최대 갑부로 손꼽힌다. 미국 경제지 『포브스』는 2013년 3월 재산이 미화 530억 달러가 넘는 버핏을 세계 4대 부자로 선정했다. 버핏의 사무실은 인구 42만 7,000명 도시인 네브래스카주 오마하에 위치한 눈에 띄지 않는 회색 건물 14층에 있다. 그는 50년 동안 매일 변함없이 집과 사무실을 오갔다. 그의 회사 버크셔 헤서웨이의 본사에서 일하는 직원은 창업자 자신을 포함해 스물네 명뿐이었다. 회사 방문객들을 맞이하는 보안요원이나 심지어 접수계 직원도 없었다. 현관에 방문객들을 위한 초인종과 회사명을 알리는 작은 명패만 달려 있을 뿐이었다.

구식으로 장식된 사무실에는 짙은 색 가구, 나무 블라인드, 그리고 책이 빼곡한 책꽂이 등이 있었다. 오마하의 현인Sage of Omaha이라고 일컬어지는 버핏의 집무실은 겨우 25제곱미터에 지나지 않았다. 2012년 5월 19일 어느 화창한 토요일 아침, 버핏은 짬을 내어 오랜 친구인 조르지 파울루 레만과 이야기를 나누었다. 두 사람은 1998년에 처음 만난 자리에서 질레트 이사회에 대한 의견과 경험을 주고받았다. 인터뷰할 때 버핏은 카키색 바지와 앞면에 회사 머리글자 BH가 수놓인 파란색 긴 팔 셔츠를 입은 채 온화한 미소를 지으며 가죽 쿠션에 기대어 레만과의 첫 만남을 회상했다.

"그에 대해서는 전혀 몰랐고 들은 적도 없었습니다. 우리는 두세 달에 한 번씩 만났는데 한참이 지나서야 서로 친해졌어요. 하지만 처음 만날 때부터 그가 이치에 맞는 말만 한다는 사실이 인상적이었습니다. 알지 못하는 것을 아는 척하거나 자기 이야기만 늘어놓는 법이 없었죠. 사업적 안목이 뛰어났고 정확했는데 모든 이사회 임원이 그런 것은 아니죠."

버핏과 레만은 생활방식과 업무 습관에 공통점이 많았고 바로 그 점이 탄탄한 우정의 토대가 됐다. 그들은 겉치레를 싫어하고 옷차림이 소박하며 직설적으로 말한다. 두 사람은 각자 수십 년 동안 맺어온 인간관계가 있었다. 버핏은 찰리 멍거, 레만은 텔레스와 시쿠피라와 오랫동안 관계를 유지했다. 아울러 탄탄한 회사를 설립하겠다는 야망까지 똑같았다.

버핏은 버크셔 해서웨이를 자신이 그린 '훌륭한 그림'이라고 즐겨 말한다. 결코 완벽하지는 못하겠지만 해가 갈수록 더욱 아름다워지는 예술작품인 것이다. 레만의 꿈은 21세기 기업들에게 벤치마크가 될 경영 모델을 수립하는 일이다. 두 사람에게 부를 축적하는 것은 목표가 아니라 결과에 가까웠다. 버핏은 다음과 같이 말했다. "'100만 달러나 10억 달러를 모으면 게임은 끝이야.'라고 생각해서는 안 됩니다. 어떤 시점이 지나면 돈은 더 이상 쓸모가 없거든요." 이렇듯 두 사람이 가까운 관계였음에도 브라질 사람들이 앤호이저-부시에게 제안을 내놓았을 때 버핏조차 무척 놀랐다.

"언젠가는 그럴 거라고 생각했지만 그때일지는 몰랐죠. 더 이상 적대적일 수 없는 시기에 어마어마한 규모의 거래를 제시한 겁니다. 솔직히 한 때는 거래가 무산될 것이라고 생각했죠. 당시 그 정도로 큰 규모의 거래는 없었습니다. 나는 그런 상황에서 주가가 오를 수 있을까, 또 위기 상황이 닥쳐도 거래가 성사될 수 있을까 평가해보았죠. 그런 다음 일부 주식을 팔았는데 이것이 어떤 사람들의 심기를 건드리기도 했습니다. 나는 앤호이저-부시 이사회가 어떤 식으로 움직이는지 몰랐습니다. 전에 야구 경기장에서 4세를 한 번 만났고 한 15년 전인가 3세와 개인적으로 이야기를 나눈 적이 있었죠. 전화 통화를 하거나 친하게 지낸 적이 없었습니다. 이따금 우리가 투자한 회사와 가깝게 지내는 경우도 있죠. 앤호이저-부시에 많은 돈을 투자하기는 했지만 코카콜라에 투자한 금액만큼은 아니었습니다. 나는 코카콜라 회사가 마음에 들어서 수년 동안 투자했죠. 이익을 보기가 어려웠던 만큼 손해를 보기도 어려운 회사일 겁니다. 탄탄한 투자 대상이었어도 특별히 흥미진진할 것까지는 없었어요."

앤호이저-부시 대표들은 압박에 못 이겨서 반격하기로 결정했다. 이 미국 양조 회사가 결국 다른 사람들 손에 넘어가야 한다면 최대한 유리한 가격을 받아내야 했다. 7월 8일 부시 4세가 레만에게 전화를 걸었다. 앤호이저-부시의 오랜 지인이자 가족의 친구로 앤호이저-부시 이사회의 임원이었던 에드 휘트에이커Ed Whitacre와 샌디 워너Sandy Warner가 곁을 지키고 있었다. 휘트에이커는 훗날 텔레커뮤니케이션 분야에서 경력을 쌓아 AT&T의 CEO가 됐다. 워너는 2000년 자신이 이끌던 JP 모건을 체이스 맨해튼에 매각한 다음 널리 알려진 퇴직한 은행가였다. 세 사람이 레만을 만났다는 사실이 무엇을 의미하는지는 불을 보듯 뻔했다. 앤호이저-부시를 매입하고 싶다면 재빨리 움직이고 예상보다 더 많은 돈을 지불해야 한다는 뜻이다.

레만은 전화를 끊자마자 매입 계획의 주역들에게 전화를 걸었다. 부시 4세의 전화에 대해 가장 먼저 소식을 들은 사람은 레만, 텔레스, 시쿠피라의 측근들에게 '전 은행가들의 은행가'로 알려진 호베르투 톰슨Roberto Thompson이었다. 톰슨은 1986년 와튼 경영대학원에서 경영학 과정을 마치고 가란치아에 입사했을 때 세 창업자를 처음 만났다. 이후 1993년 시쿠피라가 브라질 최고의 사모 펀드인 GP 인베스치멘투스를 설립하기 위해 로자스 아메리카나스 소매 체인 회사를 떠났을 때 그의 뒤를 따랐다.

톰슨은 GP에 근무하면서 대기업의 일상적인 운영 방식을 지켜보았다. 그리고 점차 세 사람의 신뢰를 얻었고 결국에는 일종의 상담자가 됐다. 상파울루의 양조 회사 안타르치카처럼 그들이 지휘했던 기업들의 대규모 인수 계획은 물론이고 인터브루에게 암베비를 매각하는 과정을 지휘했다. 톰슨을 만난 사람들은 그를 크게 웃거나 언성을 높이는 일이 거의 없는 예의 바르고 냉철하며 현실적인 사람이라고 묘사했다. 이는 대규모 협상에서 흔히 전개되는 신경전에서 유리한 특성이다.

톰슨은 4세가 레만에게 걸었던 전화에 대해 이렇게 말했다. "앤호이저-부시 대표들이 우리에게 24시간 내로 최상의 제안 조건을 내놓으라고 통보했죠. 우리는 임원들이 세계 각지로 나가 있던 상황이라 전화로 재빨리 이사회를 소집했습니다. 다시 주판을 튕기며 모든 면을 신중하게 고려해야 했죠. 제반 금액이 매우 큰 거래라서 현금 지불 이외에 주식 스왑은 없을 예정이었습니다. 회의가 끝날 무렵에 이르러 주당 5달러씩 제안 가격을 올릴 수 있겠다고 결정했죠."

7월 13일에 몇 주 동안 주주, 변호사, 은행가 등 거의 500명이 직간접적으로 참여한 몇 차례 회의와 씨름을 계속한 끝에 앤호이저-부시는 마침내 인베브가 제시한 520억 달러를 받아들이기로 합의했다. 그러나 양측 주주들과 규제 기관의 승인을 받는 절차가 여전히 남아 있었다.

회사의 통수권을 포기하도록 미국인들을 설득하는 일은 여간 어렵지 않았다. 비록 지금은 맥주 시장에서 세계 정상에 올랐지만 그때 브라질 사람들이 겪어야 할 최악의 상황은 거기에서 끝나지 않았다. 2008년 9월 14일 일요일에는 심지어 비관주의자들이 예측한 것보다도 더욱 극적인 사건이 일어나는 바람에 세계 경제는 몇 달 동안 냉각의 조짐을 보였다. 미국의 4대 은행인 리먼 브라더스가 몇 차례 구제 시도가 실패하자 결국 파산 신청을 제출한 것이다. 150년의 역사를 자랑하던 리먼 브라더스의 종말은 1929년과 유사한 심각한 금융 위기를 촉발시킨 도화선이 됐다.

공포가 재계에 확산되고 전 세계를 휘감았다. 메릴 린치는 시가총액의 3분의 1에 달하는 미화 500억 달러에 뱅크 오브 아메리카에게 자사를 매각하기로 합의했다. 뉴욕증권거래소에 상장된 기업들의 주가는 단 하루 만에 1조 달러 이상 떨어졌다. 거래가 완전히 승인되자마자 앤호이저 부시 주주들에게 520억 달러를 지불해야 하는 인베브의 브라질 사람들에게 이런 상황은 아무리 에둘러 말해도 심각하게 걱정스러운 문제였다. 사실상 세계의 자금원이 말라버린 상황에서 어떻게 부채를 갚을 것인가?

브리투는 다음과 같이 회상했다. "리먼이 몰락한 다음 협상이 끝날 때까지 두 달 동안 우리는 정말 불안했습니다. 상황이 걷잡을 수 없이 전개됐고 세계가 어디로 향할지 아무도 몰랐죠. 우리가 거래를 발표한 세계와 회사를 매입할 세계는 완전히 딴판이었습니다. 마치 터널에 들어가서 어떻게 해서든 반대쪽으로 나와야 하는데 반대편에 다다랐을 무렵 느닷없이 비가 쏟아지는 상황 같았죠. 여러분이라면 어떻게 하겠습니까? 플랜 B, 플랜 C, 자금을 확보할 다른 방법을 모색하겠죠. 그래도 한 가지 좋은 점을 꼽자면 아무도 '이런 일이 일어날 거라고 말했잖아요.'라며 말도 안 되는 소리로 남을 비난하며 허비할 시간이 없었다는 사실이었습니다. 당장 발등에 떨어진 불부터 꺼야 했으니까요."

레만, 텔레스, 시쿠피라는 세심하게 모든 단계를 추진했다. 비록 전례가 없는 붕괴 상황이었다. 하지만 그들은 은행가와 기업가는 물론이고 스포츠맨으로서 경력을 쌓는 동안 극적인 사건들이 일어날 때 최대한 침착함을 유지할 능력을 이미 개발해 둔 사람들이었다. 테니스 실력이 출중했던 레만은 성공한 기업가로 우뚝 서기 전에 프로선수로 활약했다. 아마 더욱 인상적인 사실은 육체적인 저항능력과 작살을 던질 때 한 치의 오차도 허용하지 않는 정확도를 결합한 완벽한 스포츠인 수중 낚시를 즐기는 세 파트너에게 이 순간 바다 밑에서 함께 개발한 준비성, 인내심, 수행력이 절실히 필요했다는 사실일 것이다.

앤호이저-부시의 인수가 수포로 돌아가지 않은 것은 대부분 인베브 CFO인 펠리피 두트라Felipe Dutra가 이 작업에 자금을 제공하는 은행 컨소시엄과 맺은 복잡한 합의 조건 덕분이었다. 역시 리우 출신인 두트라는 브리투처럼 수년 동안 인베브의 지휘자들과 함께 일했다. 경제학자였던 그는 1990년에 브라마에 합류한 후 2005년부터 줄곧 CFO를 맡았다. 두트라는 컨소시엄과 합의할 때 세부 사항에 초점을 맞추었고 거래에 관여한 10개 은행(산탄데르, 도쿄-미츠비시 은행, 바클레이즈 캐피탈, BNP 파리바스, 도이치 은행, 포르티스, ING 은행, JP 모건, 미즈호 코퍼레이트 은행, 스코틀랜드 왕립 은행)과의 계약서에 공격적인 조건들을 포함시켰다.

그의 최대 승리는 무엇보다 중대한 부정적 변경MAC, Material Adverse Change이라고 일컬어지는 조항을 제외시켰다는 사실이다. 이는 상황이 갑작스럽게 악화될 경우 자금 제공 조건을 재협상할 권리를 보장하는 조항이다. 계약서에 이 조항이 포함되지 않았던 까닭에 은행들은 어쩔 수 없이 위기가 발생하기 전에 합의했던 조건을 모두 지켜야 했으며 법적으로 계약을 파기하지 못했다. 이 빈틈없는 계약과 더불어 브라질 사람들에게 큰 행운까지 따랐다. 대출단에서 세계적인 풍파에 영향을 가장 크게 받은 축에 속했던 벨기에 은행 포르티스를 비롯해 일부 은행은 상당한 타격을 입었지만 컨소시엄에 속한 은행 가운데 파산한 곳은 없었다. 게다가 손을 쓸 수 없는 상황이 닥치기 전에 벨기에 정부가 신속하게 중재에 나섰다.

톰슨은 “만일 우리가 포르티스 대신 리먼을 넣었다면 모든 게 엉망이 됐을 것”이라고 말했다. 이와 동시에 인베브의 주요 주주들 또한 약간의 돈을 내놓았다. 레만, 텔레스, 시쿠피라는 거래를 반드시 이행시킬 목적으로 공동으로 개인 자금 15억 유로를 조성했다. 그들의 개인 자산은 대부분 투자한 회사의 주식이었던 탓에 대출을 받고 개인 지출을 줄여야 했다. 상파울루 서던 존의 한 건물의 15층까지 여파가 미쳤다. 그 지역은 임대료를 절반으로 삭감했으며 오늘날까지 변하지 않았다.

2008년 11월 18일 『파이낸셜 타임스』에서 인베브의 비밀을 폭로하고 거의 6개월이 지났을 때 마침내 작업이 종결됐다. 세 브라질 사업가 조르지 파울루 레만, 마르셀 텔레스, 그리고 베투 시쿠피라는 포트폴리오의 브랜드가 200개가 넘는 세계적 기업으로 연간 매출이 미화 370억 달러인 새로운 거대 기업의 주요 주주로 등극했다. 20년이 채 지나지 않아 그들은 이름은 인상적이었지만 실적은 저조했던 지역 양조 회사 브라마를 세계 맥주 시장의 최대 기업으로 탈바꿈시켰다. 이 모든 일은 그들이 투자한 모든 회사에게 확산된 기업 문화의 주문들, 즉 능력주의, 가차 없는 비용 통제, 노력, 그리고 모든 사람이 견뎌내지는 못하는 많은 주문을 지겹도록 반복한 결과였다. 특전이나 지위의 상징 따위는 존재하지 않았다.

그런 반면 브리투, 톰슨, 두트라 같은 사람들에게 사업 파트너가 될 기회를 제공했다. 1971년 방쿠 가란치아가 설립된 이후 이 세 파트너의 다양한 기업에서 일했던 200~300명의 수입이 미화 1,000만 달러가 넘는 것으로 추정된다. 『포브스』지는 2013년 3월 기준 재산이 미화 약 180억의 재산에 이르는 레만을 세계 39위 부자로 발표했다(텔레스와 시쿠피라는 각각 91억과 70억으로 119위와 150위를 차지했다). 세 사람은 브라질의 10대 부자로 손꼽힌다. 레만을 아는 사람들은 그가 그동안 수십 명의 사람들을 부자로 만든 덕분에 최고 수준의 억만 장자가 됐다는 사실을 의심치 않는다. 뒷부분에서 살펴보듯이 앤호이저-부시의 인수를 통해 레만, 텔레스, 시쿠피라가 지휘하는 양조 회사의 또 다른 경영자들도 백만장자의 반열에 올랐다. 이로써 브라질 사람들이 미국 대기업에 진출하는 사례가 시작됐다.

Dream Big

2

사람은 모험을 감행해야 하고 연습을 통해 성공한다

: 큰 꿈이든 작은 꿈이든 성취하려면 똑같은 노력을 해야 한다

조르지 파울루 레만은 1939년 8월 26일 리우데자네이루에서 태어났고 유년 시절부터 경제적으로 안락한 생활을 누렸다. 그의 부친 파울루는 20세기 초반 스위스 소도시 랑나우에서 브라질로 이주했다. 조르지의 숙부들, 즉 아버지의 형제들도 같은 시기에 (각각 아르헨티나와 미국으로) 이민을 떠났다. 3형제는 수십 년 동안 가문의 기둥이었으며 지금까지도 건재한 치즈와 낙농 사업을 고국에 남겨 두었다. 파울루는 코르툼 카리오카의 제조업체로 리우의 노던 존에서 영업하던 스위스 제화 회사 발리에 입사한 후에 브라질로 이주했다. 몇 년 동안 가죽과 신발을 취급하다가 결국 헤젠지에 유제품 공장을 세워 가문의 전통을 다시 잇기로 결심했다. 회사의 이름은 레코(레만 앤드 컴퍼니Lemann & Company의 약자)로 지었다. 몇 년 후 이 회사는 우니방쿠의 설립자 월터 모레이라 살리스Walter Moreira Salles

의 형제인 엘리오 모레이라 살리스Hélio Moreira Salles에게 매각됐다.

브라질에서 몇 해를 사는 동안 파울루는 부모가 스위스 출신인 브라질 소녀 아나 이베치를 만나 결혼했다.* 레만의 사촌 알렉스 아에글레리에 따르면 "스위스 사람들이 브라질로 일하러 와서는 그곳에 매료돼 결국 머물렀다." 아에글레리의 어머니와 아나 이베치는 자매간이다. 파울루의 가족은 레블론 지구에서 안락하지만 그리 사치스럽지 않은 집에다 가정을 꾸렸다. 레만의 부모님은 검소하고 절제된 방식을 중요시하는 신교도 윤리에 따라 성장했다. 이는 훗날 그의 지적 능력 형성에 토대가 된다.

아들이 좋은 교육을 받을 수 있도록 노력한 부모님 덕분에 레만은 리우데자네이루에서 유치원 단계에서는 최고였던 아메리칸 스쿨에 입학했다. 17세에 지금의 고등학교에 해당하는 과정을 마칠 때까지 그 학교에 재학했다. 그는 어린 시절부터 영어에 능통했는데 당시로서는 매우 드문 능력이었다. 이 능력은 훗날 금융업계에 진출할 때 무척 유용하게 쓰였다. 7세에는 그 무렵 상류 사회의 본거지였던 이파네마의 리우 컨트리클럽에서 앞으로 평생 즐기게 되는 테니스를 시작했다.

테니스 코트에서 지극히 경쟁적이었던 레만은 수많은 어린이 선수권에서 우승하고 17세에 브라질 주니어 챔피언이 됐다. 그는 자신이 어린 시절 스포츠 계에서 성공할 수 있었던 것은 스포츠맨의 생활 방식을 엄격하게 고수한 덕분이라고 생각했다. 수년 동안 붉은 고기를 먹지 않았다. 오늘날까지 술을 삼갈 뿐만 아니라 주머니

* 아나의 아버지는 카카오 무역 회사에 근무했다. 이 회사에서는 관리자들을 일례우스와 이타부나 지역으로 파견했다

에는 항상 간식으로 먹을 건포도나 말린 과일을 가지고 다녔다.

그의 하루는 동이 트기 전에 시작됐다. 5시에 일어나서 레블론 해안을 따라 몇 킬로미터를 달린 다음 컨트리클럽이 회원들에게 개방되기 전에 담을 넘어 들어가 공을 치곤 했다. 그 테니스 코트에서 지금까지도 실천하는 한 가지 교훈을 얻었다. 그의 테니스 코치는 관중에게 보여주는 경기를 해서는 절대로 경기에서 이길 수 없다고 가르쳤다. 관중에게 자신의 기술을 과시하기보다는 경기력을 향상시키는 데 집중해야 한다는 것이었다. 사리분별을 좋아하는 것처럼 보였던 훈련된 소년에게 황금과도 같이 소중한 교훈이었다.

레만의 약점은 여학생들이었다. 아에글레리에 따르면 "그는 일찍 자고 일찍 일어나는 자기 습관에 방해가 되지 않는 여학생들과만 데이트를 했다." 테니스를 치지 않을 때는 서던 존 해변에서 서핑하는 레만의 모습을 볼 수 있었다. 딱히 겸손하다고 할 수 없는 자기 평가이지만 그는 "리우데자네이루의 최고 서퍼로 손꼽혔다."

한번은 서핑을 하다가 일생에서 가장 무서운 경험을 했다. 어느 날 친구들과 함께 큰 폭풍이 몰려온 다음날 코파카바나 해변의 변덕스러운 파도에 도전하기로 작정했다. 자신의 기술만 믿고서 평소 익숙했던 높이의 세 배나 되는 거대한 파도에도 아랑곳하지 않았다. 그는 2011년 푼다상 에스투다르Funda-ção Estudar*가 조직한 한 행사에서 당시의 이야기를 전했다.

"파도가 어머어마했습니다. 파도 아래에서 수영하기가 거의 불가능했죠. 발쪽으로 피가 몰리는 것이 느껴지더군요. 파도를 탔는데

* 그가 약 20년 전에 국내외 브라질 학생들의 경제적 지원을 위해 창설한 재단

미처 빠져나오지 못하고 갇히고 말았습니다. 친구들은 다시 한 번 도전해야 한다고 부추겼지만 제겐 그 경험만으로 충분했습니다. 아드레날린이 최고조에 달했죠. 전 그 느낌이 좋았습니다. 하지만 다시 느끼고 싶진 않았어요. 사람은 살아가면서 모험을 해야 하는데 성공 비결은 오로지 연습입니다. 저는 파도 속에서, 테니스에서, 그리고 훗날 사업에서 연습을 했죠. 저는 대학에서 배운 내용보다 코파카바나의 그 파도를 자주 떠올립니다."

그가 14세가 되던 해에 보타포구에서 일어난 전차 사고로 갑작스럽게 아버지를 잃게 됐다. 하루 아침에 소년 가장이 된 것이다. 그보다 열 살 위였던 (지금은 작고한) 누나 리아Lya는 제약 업계의 한 경영자와 결혼한 후에 미국으로 이민을 떠났다. 이후 레만은 여섯 살 위인 사촌 알렉스 아에글레리와 한층 더 가까워졌다. 아에글레리는 하버드로 유학을 가서 테니스 팀의 주장이 됐다. 아메리칸 스쿨의 학급 친구들에게 '성공할 가능성이 가장 높은 학생'으로 선정됐던 레만은 사촌과 같은 길을 걷기로 결심하고 하버드 경제학 과정에 등록했다. 이 결정으로 세상을 보는 그의 방식이 완전히 바뀌게 된다.

350년이 넘는 전통의 하버드 대학교는 예일과 프린스턴 같은 다른 아이비리그 교육 기관과 더불어 미국 대학계의 엘리트층을 이루고 있다. 존 애덤스, 존 퀸시 애덤스, 러더퍼드 B. 헤이즈, 시어도어 루즈벨트, 프랭클린 D. 루즈벨트, 존 F. 케네디, 조지 W. 부시, 그리고 버락 오바마 등 여덟 명의 미국 대통령과 40명이 넘는 노벨상 수상자를 배출했다. 주민이 10만 명이 겨우 넘는 매사추세츠 주 케임브리지에 위치한 하버드의 캠퍼스 면적이 거의 5제곱킬로미터에 달했다. 당시 세계 각지에서 2만 1,000명의 학생들을 유치하고 있었다. 유명한 매사추세츠 공과대학MIT과 가까우며 찰스 강만 건너면 미국 독립의 탄생지인 보스턴이 있다.

하버드에 입학하려면 두 가지 장애물을 극복해야 한다. 첫 번째 장애물은 대학으로부터 입학 허가를 받는 것이다. 이는 지원자 가운데 단 7퍼센트에게만 허용되는 특권이다. 두 번째 장애물은 매년 학부 과정에 드는 비용을 댈 여유가 있어야 한다는 것이다. 2012년에는 그 비용이 학점 신청비, 식비, 숙박비를 포함해 약 미화 8만 달러에 이르렀다.

1957년 9월 학사 학위를 위해 케임브리지에 도착했을 때 레만은 이 배타적인 측면과 전통에 그리 주의를 기울이지 않았다. 이 대학에서 브라질 학생들은 현재 한 해 평균 약 100명에 이르지만 당시에는 한 해에 한 명꼴로 드물었다. 그의 하버드 입성은 재앙이었다. 그 '해변의 소년'은 미국을 처음 방문하자마자 살을 에는 추위로 고생했고 파도가 몹시 그리웠다. 그의 향수병은 새로 얻은 반항적인 기질 탓에 더욱 악화돼 성적이 떨어진 것은 물론이고 학교생활도 엉망이었다.

첫 해 말 휴가를 앞두고 있을 때 그는 하버드의 주 광장 한복판에서 폭죽을 몇 개 터트렸다. 그 장난은 학생들에게는 특별한 인상을 남겼지만 현장을 목격한 학교의 책임자에게는 그다지 유쾌한 감정을 안겨주지 못했다. 그 사건이 있은 지 며칠 뒤 리우로 돌아왔을 때 레만은 하버드에서 보낸 편지 한 통을 받았다. 1년 동안 휴학해서 좀 더 성숙해지라고 제의하는 내용이었다. 하버드를 짜증스럽다고 여겼던 레만은 처음에는 그것을 빌미 삼아 학업을 그만두고 싶었다. 그러나 편지는 단지 '제의'였을 뿐 휴학을 강요하지는 않았기 때문에 결국 케임브리지로 돌아왔다.

그는 권태에서 벗어나 성공적으로 학업을 마칠 목적으로 4년 과정을 3년 만에 졸업하기로 결심했다. 결코 호락호락한 목표는 아니었다. 하지만 그는 목표를 달성할 효율적인 시스템을 스스로 개발할 수 있다고 판단했다. 우선 수강을 고려하던 수업에 어떤 종류의 연구가 필요하며 어느 정도 시간을 투자해야 하는지에 대해 선배들과 교수들에게 물어보는 일부터 시작했다. 그 과정에서 도서관에 기출 문제가 있다는 사실을 알게 됐다. 그래서 기출 문제를 다음 단계로 삼았다. 곧 교수들이 해마다 내는 시험 문제가 크게 다르지 않다는 사실을 깨달았다. 시험에 대비해 해야 할 일은 기출 문제를 공부하는 것뿐이었다. 그 결과 성적이 극적으로 향상됐다. 그는 자신의 목표대로 스무 살에 모든 강좌를 이수하며 단시간에 문제 학생에서 학장의 총아로 거듭났다.

최근 열린 한 행사에서 레만은 하버드가 자신의 세계관에 미친 영향을 언급하며 다음과 같이 전했다. "나는 리우데자네이루 밖으로는 나간 적이 없었던 서퍼이자 테니스 선수였는데 갑자기 대단한 아이디어가 넘치는 이곳에 오게 됐습니다. 첫 해에 철학 강의를 들어야 했죠. 플라톤, 소크라테스 등 눈길을 줄 생각조차 하지 않았던 책들을 읽기 시작했습니다. 그러면서 내 세계관이 완전히 바뀌었죠.

한때 테니스 선수권 대회에서 우승하거나 더 큰 파도를 타는 것이 전부였던 내 꿈이 더욱 커졌습니다. 나와 내 회사를 아는 사람이라면 내가 항상 '큰 꿈이든 작은 꿈이든 성취하려면 똑같은 노력을 해야 한다'고 말하고 다닌다는 걸 잘 알 겁니다. 하버드에서 배운 내 본성의 일부가 된 다른 한 가지 요소는 사람을 선택하는 일의 중요성입니다. 그곳에서 나는 세계 최고의 인재들 틈에 섞여 있었습니다. 탁월한 인재들이 사방에 깔려 있었죠. 그런 사실이 내 경력의 한 가지 특징인 사람들을 선택하는 방식에 지대한 영향을 미쳤습니다."

"하버드는 또한 어떻게 하면 결과를 얻는 방법에 초점을 맞출 수 있는지를 가르쳤습니다. 마감 시한을 맞추려면 초점을 명확히 맞추는 시스템을 만들어야 했죠. 나는 언제나 모든 것을 필수적인 요소로 요약하기 위해 노력하는데 이런 태도가 우리 회사들을 설립하는 데 큰 도움이 됐습니다. 우리 회사와 직원들은 대부분 다섯 가지 목표를 세웁니다. 무언가를 단순하게 하는 것이 복잡하게 하는 것보다 항상 더 이롭습니다."

창의적인 능력이 남다른 레만이었지만 다른 신입생들과 마찬가지로 일자리를 구하기 위해 애를 썼다. 거금을 벌 수 있는 브라질 금융 시장에서 기회를 찾고 싶었던 그는 결국 델텍이라는 회사에 취직했다. 1946년 리우에서 설립돼 남아메리카 시장에 주식을 판매하는 회사였다. 회사 소유주로 컨트리클럽 회원이었던 클라렌스 돌피노 2세Clarence Dauphinot Jr.라는 미국인이 영어가 유창한 레만을 수습사원으로 채용했다. 레만의 첫 상사는 호베르투 테이세이라 다 코스타

Roberto Teixeira da Costa였다. 이미 그 지역의 유명 인사였던 다 코스타는 1976년 브라질 증권 관리 위원회의 초대 회장으로 부임한다.

당시 존재했던 시장은 '자본 시장'이라고 표현하기에는 턱없이 부족했다. 고객이 거의 없었을 뿐만 아니라 자사의 소득을 자진해서 발표하는 기업도 드물었다. 1966년에 이르러서도 브라질에서 영업하는 투자 은행은 한 군데도 없었다. 부에노스아이레스 증권 거래소는 리우의 거래소보다 규모가 컸던 반면 상파울루 거래소의 중요성은 이에 훨씬 미치지 못했다. 따라서 시장이 창조돼야 했다. 델텍에서는 약 300명의 판매원이 제한된 수의 회사에 주식을 판매했다. 이 가운데 두 회사가 리스타스 텔레포니카스와 미국 자동차 회사 윌리스 오버랜드의 브라질 자회사였다. 영업 사원들은 새로운 고객을 찾아 전국을 누볐다.

테이셰이라 다 코스타는 저서 『자본시장-50년의 궤적』에서 다음과 같이 썼다. "1950년대 말과 1960년대 초에는 투자가들과 거래하며 그들에게 정보를 제공할 국내 전문가들이 없었다. 연례 보고서는 주주에게 중요한 정보를 제공하는 면에서는 지극히 정확했으나 법정 최저한도 대차대조표와 재무제표 정보에는 제한적이었다. 감사를 받지 않은 자료였고 사용된 기준도 모호했다."

레만은 브라질 자본 시장의 태동기를 가까이서 지켜보면서 그런 상황에서라면 발전하기 어렵겠다고 판단하고 한동안 외국에서 경험을 쌓기로 결심했다. 여행을 하며 최고 인재들에게 배운 다음 귀국하겠다는 계획을 세운 것이다. 그는 아버지 덕분에 이중 국적을 가지고 있었기에 스위스에서 경험을 쌓은 후 제네바 크레디트 스위스에서 인턴 자리를 얻었다.

그러나 처음에는 독특하게 보였던 기회가 악몽으로 변하고 말았다. 난생처음 접하는 계층구조가 엄격하고 프로세스가 정밀한 대규모 조직의 특성이 그와는 전혀 맞지 않았다. 그는 모든 것이 지나치게 느리고 엄격하며 예측 가능하다고 느끼고는 7개월 만에 회사를 그만두었다. 그렇다고 스위스에서 지낸 시간이 완전히 쓸모없었던 것은 아니다. 프로 테니스계에서 성공하겠다는 꿈을 완전히 버리지 않았던 시간관리의 대가 레만은 스포츠맨의 생활방식을 유지하며 스위스의 몇몇 대회에 참가했다. 결국 데이비스컵 국가대표 팀에 합류해달라는 초대에 응했다.

1962년 5월 데뷔전은 그다지 인상적이지 않았다. 그는 세트 스코어 3대 0으로 패했다. 한 스포츠 잡지와의 인터뷰에서 "잔디가 마음에 들지 않았다."라고 변명을 둘러댔다. 이후 1년 반 동안 프로 테니스 선수로 활약하며 4대 그랜드 슬램 가운데 영국 윔블던과 프랑스 롤랑 가로스의 출전 자격까지 얻었다. 하지만 레만은 자신의 가능성을 객관적으로 평가했을 때 스스로 일류 선수라고 생각지 않았으며 그런 실력으로는 테니스 선수로 대성하겠다는 목표를 성취하기 어렵다는 결론을 내렸다. 그는 다음과 같이 말했다. "경기를 할수록 세계 10대 우수 선수 순위에 진입하기가 어렵다는 사실을 더욱 뼈저리게 깨달았습니다. 그래서 어차피 스타가 되지 못할 바에야 그만두자고 결정했죠."

1963년 리우로 돌아오자마자 주로 여신 분야에서 활동하며 상업 은행과 경쟁하던 인베스코Invesco에 입사했다. 레만은 자본 시장의 토대를 확립했으나 전통적인 주식시장 거래인들이 즉시 이에 반발했다. 당시 주식거래소의 자리는 돈으로 살 수 없었으며 평생 소유하며 공증인 특권처럼 특정한 체계에 따라야 했다. 레만이나 인베스코는 무언가를 물려받을 특권이 전혀 없었지만 그렇다고 주식을 사고파는 게임에서 방관자 노릇만 할 수는 없다고 생각했다. 그리고 게임에 참여하려면 일종의 '평행 주식시장parallel stock market'을 만드는 수밖에 없다고 판단했다. 그것은 공식적인 거래 기간이 아닐 때 주식을 전화로 매각하는 시장이었다. 가상 주식시장이 리우 거래소 총 규모의 5퍼센트에 이르자 이 새로운 접근 방식은 수지맞는 사업이 됐다. 하지만 예상한 대로 거물급 중개인들이 그의 대담한 방식을 곱지 않은 시선으로 보았다.

그는 "중개업계가 나를 위협적인 존재로 생각하고 싫어했다."라고 말했다. 분위기가 너무 팽팽해진 나머지 중개인 집단의 사주를 받은 보안 요원 두 명이 리우 주식거래소를 방문한 레만을 건물 밖으로 쫓아낸 적도 있었다. 또 한편 훌륭한 배경과 시장에서 얻은 명성에 힘입어 일간지 『조르나우 두 브라질』의 일요일 판에 투자에 관한 칼럼을 쓸 기회를 얻었다. 하지만 그의 언론 경력은 그리 오래가지 못했다. 데뷔 칼럼이 발표되고 몇 달이 지났을 때 신문사 국장 알베르투 지네스Alberto Dines가 레만이 중개 회사에서 근무한다는 사실을 알게 됐고 그런 상황을 명백한 이해 충돌이라고 판단했기 때문이다.

인베스코의 자본 시장 분야에서 레만과 함께 일하던 사람 중에 주제 카를로스 하모스 다 시우바José Carlos Ramos da Silva가 있었다. 그는 브라질 대학교에서 경제학 학위를 딴 재치 있는 입담의 젊은이로 금융 시장에서는 자구아티리카Jaguatirica*로 알려져 있었다. 포르투갈 이민자였던 그의 아버지는 평생을 의류 상점에서 일했다. 어머니는 회계를 공부했지만 개업은 하지 못한 채 아이들을 키우는 데 헌신했다. 하모스 다 시우바는 주로 미나스제라이스 주의 고요한 온천 캄부키라에서 휴일을 보냈다. 그러나 금융 쪽에 야심이 컸다는 점에서 레만과 하모스 다 시우바는 매우 비슷했고 그런 유사성이 계급 차이보다 훨씬 더 중요했다.

표면적으로는 모든 일이 매우 순조로웠다. 회사는 성장하고 대출금이 점점 증가했다. 그들이 조성한 평행 주식시장이 확장됐다. 하지만 레만이 뒤늦게 발견했듯이 들어오는 돈보다 나가는 돈이 더 많았다는 것이 문제였다. 1966년 인베스코는 엄격한 여신 규제책과 관리 체계가 없었던 탓에 결국 파산하고 만다. 스물일곱 살의 레만은 회사와 함께 파산했다. 회사 자본의 약 2퍼센트에 이르렀던 그의 지분은 한낱 종잇조각으로 변했다.**

그러나 갑작스러운 인베스코의 파산에서 레만은 두 가지 중대한 교훈을 얻었다. 첫 번째, 지출만큼 총 수입을 관리하는 일이 중요하다는 사실을 배웠다. 이후 몇십 년 동안 그와 파트너들은 이 원칙을 철저하게 지켰다. 두 번째, 기업은 그다지 인상적인 성과를 거두거나 수익을 창출하지 못하는 부서라 할지라도 훌륭한 인재를 확보하고 후한 보상을 제공해야 한다는 사실을 배웠다.

그의 표현을 빌자면 "골키퍼 또한 얻을 것이 많아야 한다." 레만

* 오실롯(고양이과의 육식동물-옮긴이)

** 인베스코는 결국 루터바흐 가문의 소유인 방쿠 이피랑가에게 넘어갔다. 이들은 투자 은행을 세우기 위해 할부 금융 회사 네 곳을 더 매입했다.

은 패배에 한탄하기보다는 이런 교훈을 되새기며 다음 사업을 구상했다.

레만은 언제나 '사회'라는 단어를 즐겨 썼다. 그가 혼자서 새로운 프로젝트를 시작한 것은 평생 단 한 번뿐이었다. 인베스코가 실패한 후에도 달라진 것은 없었다. 그는 계속 금융 시장에서 일하고 싶었다. 하지만 자본도 없었고 혼자서 모든 경비를 조달할 생각도 없었다. 그가 생각해낸 해결책은 새로운 기업에서 일할 훌륭한 인재와 자금을 제공할 자본 파트너를 찾는 것이었다.

계획의 1단계는 어렵지 않았다. 자구아티리카와 하모스 다 시우바는 레만이 옆에 두고 싶어 했던 기업가정신을 소유한 사람들이었다. 한편 프로젝트의 경비를 충당할 자금원은 브라질 북동부 출신의 히베이루 코우치뉴Ribeiro Coutinho 가문이었다.

원래 페르남부쿠와 파라이바 주의 사탕수수 플랜테이션에서 재산을 모은 코우치뉴 가문은 이후 수년 동안 사업을 확장했다. 이들이 주요 거래처로 관심을 두었던 곳은 방쿠 알리안사였다. 방쿠 알리안사는 리우의 중심지에 칸델라리아 성당 옆에다 건축가 루시우 코스타Lucio Costa가 설계한 인상적인 건물에 위치하고 있었다. 가문의 수장인 주앙 우르술루João Úrsulo는 알리안사가 지휘하던 리브라 중개 회사의 사업장을 확장할 목적으로 거래소의 매도 어음에 주력했다. 레만은 돈이 필요했고 우르술루에게는 이 신규 사업을 이해할 누군가가 필요했다. 이들의 조합은 완벽해 보였다.

레만과 하모스 다 시우바는 1967년부터 리브라에서 근무했다.

주앙 우르슬루가 중개 회사의 지분 26퍼센트를 똑같이 나누어주겠다고 제안했기 때문에 거래조건은 더욱 매력적이었다. 이들은 주로 공공 증권과 민영 증권을 사고파는 새로운 공개 시장에 진출하기로 목표를 정했다(이 활동은 너무나 생소했고 중앙은행은 1968년에 이르러서야 비로소 이런 유형의 자산을 위한 거래장을 세웠다).

두 사람은 초고속으로 중개 회사를 키웠다. 덕분에 얼마 지나지 않아 은행 건물에서 11층 전체를 차지하게 됐다. 당시 레만과 하모스 다 시우바가 고용한 한 직원이 에스크리토리우 레비 회사가 중앙은행 증권의 최대 거래인으로 변모하는 데 일조했다. 상파울루 북부 산타 히타 두 파사 콰트루의 중산층 출신인 그 직원은 14세부터 브라데스쿠의 사환으로 일하며 자기 아버지와 같은 길을 걸었다. 그는 초등학교 6학년을 중퇴한 가난한 학생이었지만 창의적이었으며 일에 관해서는 고집이 셌다. 그의 이름은 루이스 세자르 페르난지스Luiz Cezar Fernandes였다. 페르난지스는 이렇게 말했다. "조르지는 주식거래소와 시장을 오가면서 완전히 그 일에 푹 빠져 있었습니다. 자신을 혹사시키다시피 했죠. 그런 그가 나를 불렀고 나는 그의 부름에 따랐습니다."

역설적이게도 중개 회사가 성장할수록 레만의 불만은 커져만 갔다. 리브라가 훌륭한 성과를 거두었음에도 그의 주식 보유량은 변하지 않았다. 설상가상으로 회사의 대주주들이 정한 규정에 따라 다른 사람에게 회사 주식을 이전할 수도 없었다. 레만은 주식 이전이야말로 유능한 젊은이들을 유치할 수 있는 최고의 '당근'이라고 믿고 있었다.

그의 상황은 그야말로 진퇴양난이었다. 그는 하버드에서 수학한 이후 줄곧 능력주의와 파트너십 체계의 문화를 토대로 회사를 운영하겠다고 생각했다. 하모스 다 시우바와 페르난지스 같은 사람들은 성장을 위한 분리라는 개념에 매료됐지만 히베이루 코우치뉴 가문은 전혀 관심이 없었다. 이 중개 회사에서 본인 소유의 지분을 늘릴 수 있는 가망도 없이 3년을 일한 끝에 결국 레만은 '모 아니면 도'를 선택했다. 그는 상사에게 현재 상황이 불만스럽다고 밝히고는 회사 주식을 매입하겠다고 제안했다. 소유한 사업체가 많은 히베이루 코우치뉴 가문이 제안에 동의할 것이라고 믿었기 때문이다. 그러나 예상과는 달리 코우치뉴 가문은 오히려 반대 제안을 내놓으며 레만과 다 시우바에게 그들의 주식을 팔고 회사를 떠나라고 밀어붙였다.

31세에 레만은 또다시 실업자가 됐다. 그러나 이번에는 그에게 미화 20만 달러와 오랫동안 꿈꾸었던 사업 모형이 있었다. 최고의 직원들에게 생성된 부를 나누어주는 모형이었다. 그의 계획은 좋은 사람이 되기보다는 오로지 수입을 늘리고 분배하는 완전히 현실적인 방식을 택하는 것이었다. 그는 쩌렁쩌렁한 목소리로 모음을 길게 늘여가며 항상 이런 말을 되풀이한다.

"함께 일하는 훌륭한 사람들이 기업을 위대하게 만듭니다."

Dream Big

3

함께 일하는 훌륭한 사람들이 기업을 위대하게 한다

: 가난하고 똑똑하고 절실히 부자가 되고 싶어하는 인재를 찾다

레만은 네트워킹이라는 단어가 유행하기 한참 전부터 훌륭한 관계 네트워크를 유지하는 데 관심이 많았다. 그는 내성적이고 조용한 성격이었는데 적절한 인재들을 곁에 두는 것이 무척 이롭다는 사실을 깨달았다. 예전에는 그가 모임에 참석해서 입을 꾹 다물고 있는 것은 물론이고 이따금 지루해하다 못해 졸기까지 했다는 이야기가 떠돌았다. 하지만 리브라에서 쫓겨난 후에 사람과 사람 간의 공감대에 대한 자신의 직감을 믿고 그에 따라 행동하기 시작했다.

레만의 머릿속에는 멋진 아이디어(자신의 중개 회사를 설립하는 일)와 측근에서 일을 시작할 효율적인 팀(하모스 다 시우바와 페르난지스)이 있었으나 자본이 필요했다. 그와 하모스 다 시우바가 리브라의 주식을 팔아 받은 돈은 할부금으로 지불할 예정이었다. 그래서 중개 회사 허가를 매입하려면 현금이 필요했다. 1971년 당시 주식시장은 행복감을 만끽하고 있었으며 허가권의 가격은 하늘을 찌를 듯했다.

중개업 면허를 사들일 돈이 없었던 레만과 하모스 다 시우바는 규모가 더 작은 증권 유통업에 만족할 수밖에 없었다. 어느 날 그들은 리우에 본사를 둔 건축회사 메트로폴리타나의 소규모 자회사인 베스페리의 구매 건을 협상하고 있었는데 갑작스럽게 제동이 걸렸다.

페르난지스는 당시 상황을 이렇게 설명했다. "어느 날 친구나 다름없던 조르지의 한 고객이 찾아와서는 우리에게 지금 무슨 일을 벌이고 있냐고 물었습니다. 그는 우리가 형편없는 유통업체를 매입하려한다는 소식을 들었는데 중개업을 버리고 그쪽으로 전환하는 건 말도 안 된다고 말하더군요. 그리고는 같은 얘기만 계속 되풀이했습니다."

문제의 고객은 리우에 본사를 둔 방쿠 오페라도르의 소유주이자 전 하원의원인 아돌푸 젠치우Adolfo Gentil였다. 세아라주 출신이고 부자에다 테니스 팬이었으며 레만보다 스무 살 연상이었다. 그는 중개 회사의 매입 자금을 제공하겠다고 제의했다.

젠치우는 아마존 타파조 이 이타코아티아라 원주민의 후손이자 브라질 은행 직원으로 경력을 쌓기 시작한 친구 길례르미 아리노스 바호수 프랑쿠Guilherme Arinos Barroso Franco에게 전화를 걸어 그들을 적극적으로 도우려 했다. 법과 대학 졸업생이었던 길례르미는 26세에 전 대표 제툴리우 바르가스Getúlio Vargas의 개인 컨설턴트가 됐던 사람이다. 축구광*이었으며 훗날 구스타부 프랑쿠Gustavo Franco 전 브라질 중앙은행 행장의 아버지로 알려지게 된다. 그의 제안에 따라 중개 회사 매입에 자금을 지원하는 팀이 구성됐다.

표적을 찾는 일은 무척이나 지지부진했다. 젠치우는 '매각할 중개 회사를 찾는다'는 신문 광고를 냈다. 젠치우가 제공한 자금으로 구성된 팀이 투자가들로부터 가란치아라는 중개 회사를 미화 80만 달러로 매입하면서 같은 해 8월에 인수 과정이 마무리됐다.

호제리우 카스트루 마이아Rogério Castro Maia는 이렇게 우스갯소리를 했다. "그것은 세상에서 가장 우스꽝스럽고 왠지 약간 반항적인 이름처럼 보였습니다." 마이아는 1981년 아상 코무니타리아 두 브라질이라는 비정부 단체를 운영하다가 레만이 창립한 금융기관의 상업 분야로 방향을 바꾸었다.

그러나 리브라에서 경험한 일로 교훈을 얻었던 레만과 하모스 다 시우바는 젠치우와 협상 끝에 51퍼센트 주식을 확보해 두 사람이 똑같이 나누었다. 젠치우의 보유분은 39퍼센트였고 아리노스가 나머지 10퍼센트를 가졌다. 이런 식으로 초창기 4인조가 구성된 이후 젠치우는 본인 보유분 가운데 소량을 페르난지스와 에르시아스 루터바흐Hercias Lutterbach에게 팔았다. 이 중개 회사의 과거 소유주 가운데 한 사람이었던 루터바흐는 새 회사에 계속 남고 싶어 했다.

중개 회사에는 자산이라고 할 것이 거의 없었다. 리우 중심지에 있는 라르구 다 카리오카 옆의 리우 브랑쿠 거리 156번지 에지피시우 아베니다 센트랄 건물 34층에 허름한 사무실이 있었다. 가란

---

* 열정적으로 그의 보타포구 클럽을 응원했고, 마라카나 경기장에 예약 좌석을 40석이나 가지고 있었다.

치아 중개 회사는 건물의 2층에서 에어컨이 없는 세 개 사무실을 썼다. 각각 트레이더, 경영진, 그리고 증권과 주식을 안전하게 보관하기 위한 방이었다.

페르난지스는 "겨우 전화 세 대를 놓을 만한 구조였고 비서를 고용할 돈도 없었다."라고 전했다. 하지만 볼품없는 사무실 따위는 젊은 파트너들에게 전혀 문제가 되지 않았다. 그들은 투자가들이 점점 더 몰려들고 있는 리우 주식시장의 잠재력에 관심이 더 많았다. 이는 주로 최근 조성된 펀드 157 때문이었다. 이 펀드에는 소득세 납세자들이 세금의 최대 12퍼센트를 주식에 투자할 수 있었다. 1971년 1월부터 3월 사이 주식시장 지수가 거의 48퍼센트 뛰었고 돈의 액수는 두 배 가깝게 증가했다.

너무 좋아서 의심스러워 보이기까지 했다. 시장이 급성장한 것은 실질적인 성장이라기보다는 투기 때문이었다. 모든 거품이 그렇듯이 시장의 거품 역시 결국 터져버렸다. 가란치아의 허가권을 매입한 지 2개월이 지났을 때 주식시장이 하락하기 시작했고 하락세는 멈추지 않았다.

18개월 동안 지수는 61퍼센트가량 곤두박질쳤다. 레만과 파트너들은 나날이 주요 중개 사업이 하락하는 모습을 지켜보았다. 게다가 그들은 중개업 허가권을 구매하기 위해 역대 최고액을 지불한 투자가라는 꼬리표를 얻게 됐다. 이 꼬리표는 거의 20년 동안 수치스럽게 그들을 따라다녔다. 그리 전도가 유망한 출발은 아니었다.

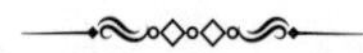

주식시장이 위기를 맞이하면서 새로운 길을 시급히 찾아야 할

필요성이 대두됐다. 그들은 공개 시장 활동에 집중하기로 결정했다. 레만에게는 그 어느 때보다 정비된 팀이 절실히 필요했다. 그는 이제 회사의 주요 주주로 자리잡았고 언제나 신봉했던 능력주의 원칙을 실행에 옮길 수 있었다. 그러려면 재능과 노력이 우선되어야 했다. 우정이나 혈연관계는 아무런 의미가 없었고 이따금 문제가 될 수도 있었다. 이를 테면 파트너들의 자녀나 배우자는 회사에서 근무하지 못하도록 금지했다. 사내 연애도 금지였다. 그곳에서 일하던 직원들이 결혼한 사례가 많았다. 사실 이는 가장 존중받지 못한 규칙이었을 것이다. 페르난지스와 에릭 힘 같은 파트너들도 동료 직원과 결혼했다. 사내 결혼을 할 경우 부부 가운데 한 명은 가란치아를 떠나야 했다.

레만은 언제나 가난하고, 똑똑하고, 부자가 되겠다는 욕구가 절실한 사람들PSD, Poor, Smart, Deep Desire to Get Rich이라고 명명한 특별한 부류의 전문가들을 찾아다녔다. 사람들의 이력서에서 일류 대학을 졸업했거나 해외에서 경험을 쌓았다는 사실에는 그다지 주목하지 않았다. 이유는 간단했다. 당시 브라질은 주로 정부가 개입해 국영기업을 설립하고 수출에 인센티브를 제시하며 해외 부채로 자금을 제공함으로써 성장했다. 가란치아 중개 회사를 비롯한 브라질의 금융 기관들은 그런 열악한 환경에서 활동하고 있었다. 따라서 경험이 없는 똑똑한 젊은이들보다는 판매에 소질이 있는 데다 심지어 약간의 교활한 성격과 융통성이 있는 직원을 고용하는 편이 유리했다.

1976년에 가란치아에 입사해 파트너를 거쳐서 백만장자가 된 클로비스 에두아르두 마세두Clóvis Eduardo Macedo는 이렇게 말했다. "대부분의 사람들에게 '인생 대학'은 해변이었죠. 지금과는 시대가 달랐습니다. 요즘 아이들은 컴퓨터 앞에서 자라니까요." 20년 동안 가란치아에 근무했던 마세두는 리우의 남부 레블론 지역에 위치한 자신의 자산관리 기업 노벨에서 가란치아의 원칙들을 실천하고 있다.

인터넷이나 어떤 종류이든 컴퓨터나 재무 계산기가 없는 세상을 상상해보라. 텔렉스가 대단한 기술적 진보(팩스 기계는 1970년대부터 해외에서 대규모로 생산되기 시작했다)였던 시대에 모든 금융 거래는 '물리적인' 판매, 다시 말해 매도자가 실제로 매수자에게 종이를 건네야 했던 주식 판매였다. 증권과 주식에는 언제나 '지참인 지급'이라는 표시가 찍혀 있었다. 따라서 실제로 누가 무엇을 사고 파는지 아무도 알 수 없었다. 그래서 온갖 조작이 일어날 가능성이 존재했다. 예컨대 어떤 증권을 도난당하거나 분실하면 법원에 신청서를 제출해 증권을 취소하고 새 증권을 발행받아 대체해야 했다. 브라질 증권거래위원회CVM, Brazilian Securities and Exchange Commission와 1964년에 창설된 중앙은행은 여러 분야에서 여전히 초보자일 뿐이었다. 이처럼 규제 환경이 약간 방만한 탓에 거대한 회색 지대가 등장할 공간이 존재했다. 1970년대 브라질 금융 시장에서 좋은 성과를 거두려면 그런 공간을 활용해야 했다. 레만이 고용한 가난하고, 똑똑하고, 부자가 되겠다는 욕구가 절실한 사람들PSD은 이런 환경에서 두각을 나타냈다.

이처럼 커뮤니케이션이 불안정한 분위기에서라면 적어도 중개회사 내에서는 장벽이 없어야 했다. 레만은 전문가들을 각자의 사무 공간에 가두고 서로 고립시킬 수는 없다고 생각했다. 그래서 당시 브라질에는 아직 생소했던 사무 공간 모형을 채택했다. 가란치아 중개 회사 사무실은 전통적인 폐쇄형 사무실과는 달리 직원과 파트너들을 구분하지 않는 큰 개방형 공간이었다. 벽이 없으니 사생활이 보장되지 않았지만 다른 한편으로는 집단의 융통성이 커지고 뚜렷한 계층구조의 격차가 좁아졌다. 레만 자신도 그 큰 사무실의 탁자에서 대부분의 시간을 보냈다. 그와 다른 핵심 파트너들(하모스 다 시우바, 아리노스, 그리고 젠치우)은 은밀히 의논할 문제가 있을 때만 개인 사무실을 이용했다. 그런 경우가 아니면 누구든 격식을 차리지 않고 상사에게 가까이 다가가서 이야기를 나눌 수 있었다.

가란치아 중개 회사 사람들은 대부분의 금융 기관에 정장과 정장 구두로 구성된 공식 유니폼이 존재하던 시절에 편안한 옷차림을 택함으로써 격식을 차리지 않는 분위기를 완성했다. 캐주얼 바지(시간이 흐르면서 카키색은 가란치아의 기본 색상이 됐다)와 소매를 걷어 붙인 셔츠가 일반적인 복장으로 자리잡았다. 직원들은 주식 중개인이라기보다는 대학생처럼 보였다.

골드만삭스의 문화만큼 가란치아가 창조한 문화에 영향을 미친 것은 없었다. 이 미국계 은행은 1869년 독일계 유대인 마커스 골드만Marcus Goldman이 설립했다. 3년 후 그의 사위 사무엘 삭스Samuel Sachs가 입사했다. 이 회사는 세계에서 가장 영향력이 크고 강력한 투자 은행으로 부상했다. 『파트너십-골드만삭스의 탄생』의 저자 찰스 D. 엘리스Charles D. Ellis는 이 회사의 몇 가지 주요 특징을 다음과 같이 밝힌다.

"골드만삭스는 능력주의의 전형이었다. 미스터 와인버그*는 수많은 기업을 해친 정치와 내분을 한 치도 용인하지 않았다. (…) 그런 권력을 이용해 파트너들에게 지급하는 돈을 줄이고 회사의 지분을 더 늘리도록 밀어붙였다. 파트너 피터 새서도트Peter Sacerdote는 다음과 같이 말했다. '그러면 모든 사람이 항상 회사 전체로서 골드만삭스에 가장 좋은 일에 초점을 맞출 수 있으니 회사를 위해 좋은 일이죠. 그리고 경제적으로 절제를 유지할 수 있으니 개인 파트너에게도 바람직한 일입니다. 쓸 돈이 없으니 과소비하는 습관에 빠질 수가 없죠.'

직원들은 회사와 파트너십에 절대적으로 충성해야 했다. 파트너십을 맺고 있는 파트너들에게서는 (개인적인 반감과 한순간의 분노를 포함한) 강렬한 감정이 확실히 드러났다. 하지만 난공불락의 침묵의 벽 덕분에 이런 내적 긴장은 외부인들의 눈에 거의 띄지 않았다. 개인의 익명성은 회사의 핵심 가치나 다름없다. 다른 회사들이 축하하거나 극화할 수 있는 대부분의 요소들을 의도적으로 축소해서 말한다. 예컨대 모건 스탠리에는 몇 블록 떨어진 곳에서도 볼 수 있도록 주식 시세를 전달하는 정교하고 거대한 네온사인 표지판이 있다. 하지만 뉴욕, 런던, 혹은 도쿄에는 이른 시간에 활기차게 건물로 들어가서 늦은 시간에 나오는 잘 차려입는 젊은 남녀를 제외하면 골드만삭스의 존재를 알리는 지표는 존재하지 않는다."

레만은 대규모 코코아 거래상인 숙부 루이스 트루에브너Louis Truebner의 설득에 따라 골드만삭스와 연락을 취했다. 미국에 거주

* 수십 년 동안 이 은행의 핵심 파트너였던 시드니 와인버그Sidney Weinberg

하던 트루에브너는 골드만삭스가 조카에게 문을 열어줄 것이라고 판단했다. 골드만삭스와 레만의 가란치아 법인이 설립된 시기에는 한 세기 간격이 있었지만 두 기관은 확실히 비슷했다.

골드만삭스는 능력주의를 핵심 가치로 공언했다. 검약을 권장하고 회사의 성공을 개인의 사치보다 우선시했으며 내부 경쟁을 격려했다. 이 접근 방식은 1세기가 넘도록 골드만삭스 문화의 한 요소였지만 브라질에 진출한 당시에 가란치아에게는 생소할 수밖에 없었다. 따라서 이 모형이 효과를 거두려면 가란치아 팀에 세상을 바꿀 수도 있는 열정을 불어넣어야 했다.

1970년대 브라질에서 다국적 기업은 최고의 직장이었다. 갓 졸업한 학생들과 중역들은 셸, IBM, 혹은 폭스바겐 같은 회사에서 일하기를 꿈꾸었다. 이들 기업은 직원들에게 많은 급여와 전면적인 복리후생제도(기사가 운전하는 자동차, 자녀들을 위한 학교, 심지어 클럽 회원권 등)를 제공했다. 브라질에는 국내 대기업 재벌이 거의 없었고 주로 가족 소유 회사가 많았기 때문에 '부하들'이 정상에 오르는 일은 좀처럼 없었다. 이런 회사에서는 '소유주'와 '다른 사람들' 사이에 명확한 구분이 존재했다. 사실 브라질 기업과 다국적 기업의 차이에서 보수는 부수적인 문제였다.

레만이 복제한 골드만삭스 모형은 이 순서를 뒤바꿔놓았다. 가란치아의 급여는 시장 평균치보다 낮았지만 보너스는 급여의 4~5배에 이를 수 있었다. 이는 당시로서는 엄청난 액수였다. 물론 목표를 달성하는 직원들에게만 조건부로 제공됐다. '일을 잘하라. 그러면 보상을 받을 것이다.'라는 명확하고 단순한 규칙이 사환에게도 적용됐다. 레만은 말단직원까지 포함한 전 직원이 기업의 '주인'처럼 느껴야 한다고 믿었다. 이것이야말로 직원들이 최선을 다하고 조직을 성장시킬 수 있는 유일한 방법이라고 판단했다. 더 많이 일하도록 격려하기 위해 1년에 두 번 보너스를 지급했다.

가란치아의 계층구조는 대다수 기업과는 정반대였고 계층구조의 단계도 많지 않았다. 직원들은 기본적으로 세 단계로 구분됐다. 우선 보너스를 받을 자격이 있는 신입 사원이 있다. 이들의 직속 상위 집단은 커미션을 받고 일하며 아래 단계 직원들이 그렇듯이 다양한 급여를 받는 대신 커미션 직원들은 회사의 총 수익 가운데 일정 비율을 받는다. 이런 방식에 따라 개개인은 대개 회사 총수익의 0.1~0.3퍼센트를 받았다. 가장 낮은 단계에 속한 직원들은 상위 집단에 오를 수 없었다. 말단 직원들이 승진해서 커미션을 받고 일하려면 최소한 몇 년 동안 근무해야 한다는 규정도 없었다. 모든 것이 성과에 따라 달라졌다.

보너스 집단에서 커미션 집단으로 승진하는 것이 능력주의 제도에서 첫 번째 중대한 단계였다. 그러나 이렇게 승진한 사람들조차 긴장을 늦출 수 없었다. 그들은 반년마다 상사, 동료, 부하직원들로부터 평가를 받았기 때문에 누구든 해당 기간 동안 성과가 기대에 미치지 못하면 커미션이 삭감됐다. 게다가 누군가의 커미션이 많아지면(혹은 커미션 단계에 신입 사원이 선택된다면) 다른 누군가가 커미션을 잃어야 했다.

가란치아의 파트너로 오랫동안 근무했던 축에 속하는 지니스 페레이라 바치스타Diniz Ferreira Baptista는 다음과 같이 말했다. "일단 파트너가 회의실을 떠나 승자와 패자를 발표하고 나면 더 이상의 논의는 없었습니다." 이따금 레만에게 불평하는 사람이 있었지만 받아들여지지 않았다. 1977년 가란치아에 입사한 바치스타는 1995년 보유분이 거의 5퍼센트에 이르렀을 무렵 회사를 떠나서 가란치아의 두 파트너 마세두와 주제 안토니우 무라웅José Antonio Mourão과 함께 방쿠 모달Banco Modal을 설립했다(또 다른 가란치아의 전 파트너 하미루 올리베이라가 훗날 모달에서 마세두의 직위를 이어받았다).

훌륭한 성과를 거둔 사람은 승진했고 그렇지 못한 사람들은 파트너들의 연례 회의에서 논의 대상이 됐다. 어쩔 수 없이 누구를 해고해야 할지를 결정하는 이른바 '봉화smoke signal'라는 이 회의에서 매년 총 직원 가운데 약 10퍼센트가 제거됐다. 가란치아는 10년 넘도록 200명 남짓의 팀으로 운영됐다. 이는 기업이 지나치게 확장되지 않도록 막기 위해 레만이 만든 규칙이었다. 그 규칙을 지키면서 유능한 젊은이들을 새로 영입하려면 최악의 성과를 거둔 사람을 제거하는 수밖에 없었다. '봉화' 회의가 진행되는 동안 은행의 분위기는 초긴장 상태였다. 파트너들이 방을 나선 직후 호출된 사람들은 그들의 운명, 즉 거리로 나설 운명을 직감했다. 가란치아의 사전에 안전지대라는 개념은 존재하지 않았다.

(유지하기가 더욱 어려웠던) 세 번째 높은 단계는 파트너가 되는 것이다. 이 집단에 속한 소수의 특권층은 커미션뿐만 아니라 배당금을 받았다. 약 30년에 이르는 가란치아의 역사에서 최고 단계까지 오른 사람은 40명 정도이다. 이상하게도 이 소수정예 팀에 여성은 전혀 없었다. 이 단계에 이르는 방법은 대단한 실적을 거두거나 다른 파트너들의 만장일치로 영입되는 것뿐이었다. 이 파트너들이 새로운 파트너의 보유분을 결정했다. 잠재적인 후보자들은 자신이 파트너가 될 수 있을지, 된다면 시기는 언제가 될지, 자신의 지분

은 어느 정도일지 전혀 알 수 없었다(이 책의 준비 과정에 인터뷰를 했던 가란치아의 전 직원들은 이런 사실을 과정의 투명성이 부족했다는 증거라고 생각했다).

바치스타는 다음과 같이 전했다. "은행 소득 가운데 25퍼센트와 15퍼센트가 각각 수익 분담과 배당금으로 지급됐고 60퍼센트를 자본으로 출자했습니다. 결코 변경할 수 없는 원칙이었죠." 여하튼 가란치아의 변함없는 보상 체계는 브라질 기업이나 다국적 기업의 자회사는 물론이고 금융 시장의 다른 기관과 비교했을 때 당시로서는 상당히 공격적이었다. 멀티플릭 은행을 좋은 사례로 들 수 있다.

안토니우 주제 카르네이루Antonio José Carneiro와 호날두 세자르 코엘류Ronaldo Cezar Coelho는 리우에 중개 회사 멀티플릭을 설립했는데 몇 년 후 이 회사는 은행으로 바뀌었다. 가란치아와 동일한 수순을 밟은 것이다. 멀티플릭은 1970년대에 기하급수적으로 성장해 가란치아의 주요 경쟁업체가 됐다. 1985년부터 1990년까지 멀티플릭의 CEO를 맡았던 루이스 카우프만Luiz Kaufmann은 저서 『21세기로 가는 티켓』에서 1989년 말에 조직이 관리하던 주주 지분과 자산이 각각 미화 1억 6,000만 달러와 20억 달러에 이르렀다고 밝혔다. 이처럼 시작은 동일했지만 멀티플릭과 가란치아의 스타일은 사뭇 달랐다.

가란치아와 멀티플릭이 달랐던 한 가지 주된 이유를 꼽자면 1978년부터 멀티플릭에게는 50퍼센트의 지분을 보유한 해외 파트너(런던 은행)가 생겼다. 이런 경우 직원들에게 주식을 배분하는 과정에 불균형이 생길 수도 있었는데 어느 쪽도 원치 않은 상황이었다.

레블론 지역의 어느 조용한 거리에 위치한 3층 건물의 꼭대기 층에서 일하는 70세의 카르네이루는 남부 브라질 화가 이베리 카마라구Ibere Camargo의 그림들로 장식한 자신의 집무실에 앉아 다음과 같이 회상했다. "우리가 시장을 장악했죠. 연말이면 더 많은 급여를 지급하고 보너스를 분배했습니다. 하지만 파트너십의 기회는 제공하지 않았죠." 1997년 브라질의 보유분을 (런던 은행을 매입한) 로이드 은행에게 미화 6억 달러에 매각한 이후, 리우의 방쿠 메르칸치우 지 미나스제라이스에서 사회생활을 시작한 카르네이루는 광고 기업에서 건설 회사에 이르기까지 다양한 기업에 투자했다. 그의 자산 가운데 대부분은 2012년 전기 에너지 기업의 보유주식에서 발생한 수익이다.

가란치아 직원들은 소유주가 될 수 있었던 반면 정상에 오르는 일에는 큰 대가가 따랐다. 은행에서 신규 파트너에게 주식 지분을 수여하지 않고 팔았기 때문이다. 인스페르 경영대학원의 학생이었던 페르난도 무라모투Fernando Muramoto, 프레데리쿠 파스코위치Frederico Pascowitch, 호베르투 파스칼로니Roberto Pasqualoni는 훗날 몇 년 동안 준비한 가란치아에 대한 사례 연구에서 신규 파트너가 지분에 대가를 지불한 방식을 상세히 설명했다.

이 연구에서는 다음과 같은 사실을 밝혔다. "평균적으로 신규 파트너의 소득 가운데 70퍼센트는 2~3년 동안 이 지분의 대가를 지불하는 데 할당된다. 환산하면 지분의 1퍼센트를 살 경우 신규 파트너는 처음부터 미화 60만 달러의 부채를 떠안게 된다. 이 부채는 연 금리 6퍼센트로 수익 분배금, 커미션, 그리고 배당금에서 달러로 변제됐다." 당시 다양한 보수 중에서 실제로 지급된 액수는 전체의 30퍼센트에 지나지 않았다.

이 메커니즘을 이용하면 동시에 두 가지 목적을 달성할 수 있었다. 첫째, 전체 보유 지분을 받기 전에 퇴사하면 불리하므로 인재를 계속 보유할 수 있었다. 이와 동시에 일확천금을 얻은 파트너들이 업무를 소홀히 하는 일이 없도록 막을 수 있었다.

지니스는 다음과 같이 말했다. "처음에는 수입이 지분의 대가를 간신히 지불할 수 있을 정도였으니 무척 어려웠습니다. 하지만 누구나 앞으로 사업이 번창하리라고 생각했기에 기회가 있는 사람들은 항상 지분을 매입하고 싶어 했죠."

이 규칙은 레만이 은행 안팎에서 역설했던 간소한 업무 환경을 유지하는 데도 도움이 됐다. 그의 생활방식은 언제나 소박했다. 개인 비서가 없었고(소집단의 직원들이 모든 파트너들을 수발했다) 사치스러운 시계를 차거나 수입 자동차를 몰지 않았다. 가란치아에서 손님들을 모시고 오찬을 할 때면 웨이터들보다 직원들이 먼저 나서서 서빙을 돕곤 했다. 방문객들에게 작별 인사를 건네고 나서도 반드시 엘리베이터까지 동행했다(지금도 이 습관은 변하지 않았다).

이 소박함 덕분에 1991년 위험한 상황을 모면하기도 했다. 그가 기름을 채우던 주유소에 강도가 들었다. 강도들은 10년이 넘은 레만의 자동차 파사트에는 눈길도 주지 않았다. 덕분에 레만은 털끝 하나 다치지 않고 가던 길을 계속 갈 수 있었다.

주제 안토니우 무라웅은 가란치아에서 가능한 성공의 전형적인

인물이다. 이런 일을 성취할 수 있는 사람은 흔치 않다. 리우 근교 비스타 알레그리에서 태어난 무라웅은 아버지와 동네 정육점에서 일하기 시작해서 1972년 16세에 가란치아 중개 회사에 사환으로 입사했다. 출신은 보잘 것 없었지만 진정한 가난하고, 똑똑하고, 부자가 되겠다는 욕구가 절실한 사람들PSD인 무라웅은 열심히 일하면 돈을 벌 수 있다는 믿음을 버리지 않았다.

무라웅은 낮에는 일하고 밤에는 고등학교에서 공부를 했다. 아침 7시에 출근했다가 등교할 시간에 맞춰 퇴근한 것이다. 사무실 직원에게 점심을 가져다 주고 예기치 않게 테니스 경기가 시작되면 레만의 집까지 달려가 테니스 라켓을 가져오는 일까지도 임무였다. 그는 가란치아에 입사하기 전까지 능력주의라는 단어의 뜻도 몰랐지만 그 효과를 금세 체감했다. 무라웅은 다음과 같이 전했다. "그곳에서 일한 지 몇 달 후에 예상보다 더 많은 돈을 벌었습니다. 그 순간 그곳의 원리가 남다르다는 사실을 깨달았죠."

성장의 기회를 발견한 것이다. 그래서 은행의 일상 업무에 관해 최대한 많은 것을 배울 목적으로 가마 필류 대학교에서 경제학을 공부하기로 결심하고 무수한 날 밤샘 공부를 하며 은행에서 보냈다. 가란치아에 입사한 지 12년 후인 1985년 서른이 채 되지 않은 나이에 파트너가 될 때까지 여러 지역을 전전하며 근무했다.

무라웅은 우선 상파울루로 파견돼 본사보다 규모는 작았지만 잠재력이 대단한 업무를 지휘하는 임무를 맡았다. 이 무렵 회사에서는 그에게 레만을 '미스터'로 부르는 오랜 습관을 버리라고 지시했다.

"어느 날 그가 내게 우리는 이제 파트너이니 계속 자기를 그런 식으로 부르는 것은 어울리지 않다고 말했습니다." 사주의 테니스

라켓을 운반하며 가란치아에서 경력을 쌓기 시작한 소년에게는 나쁘지 않은 결말이었다.

Dream Big

4

골드만삭스와 가란치아에 헌신은 절대적인 조건이다

: 직원들에게 삶의 전부를 일에 바칠 것을 요구한다고 밝혔다

(브라질 안팎의) 금융 시장에서 일하기는 절대 녹록하지 않았다. 단기간에 큰 돈을 움직이는 결정을 내리려면 지속적으로 압박에 시달릴 수밖에 없다. 강심장을 가지지 못한 사람들은 중도에서 포기하고 만다.

미국의 금융 중심지인 월스트리트의 삶은 특히 힘겨웠다. 찰스 D. 엘리스Charles D. Ellis는 골드만삭스에 관한 책에서 일중독자는 기본이며 세계에서 가장 유력한 투자 은행의 일상은 직원들에게 삶의 전부를 일에 바칠 것을 요구한다고 밝혔다. 신입 사원은 아침 8부터 저녁 6시까지 일하다가 잠시 멈추고 급하게 식사를 마친 다음 다시 업무를 시작해 밤 9시나 10시까지 일해야 했다. 여기에서 그치지 않는 직원들도 많았다.

1910년에 설립돼 1998년 트래블러스 그룹에 매각된 솔로몬 브

라더스의 업무 일과 역시 이에 못지않게 눈코 뜰 새 없이 돌아갔다. 1980년대에 그곳에서 일했던 마이클 루이스Michael Lewis는 저서 『라이어스 포커』에서 자신과 같은 분석가들의 삶을 자세하게 묘사했다.

"상사들은 항시 전화 통화가 가능하도록 가장 즐겨 찾는 분석가들에게 삐삐를 부착시켰다. 새로운 일자리에 투입되고 몇 달이 지나면 몇몇 최고 분석가들은 정상적인 생활을 하겠다는 희망을 버린다. 그들은 직원들에게 자신을 완전히 바치고 24시간 일했다. 절대적인 수면 부족으로 대부분 병자처럼 보였다. 업무 능력이 향상될수록 죽음에 더욱 가까워진 환자 같았다."

가란치아에서 압박감과 무자비한 성과 지향주의는 거의 발작 수준에 이르렀다. 일찍 출근해서 늦게까지 일하고 밤새도록 일하는 것은 이례적인 일이 아니었다. 대개 12~14시간 동안 업무가 계속됐고 주말까지 이어졌다. 개인생활과 가족생활은 확실히 희생됐다.

전 파트너 지니스 페레이라 바치스타는 "일을 무진장 많이 했고 아이들이 자라는 모습을 보지 못했다."라고 털어놓았다. 모든 직원이 다른 모든 직원을 자세히 관찰할 수 있는 오픈 플랜 사무실에서 누군가 평소보다 더 일찍 퇴근하려고 일어나면 한바탕 박수갈채 사례를 받아야 했다. 야유성 박수갈채 뒤에는 뼈 있는 질문이 날아왔다. "어디 파트타임으로 일하나 보죠?"

어조는 우스갯소리였을지 모르나 독설의 기미는 숨길 수 없었다. 물론 모든 사람이 이런 분위기를 견뎌내지는 못했다. 가란치아에 입사했다가 첫날에 그만둔 한 변호사에 대한 이야기가 전설처럼 전해지기도 한다. 그 변호사는 점심을 먹으러 나가서 다시 돌아오지 않았다고 한다.

헌신은 절대적인 조건이었다. 그래서 가란치아 직원들은 지시만 내려오면 곧장 부서나 근무 지역을 바꿀 채비를 해야 했다. 이를테면 전 파트너 클로비스 마세두는 1980년대 초반 리우데자네이루에서 상파울루로 전근해 고객을 유치하라는 '권고'를 받았다. 물론 그는 전근을 고려한 적이 없었지만 권고를 받아들여야 했다. 적어도 그 은행에서 경력을 쌓으려는 사람에게는 이런 제안을 거부할 선택권이 없었다.

가란치아에 텔렉스 오퍼레이터로 입사하며 사회생활을 시작했던 마르셀루 바르바라Marcelo Barbará도 1993년 이와 유사한 경험을 하게 된다. 거래소에서 근무하던 그에게 레만이 은행의 행정부서를 맡아서 관리, 시스템, 컴플라이언스 같은 업무를 지휘해달라고 요청했다. 1960년대 인베스코가 무너진 이후 레만은 투자에서 이 분야를 등한시하지 않았다. 그러나 바르바라가 근무했던 거래소에는 마법, 아드레날린, 돈이 풍부했지만 관료적인 행정 관리 부서는 달랐다. 따라서 부서 이동은 앞무대에서 뒷무대로 물러나는 것이나 다름없었지만 바르바라는 수선을 떨지 않고 지시를 받아들였다.

"조르지에게 매우 충실했던 나로서는 맡겨진 임무를 거부할 생각은 전혀 하지 못했습니다. 거부했다면 모양새가 좋지 않았을 겁니다. 조르지는 그 일이 가란치아에서 파트너가 되는 지름길이라고 못박아 말했죠." 바르바라는 기꺼이 맡은 역할을 수행하고 복종하며 은행의 행정 부서를 지휘했다. 레만 또한 약속을 지켰다. 바르바라는 전근을 간 지 18개월 후에 파트너가 될 수 있었다.

이런 과정을 따를 사람을 되도록 빨리 찾아내는 것이 관건이었다. 지원자들을 면담하자마자 회복력 테스트가 시작됐다. 이는 미국의 대규모 조직과 가란치아의 또 다른 유사점이었다. 이를 테면 솔로몬 브라더스의 면접관들은 후보자에게 면접이 진행되는 월스트리트 본사의 43층에 있는 방에서 창문을 열어달라고 요구한다. 그런데 문제는 창문이 봉해져 있다는 사실이다. 그저 후보자의 반응을 관찰하기 위한 요구인 것이다. 실제로 일자리를 얻고 싶은 마음이 너무 간절했던 한 젊은 지원자는 결국 유리를 부수려고 의자를 내던졌다는 이야기도 전해진다.

솔로몬 브라더스가 이용한 또 다른 전략은 침묵을 지키는 것이다. 후보자가 방에 들어오면 면접관은 아무 말도 하지 않는다. 후보자가 인사를 건네도 면접관은 전혀 대꾸하지 않는다. 후보자가 자신의 경험담을 전하거나 농담을 던져도 전혀 반응이 없다. 미소를 띠지도 않고 한 마디 말도 하지 않는다. 그저 앞에 있는 가여운 얼간이에게 단호하게 눈길을 고정시키고 있을 뿐이다. 이런 상황에서 후보자는 얼마나 오래 견딜 수 있으며 어떤 반응을 보일까?

가란치아의 모든 후보자는 대개 적어도 12개 평가를 거친 후에 입사 승인을 받았다. 면접관에는 항상 레만을 비롯한 고위 파트너가 포함돼 있었다. 면접관은 이력서에 기재된 지원자의 학력이나 경험에 대해 묻기보다는 은행을 위한 적절한 자질을 갖추고 있는지를 파악하기 위해 노력했다. 후보자들은 멸사봉공의 태도와 불타는 눈빛을 갖추어야 했으며 면접의 시련을 비껴갈 사람은 아무도 없었다.

딕 톰슨과 레만은 두 사람이 수학했던 아메리카나스 스쿨에서 만났다. 톰슨은 레만보다 세 살 위였고 알렉스 아에글레리의 친구였다. 두 사람은 1960년대에 인베스코에서 일하면서 다시 만났다. 톰슨은 소규모 중개 회사를 매각한 다음 1972년 말 가란치아의 판매 분야의 한 직책에 지원했다. 수십 년 동안 레만을 알고 지낸 그였지만 다른 후보자와 똑같은 의식을 치러야 했다. "열아홉 명이 나를 면접했습니다. 조르지 파울루까지 포함된 면접관들이 탁자에 둘러앉아 사방팔방에서 질문을 퍼부었죠. 웬만큼 자신만만한 사람이 아니면 전혀 흔들림이 없이 그 방을 나설 수 없었을 겁니다." 그는 합격해서 마침내 파트너가 됐다. 그러나 20년 후에는 가란치아를 떠나서 전혀 다른 활동에 헌신하게 됐다. 리우데자네이루 주의 고지대에 위치한 이타이파바 시티우 두 모이뉴의 50헥타르에 이르는 아름다운 농장에서 유기농 식품을 생산하는 일이었다.

후보자들에게 가장 어려운 심문자는 페르난지스였다. 정치적 공정성이라는 개념이 등장하지 않았던 시절이다. 그는 오늘날이라면 확실히 파문을 일으킬 법한 질문을 해댔다. 이를 테면 지원자에게 동성애자인지, 아니면 일주일에 몇 번 성관계를 맺는지 묻곤 했다. 페르난지스는 다음과 같이 말했다. "대답 자체는 중요하지 않았어요. 그저 상대방이 어떻게 반응하는지, 만족할 만한 인재인지를 확인하고 싶었을 뿐입니다. 그래서 매우 공격적인 면접 과정을 만들었습니다. 그 이후에는 약간 건잡을 수 없이 흘러갔죠."

알렉산드리 아베이지Alexandre Abeid는 면접에서 페르난지스가 했던 질문들을 기억하고 있었다. 키가 195센티미터인 아베이지의 삶은 가란치아의 다른 전문가들과 사뭇 달랐다. 금융 시장에서 일하는 한편 브라질 배구 팀의 일원으로 1972년 뮌헨 올림픽 대회와 1976년 몬트리올 올림픽 대회에 참가했고 1975년 코페아드Coppead

경영대학원에서 MBA 과정을 끝냈을 때 가란치아에 면접을 보러 오라는 요청을 받았다. 그는 가장 먼저 페르난지스와 대화를 나누었다. 대화는 다음과 같이 진행됐다.

페르난지스: "안녕하십니까? 마리화나를 좋아하나요?"
아베이지: "아닙니다, 세자르. 좋아하지 않습니다.
저는 스포츠맨의 생활방식을 유지합니다……."

이런 특이한 성격임에도(어쩌면 그것 때문에) 페르난지스는 훌륭한 인재를 고용하는 재주가 있었다. 그러나 그가 고용한 사람들 가운데 마르셀 에르만 텔레스만큼 가란치아의 역사에 영향을 끼친 사람은 없었다.

리우 출신 마르셀 에르만 텔레스가 금융 시장에 뛰어든 데는 한 가지 이유가 있었다. 바로 돈을 벌기 위해서였다. 그것도 떼돈을 벌기 위해서였다. 그는 1950년 2월 23일 항공사 조종사와 결혼 후에 아이를 키우는 일에 전념했던 전 미국 대사관 서기관의 슬하에 태어났다. 리우의 전통적인 학교인 콜레지우 산투 이나시우에서 수학했다. 바르보자, 무스니치, 아라가웅 회사의 파트너이자 텔레스의 학교 친구인 변호사 파울루 아라강Paulo Aragão은 이렇게 전했다. "당시 학교에서는 16세기 스페인 군대의 장교였던 성 이그나티우스의 여러 개념을 매우 중시했죠. 우리가 받은 교육은 군사적인 요소가 강했고 훈련에 중점을 두었습니다."

텔레스는 내성적이고 신중한 소년이었으며 성적 또한 우수했다. 여가 시간에는 시를 쓰고 그림을 그리는 것을 좋아했다. 훗날 가란치아 파트너들로부터 어느 정도 영향을 받은 그는 20대에 접어들어 운동을 시작한다.

텔레스는 콜레지우 산투 이나시우에서 곧장 리우데자네이루 연방대학교에 진학해 경제학을 공부했다. 학부 과정을 마칠 무렵 몇몇 지인이 최신 유행 모터바이크를 타고 맵시 있는 정장 차림으로 수업에 참석하는 모습이 눈에 띄었다. 그들이 어떤 사람들일지 궁금해 하던 차에 금융 시장에서 일하는 사람들임을 알게 됐다.

그는 금융 분야의 원리를 몰랐고 아는 사람도 전혀 없었기에 편법을 시도했다. 1970년 당시 브라질 최대 규모로 손꼽히던 마르셀루 레이치 바르보자에서 일자리를 구했다. 자정부터 새벽 6시까지 주식 납입 전표를 확인하는 일부터 시작해 얼마 후 정보 기술 분야로 옮겼다.

그러던 어느 날 엘리베이터에서 할 수만 있다면 회사의 모든 활동을 없애고 공개 시장이 운영되는 8층만 남기고 싶다는 회사 사주의 말을 우연히 들었다. 거래에 대한 강좌를 들은 적이 있는 텔레스는 당시에는 거의 알려지지 않았던 공개 시장에 자신의 미래를 걸기로 결정했다. 우선 마르셀루 레이치 바르보자에서 정식 직책을 얻으려고 노력했으나 뜻대로 되지 않자 다른 곳으로 눈을 돌렸다.

텔레스는 가란치아에서 면접을 보기 위해 약속한 시간에 일찍 도착했지만 한참을 기다려야 했다. 레만이 출장 중이어서 대신 면접을 맡았던 페르난지스가 일과가 끝난 다음에야 모습을 드러냈다. 그런데 그는 텔레스와 인사만 나누고는 아무런 해명도 없이 그냥 가버렸다. 면접은 없었다.

하지만 끈질기고 야심만만했던 22세의 텔레스는 낙담하지 않고 다음날 다시 찾아갔다. 이번에는 페르난지스가 그를 만나주었다. 페르난지스는 여느 때처럼 별난 질문을 한 것은 물론이고 대학 졸업생이라고 해도 밑바닥부터 시작해야 한다고 경고를 했다. 가란치아의 신입사원은 누구나 가장 먼저 결제 부서 혹은 회사에서 통용되는 용어로 '아스팔트 발레asphalt ballet'에서 일하는 것이 관례였다. 비록 시적으로 들리기는 했지만 아스팔트 발레는 전혀 매력적이지 않았다. 은행이 거래하는 모든 증권을 운반하는 사환을 미화한 말에 지나지 않았다. 하지만 텔레스는 낙심하지 않았다. 공개시장의 트레이더가 되기 위해서라면 무슨 일이든 마다하지 않을 작정이었다.

몇 주 동안 아스팔트 발레를 계속한 후에 텔레스는 은행의 기술부서로 발령을 받았다. 그는 마음이 급했다. 목표에 더 가까워지기 위해 트레이더 한 사람에게 'BB 체크'라고 일컬어지는 단순한 작업을 처리해달라고 부탁했다. 그러려면 그의 업무를 조금도 방해하지 않는 오전 8시와 9시 사이에 방쿠 두 브라질 증권을 옮겨야 했다. 자신을 트레이딩 데스크와 좀 더 가까운 곳으로 끌어달라고 설득할 심산으로 텔레스는 트레이더에게 1972년형 파란색 폭스바겐을 매일 태워주겠다고 약속했다. 트레이더가 텔레스를 진심으로 믿었는지, 아니면 출근할 때 차를 얻어 타고 싶은 마음이 간절해서였는지 모르지만 제안을 수락했다. 텔레스가 트레이더로서 타고난 재능을 발휘하기까지 그리 오랜 시간이 걸리지 않았다. 그는 냉철하고 단호했으며 재빨리 결정을 내리고 언제나 정보에 정통했다.

그런 한편 페르난지스가 미국의 JP모건과 골드만삭스의 본사를 방문할 때 수행하는 임시 임무를 맡았다. 페르난지스는 난독증이 있어서 외국어를 배울 수 없었기 때문에 수행 통역사가 필요했다. 영어를 구사하고 금융 시장을 이해하며 신뢰할 만한 통역사로 텔레스가 선발됐다. 페르난지스는 두 사람의 출장을 다음과 같이 묘사했다.

"인턴십은 훌륭했다. 마르셀은 정말 똑똑한 청년이었고 일류 은행들과 접촉할 때 모든 것을 재빨리 이해했다. 우리는 골드만삭스를 방문했을 때 난생처음 '오버나이트'라는 말을 들었다. 다음날 회수될 수 있는 이 투자는 대체 무엇인가? 브라질에서는 30일이나 180일 동안 돈을 처리하는 방법만 통용됐다. 우리는 오버나이트 기술이 무엇인지 알아냈고 브라질로 도입했다. 다음으로는 당시 연방준비제도의 최대 거래 대상이었던 디스카운트라는 회사에 소개했다. 그곳에서 재무부 채권과 경매를 처리하는 방식을 관찰한 후 이것 역시 브라질로 도입해서 중앙은행과 의논했다."

트레이딩 데스크에서 거둔 텔레스의 훌륭한 성과와 새로운 일을 추진하는 그의 능력이 레만의 눈길을 사로잡았다. 레만은 텔레스를 칭찬하며 그에게 파트너가 될 수 있다고 말했다. 그때껏 직원에서 회사 소유주로 승진할 가능성을 전혀 보지 못했던 중산층 출신의 젊은이에게 그의 상사가 흔들던 당근은 매력적이었다. 돈을 버는 것, 그보다 자신의 방식으로 일을 처리하는 것은 너무 환상적이어서 도무지 현실로 믿어지지 않았다. 중개 회사에 입사한 지 2년이 채 지나지 않았을 때 마르셀 텔레스는 0.5퍼센트의 지분을 매입할 권리를 얻었다. 그리 많은 양은 아니었지만 그것은 단지 시작에 지나지 않았다.

수중 낚시에는 끈기와 통제력이 요구된다. 스포츠맨은 무엇을 발견할지 모르는 채 깊은 바다로 매끄럽게 미끄러져 들어간다. 그가 물밑에 있을 시간과 산소가 고갈되지 않도록 어떤 깊이에서 표면으로 올라와야 하는지 정확히 계산해야 한다. 그의 먹잇감은 그로부터 멀어지고 바위 아래, 동굴 속, 심지어 침몰한 배 안에 숨는다. 이 모든 일이 완전히 고요한 바다에서 일어난다. 낚시꾼은 표적에 가까워질 때까지 눈에 띄어서는 안 된다. 천천히 철저한 계산에 따라 움직여야 한다. 주의를 기울여야 하지만 긴장해서는 안 되며 계속 조용히 숨을 쉬어야 한다. 심장이 천천히 박동한다.

방심한 물고기를 발견하면 작살을 쏜다. 완벽하게 쏜다 해도 승리를 거둘 보장은 없다. 몸집이 크거나 잽싼 물고기는 여간해서는 포기하지 않기 때문이다. 냉철한 정확성과 리듬을 갖춘 낚시꾼만이 전리품을 안고 돌아올 수 있다. 카를로스 알베르투 시쿠피라는 수중 낚시의 전문가이다. 심지어 이 과격한 스포츠의 6개 부문에서 세계 기록을 세운 메달리스트이기도 하다. 그의 최대 월척은 301.2킬로그램의 청새치로 2006년 리우 해안의 카부 프리우에서 낚은 것이다.

어린 시절부터 베투로 알려진 시쿠피라는 1948년 5월 1일에 태어났다. 언제나 바다를 사랑했으며 해군이 되는 것이 장래희망이라고 말하곤 했다. 아버지는 브라질 은행과 중앙은행에서 경력을 쌓은 공무원이었고 어머니는 주부였다. 한 친구가 그에게 중고차 사업을 하자며 자본을 제시했던 청소년 시절부터 사업가의 길을 진지하게 고려했다. 기업가정신에 깊이 매료되면서 바다는 그의 취미 생활로 변했다. 그는 무한한 가능성의 세계로 길을 떠났다.

시쿠피라는 중고 자동차뿐만 아니라 (미국에서 직접 가져온) 청바지를 팔았으며 17세의 나이에 증권 판매 대리인 면허를 매입할 법적 자격을 얻었다. 1년 후 리우데자네이루 연방대학교에서 경영학을 공부하는 동안 이 판매 대리권을 매각하고 공공 분야에서 1년 넘게 일했다. 국립 철도부, 리우데자네이루 항구, 연방 데이터 프로세싱 서비스에서 근무했다. 이런 직장은 모두 관료적이었다. 한계가 없는 일을 찾는 사람에게는 지나치리만큼 속도가 느렸다. 그는 다시 한 번 금융 시장에서 자신의 운을 시험할 때가 왔음을 느꼈다.

1968년 첫 번째 면허를 매입하고 2년이 지날 무렵 시쿠피라는 친구들과 합세해 소규모 증권 판매 대리업체를 매입했고 얼마 후 카브랄 지 메네지스Cabral de Menezes와 합병했다. 4년 동안 이 중개 회사에서 일했다. 이때 뉴욕에서 워싱턴으로 가는 비행기에서 바로 옆자리에 앉은 페르난지스를 만났다.

페르난지스는 "베투는 말이 많았고 조르지 파울루를 몹시 만나고 싶어 했다."라고 기억했다. 두 사람이 모두 좋아하는 수중 낚시 덕분에 스물한 살의 시쿠피라는 아홉 살 연상인 레만을 소개받았다. 급속도로 친해진 두 사람은 함께 낚시를 가고 사업에 대해 의논하며 서로의 신뢰를 얻었다. 두 사람의 우정은 깊어갔으나 시쿠피라는 카브랄 지 메네지스를 떠나면서 런던 마린 미들랜드 은행의 제안을 수락했다. 이후 1973년 브라질로 돌아왔을 때야 비로소 레만의 제안을 받아들였다. 시쿠피라는 수입은 얼마나 될지 혹은 어떤 일을 맡을지 전혀 몰랐지만 가란치아에 밝은 미래가 기다리고 있다고 느꼈다.

그는 "내가 본 사람들 중에서 푼돈에 연연하는 사람이 성공을 거둔 적은 없었다."라고 말했다.

Dream Big

5

성장하지 않으면 능력주의란 번지르르한 말일 뿐이다

: 회사가 성장하고 소득이 증가해야 기회와 보상을 줄 수 있다

성장하지 않는다면 능력주의란 그저 번지르르한 말에 지나지 않는다. 회사가 확장하지 않는다면 어떻게 가장 유능한 사람들을 위한 기회를 창조할 수 있겠는가? 회사의 소득이 증가하지 않는다면 어떻게 성공한 직원들에게 보상을 제공할 수 있겠는가? 레만은 언제나 그의 생각이 타당한 결과를 얻으려면 엔진이 끊임없이 빠른 속도로 회전해야 한다고 판단했다. 그래서 당시 세계 최대 은행이며 브라질로 사업을 확장하고 싶어 했던 JP 모건이 1976년 그에게 접근해 파트너십을 제안했을 때 하마터면 유혹에 넘어갈 뻔했다.

협상이 진행됐다. 브라질의 사업 방식을 몰랐던 미국인들에게는 리우의 중개 회사에 근무하는 대담하고 오만한 직원들을 확보하는 것이 브라질로 진출할 최선책이었을 것이다. 가란치아에게는 미국 은행의 제휴사가 된다면 자본을 제공받는 것은 물론이고 일종의

국제적인 품질 보증이 될 수 있었다. 무엇보다 빨리 성공할 수 있는 기회를 잡을 수 있었다.

이론적으로는 이 모든 것이 타당해보였다(떨어져 있을 때보다 함께 할 때 두 회사의 효율성이 높아질 터였다). 하지만 언제나 미래에 초점을 맞춘 사람이었던 레만은 거래의 장기적인 효과를 고려했다. 그러자 그의 열정은 이내 사그라졌다. 종국에는 회사의 통제권을 잃을 것이 뻔했다(자신이 창조한 문화를 거대 기업이 삼켜버릴 것이다). 관료적인 크레디트 스위스에서 인턴으로 일한 경험이 아직 뇌리에 생생하게 남아 있었다. 자신이 만든 회사가 똑같은 수순을 밟게 만들고 싶지 않았다. 단기간에 거금을 버는 일과 개인의 가치관을 유지함으로써 스스로 역량을 키우는 일을 선택할 기로에서 그는 결국 후자를 택했다. 훗날 "그것은 내 평생 가장 어려웠던 극적인 결정이었다."라고 말했다.

JP 모건에게 거래를 진행하지 않겠다는 뜻을 전해야 했지만 갑작스럽게 발을 빼서 세계 최대 은행의 앙심을 사는 일은 피하고 싶었다. 거래를 성사하지 못할 '난관'을 만들어야 이런 상황에서 자연스럽게 벗어날 수 있었다. 처음에 JP 모건과 가란치아는 새로운 조직에서 각각 30퍼센트(당시 허용되던 최대 한도)와 40퍼센트를 차지하는 데 합의했다. 나머지는 브라질 투자가들에게 분배될 예정이었다. 그래서 레만은 중앙은행에 연락해서 만일 레만의 수중에 자본의 51퍼센트가 남아 있을 경우 JP 모건과 가란치아가 연합해 창립하는 새 조직이 허가를 받을 수 있는지를 확인했다. 만일 JP 모건이 이런 요건에 따라 새로운 조직의 통수권을 얻을 수 없다는 사실을 깨달으면 연합을 포기할 것이라고 예상한 것이다. 그의 예상은 적중했다. 중앙은행의 새로운 결정을 확인한 모건은 철수했다. 거래는 무산됐고 각자 제 갈 길로 향했다.

JP 모건에게서 해방된 후 레만은 직접 투자 은행을 세우기로 결심했다. 미국인들과 협상이 끝나고 몇 달이 지났을 때, 가란치아 중개 회사는 독자적으로 이 새로운 분야에 진출할 허가권을 획득했다. 레만은 파트너들에게 줄리우 보자누Julio Bozano와 마리우 엔리끼 시몬젠Mario Henrique Simonsen이 설립해 당시 시장을 지배했던 투자 은행을 언급하며 "우리가 보자노보다 더 커질 것"이라고 말하곤 했다.

그 위치에 도달하려면 훌륭한 인재들을 계속 유치하고 은행의 주식을 최고들에게 분배해야 할 터였다. 그러나 새로운 인재들을 위한 자리를 마련하기 위해서는 누군가 밀려나야 했다. 레만이 추진하는 능력주의의 영향을 가장 먼저 실감한 사람들은 가란치아 중개 회사의 창립 파트너들이었다.

은행에는 모든 파트너의 집무실이 있었다. 하지만 그들이 집무실에서 일하는 모습은 좀처럼 볼 수 없었다. 예컨대 리브라 시절부터 레만과 함께 했던 하모스 다 시우바는 그때껏 축적한 부에 한껏 고무된 나머지 더 이상 전화에 매달려 주식을 거래하기를 원치 않았다. 데이트와 드라이브를 즐기며 소일하기 시작했다. 자동차 경주를 취미로 시작해서 3년 동안 브라질 장거리 선수권 대회에 여러 차례 참가했다.

레만은 1975년부터 이 친구의 주식을 매입하기 시작했으며 하모스 다 시우바는 3년 후 결국 파트너십을 떠났다. 가란치아 중개 회사를 매입할 때 자금을 대부분 제공했던 젠치우는 자신은 돈으로 협력할 것이며 일할 의도는 없다고 처음부터 못박았다. 이런 상태는 2년 정도 지속됐다. 그러나 낮은 단계에서 승진한 팀원들이 회사를 위해 수익을 창출하지 않으면서 올림픽 경기장만한 수영장이 딸린 집, 열대 정원, 리우의 상류층 동네 바하 다 티주카의 생활을 누리는 파트너가 소유한 주식에 이의를 제기하기 시작했다. 레만으로부터 (일하든지 아니면 떠나라고) 압박을 받은 젠치우는 마지못해 보유 주식을 팔았으나 두 사람의 개인적인 관계는 나빠졌다. 젠치우는 레만의 책략이야말로 은혜를 모르는 배은망덕한 행동이었다고 대놓고 비난했다(가란치아의 모든 파트너가 일을 해야 한다는 규칙은 레만의 사촌인 알렉스 아에글레리에게만 예외였다. 아에글레리는 일을 하지 않았지만 1퍼센트 미만의 주식을 보유하고 있었다).

레만이 제거할 수 없었던 유일한 창립 파트너는 길레르미 아리노스였다. 아리노스는 다른 회원들에게 배척당하면서도(그래서 회원 카드가 있어도 사실상 그는 클럽을 사용할 수 없었다) 리우 컨트리클럽의 회원 자격을 결코 포기하지 않았을 때처럼 자신이 소유한 가란치아 주식을 팔지 않겠다고 거부했다. 그는 가란치아가 크레디트 스위스에 매각되던 1998년까지 버텼다(2011년 향년 96세로 세상을 떠났다).

하모스 다 시우바와 젠치우의 주식을 챙긴 레만은 더 젊은 직원들에게 주식을 분배하는 일에 박차를 가했다. 초창기에 그가 소유한 가란치아 주식은 25퍼센트였으나 1978년 보유량은 50퍼센트 이상으로 증가했다. 물론 새로운 파트너들에게 주식을 매각하면서 그의 보유분은 점차 줄어들었다. 이런 기업의 경영자라는 자리는 끊임없는 헌신을 요구하는 까다로운 직책이었다. 리우 출신으로 1990년대 가란치아의 파트너였던 마르셀루 메데이로스Marcelo Medeiros는 레만이 이 문제를 어떻게 처리했는지를 다음과 같이 기억했다.

"그는 항상 회사가 어떤 식으로 발전해야 하는지를 고민했다. 어떤 새로운 파트너들을 영입할지 결정하는 회의에서 그는 주머니에서 작은 종이 한 장을 꺼내서 누가 주식을 팔아야 하고 누가 그리고 어느 만큼을 사야 하는지를 전달하곤 했다. 주식을 분배하고 기업 구조를 정비했다. 새로운 파트너들의 영입을 의논하는 회의를 주도했다. 조르지 파울루가 잠자코 있을 때조차 모든 사람이 그가 받아들일 주장을 제시해야 한다는 사실을 알았다."

1998년 가란치아가 결국 크레디트 스위스의 수중에 넘어갔을 때 레만은 당시 자본의 30퍼센트에 못 미쳤던 본인 주식의 거의 절반을 이미 이전한 상태였다.

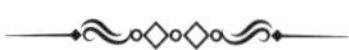

1970년대 말 가란치아의 직원은 200명가량으로 대부분 20대 초반 남성이었으며 '가난하고, 똑똑하고, 부자가 되겠다는 욕구가 절실한 사람들PSD' 출신은 거의 없었다. 누구나 정상에 오르기를 꿈꾸었고 그곳에 오르기 위해서라면 어떤 일도 마다하지 않았다. 1년에 두 번 열리는 평가 회의에서는 다른 사람들 면전에서 동료를 당황스럽게 만드는 일이 다반사로 일어났다. 계층구조 따위는 중요하지 않았기에 상사를 제치거나 상사에게 직언을 하는 일 또한 일반적인 관행이었다. 이따금 열의가 넘치다 못해 말싸움이 몸싸움으로 번지기도 했다. 한 번은 한 트레이더가 트레이딩 데스크에 앉아 있는 라이벌의 머리에다 물 한 양동이를 쏟아부은 적이 있다. 동료들이 두 사람을 떼어놓아야 했다. 이 책을 쓰면서 인터뷰한 열두 명의 사람들은 거의 하나같이 '압력 밥솥'이라는 표현으로 은행의 하루 일과를 묘사했다.

전 파트너 알렉스 아베이지는 다음과 같이 표현했다. "마치 고릴라 숫컷 다섯 마리를 우리에 던져놓고 암컷 한 마리를 밖에다 둔 것처럼 보였죠. 누군가 죽어야 했습니다." 물론 대부분의 사람들에게는 잔인한 환경처럼 보였다. 하지만 아베이지 같은 사람들은 이런 상황을 최고만이 살아남는 서바이벌 게임으로 받아들였다. "게임의 규칙을 알면 경기하기가 쉽습니다. 만일 어떤 사내가 나를 쓰러뜨렸다면 승패가 난 거죠. 그가 더 유능해서 경기에서 승리한 것이니 남고 패자인 나는 다른 곳을 찾아 떠나야 한다는 의미였죠. 모든 사람이 아는 규칙이었습니다."

정치적인 정당성이 등장하기 이전의 세계에서 금융 시장, 특히 가란치아에서 일하는 사람들 사이에서는 우스갯소리조차도 공격적이었다. 은행에 사실상 여직원이 없었다는 사실 또한 장난과 농담이 용인되는 남학교 같은 분위기를 조성하는 데 한몫했다. 가장 자주 농담의 표적이 된 사람은 레만이 1974년에 고용한 영국인 프레드 패커드Fred Packard였다. 패커드가 맡은 주요 업무는 세계화라는 말이 아직 기업계의 일상적인 어휘로 등장하지 않았던 시기에 가란치아가 국제 시장에 진출할 길을 개척하는 일이었다. 그는 영국 사업가의 전통에 따라 격식을 차렸고 가란치아 직원으로는 유일하게 정장을 입었다. 탁자에 앉을 때면 습관적으로 신발을 벗었다. 이따금 누군가가 그의 신발을 숨기곤 했다.

동료들은 출장을 자주 다니던 패커드를 희생자로 삼아 또 다른 장난을 쳤다. 대개 목적지까지 어떤 물건을 '배달'해달라고 부탁했다. 그런데 배달할 물건은 일반적으로 전화번호부나 벽돌이 담긴 무겁고 쓸모없는 꾸러미였다. 가장 난감했던 사건은 동료들이 은행 회의실에서 양복을 갈아입던 패커드의 바지를 훔쳤던 일이었다. 바지를 도둑맞은 직후에 패커드의 주요 고객이 들이닥쳤다. 북부 상파울루에 위치한 코카콜라 유통 회사의 소유주였다. 패커드는 몹시 당황한 데다 범인을 추적할 시간도 없어서(무엇보다 다른 바지를 찾을 수 없어서) 팬티 차림으로 상의만 걸치고 의자에 앉은 채로 고객을 맞이했다. 고객은 평소에 무척 예의가 발랐던 영국인이 앉은 자세로 자신을 맞이하는 것을 미심쩍게 여겼지만 다행히 중요한 사업상 논의를 진행하는 내내 패커드가 반 벌거숭이였다는 사실을 모른 채 자리를 떠났다.

이 전 파트너는 솔직히 "정말 서커스였다."라고 말했다.

가란치아는 예민한 사람들이 지낼 만한 곳이 아니었다. 그러나 이 난폭한 놀이의 최악의 사례가 은행에서 가장 긴장된 장소인 트레이딩 데스크에서 계획됐다는 사실은 결코 우연이 아니었다. 데스크 책임자였던 텔레스는 장난을 부추겼을 뿐만 아니라 장난에 적극적으로 가담했다. 그 자신도 입사하자마자 장난의 희생자가 되기도 했다(레만이 가담한 최고의 장난은 가란치아 건물의 22층부터 1층까지 계단으로 달리는 경주였다. 시쿠피라는 언제나 장난을 멀리했다).

한 번은 텔레스가 두 대의 전화기로 동시에 중앙은행과 고객을 상대로 통화를 한 적이 있었다. 그동안 텔레스의 셔츠 팔뚝에 나 있는 구멍을 발견한 동료들이 구멍을 찢기 시작했다. 대화를 중단할 수 없었던 텔레스는 불평 한 마디 못한 채 장난을 견뎌야 했다. 결국 셔츠는 칼라와 커프스만 남았지만, 그는 끝까지 침착함을 잃지 않고 통화를 마쳤다.

결혼식은 (대개 악의적인) 장난의 또 다른 표적이 됐다. 1970~1980년대에 가란치아에 근무했던 사람에게 회사 분위기를 물어보면 '자카레의 결혼marriage of Jacare' 이야기를 들을 수 있을 것이다. '자카레'(포르투갈어로 '악어')는 장난치기를 좋아했던 트레이더 레오폴두 카에타누Leopoldo Caetano의 별명이었다. 결혼식은 우르카 지역의 UFRJ 렉터스 채플에서 열렸다. 가란치아 직원들은 신부에 버금갈 만큼 결혼식을 위해 만반의 준비를 하며 쿠카 가면을 일곱 개 주문했다. 쿠카는 '시티우 두 피카파우 아마렐루Sitio do Picapau Amarelo'라는 TV 글로부의 어린이 프로그램에 등장하는 악어 얼굴을 한 늙은 마녀였다. 신랑의 들러리를 맡은 텔레스가 의상비용을 지불하기로 약속했다.

결혼식이 한창 진행 중일 때 일곱 명(아베이지를 포함한 가란치아 직원과 성당 앞에서 '모집한' 소년들)이 악어 가면을 쓰고 "아빠, 아빠"를 외치며 성당으로 난입했다. 신부는 소스라치게 놀랐고 신부님도 몹시 노여워하며 결혼식을 중단하겠다고 으름장을 놓았다. 호제리우 카스트루 마이아는 당시 상황을 이렇게 묘사했다. "한바탕 소동을 치른 후 결혼식이 끝났죠. 하지만 요트클럽 피로연에서 신혼부부에게 덕담을 전하는 시간이 되자 또 다시 우리는 신랑신부에게 수갑을 채우고 라고아 바로 끌고 갔습니다. 끔찍했죠. 모든 결혼식이 그랬습니다."

그 은행에서 일상적으로 일어난 불쾌한 사건 가운데 카스트루 마이아가 알고 있는 이야기만 해도 끝이 없었다. 일부는 직접 목격했고 또 일부는 가란치아의 전 파트너들과 정기적으로 만나는 사교 오찬에서 들었던 이야기다. 항상 리우에서 열렸던 이 모임에는 대개 세대가 다양한 20여 명의 전 파트너들이 참석한다. 시쿠피라는 단 한 번 참석했던 반면 텔레스는 한 번도 빠지지 않았다. 레만은 2010년에 마지막으로 가란치아의 전 파트너 모임에 참석했다. 그의 제안에 따라 리우데자네이루의 컨트리클럽에 오찬이 준비됐다.

카스트루 마이아는 웃으면서 그 모임을 다음과 같이 설명했다. "장소를 빌리는 비용은 약 4,000달러였는데 모든 사람이 분담할 예정이었습니다. 나는 조르지에게 전액 지불할 의향이 있느냐고 물었죠. 그가 '아니오.'라고 답하는 바람에 모든 사람이 갹출해야 했습니다." 행사가 끝날 무렵 레만은 카스트루 마이아에게 은행에 근무했던 한 경제학자를 다음 행사에 초대해 발표하는 시간을 갖자고 제안했다. 회의에 참석했던 한 사람은 그 아이디어를 들었을 때 "조르지가 이 모임을 일로 바꾸고 싶어 한다는 사실을 알았다."라고 전했다. 레만의 제안은 당연히 받아들여지지 않았다.

Dream Big

6

에고를 드러내는 것은 효율적 조직 설립 방법이 아니다

: 과시하지 않고 검약한 생활을 하지만 일할 땐 강력하게 한다

레만은 비록 지금은 과소평가되지만 충격 요법을 가한다면 재정적 보상이 클 것으로 예상되는 기업에 투자할 가능성을 두고 오랫동안 고민했다. 그는 매일 아드레날린이 치솟고 어마어마한 수익을 거둘 수 있는 금융 업계가 무척 좋았으나 실물 경제 또한 어느 정도 투자할 가치가 있다고 판단했다. 가란치아는 서서히 이 새로운 세계를 살피기 시작했다.

초창기 계획 중의 하나는 1970년대에 아바이아나스 브랜드의 소유주인 상파울루 알파르가타스의 주식 25퍼센트를 매입하면서 시작됐다. 가란치아는 이어서 로자스 브라질레이라스 소매 체인점의 주식을 소량 매입했다.* 두 회사에서 소주주였던 가란치아의 파

* 이는 훗날 로자스 마리자의 창업자인 기업가 베르나르두 골드파르브에게 매각된다.

트너들은 기업 경영 방식에 발언권이 거의 없었다. 그러나 기업 운영 방식(비효율성을 기회로 바꾸는 방법, 기업 거버넌스 혹은 당시 브라질 기업에서 흔했던 거버넌스의 부재에 투자할 필요성, 그리고 투자가와 경영진 평가의 관계)과 관련된 경험을 얻었다. 비록 훌륭한 학습 과정이었지만 가란치아 사람들은 바야흐로 움직여야 할 때가 왔다고 생각했다. 그들은 자신들의 기업을 소유하고 싶었다.

한 기업이 레만의 눈에 들어왔다. 바로 로자스 아메리카나스 소매 업체 체인점이었다. 로자스 아메리카나스는 1929년 존 리John Lee, 글렌 맷슨Glen Matson, 제임스 마셜James Marshall과 뱃슨 보르게Batson Borge를 포함한 미국 투자단이 니테로이에 설립한 기업이었다. 브라질 자본 시장의 선구자였는데 1940년에 리우 주식거래소에 상장됐다. 하지만 주식을 상장하고 40년이 지날 무렵 로자스 아메리카나스는 활력을 잃었다. 창업자들은 이미 오래전에 세상을 떠났고 소득은 해마다 악화됐다. 당시 회사의 시장 가치는 미화 3,000만 달러에도 미치지 못했다. 이는 미화 1억 달러에 달하는 회사 소유의 부동산에 비하면 소액에 불과했다.

레만은 주판을 튕겨보았다. 회사 가격이 상당히 저렴했기 때문에 운영이 순조롭지 않을 경우에는 부동산을 매각해서 수익을 올릴 수도 있었다. 가란치아 은행은 좋은 성과를 거두고 돈을 많이 벌고 있었다. 그러나 레만은 배당금을 분배하고 거액의 보너스를 지급하기보다는 수익을 다른 분야에 투자하는 편이 나을 것이라고 판단했다. 레만은 파트너들에게 이렇게 말했다. "좋습니다. 거래를 진행하고 추이를 지켜봅시다." 그와 패커드는 그 소매 업체 지분을 약 10퍼센트 보유한 투자가 마리우 세르파Mario Serpa 같은 대주주로

부터 주식을 매입하기 시작했다.

시쿠피라는 이 거래에서 은행은 물론이고 개인을 위한 중대한 기회를 발견했다. 가란치아에서는 이미 이사회 임원 자리를 확보할 만큼 충분한 지분을 보유했다. 시쿠피라는 이사회 대표로 선출돼 회의에 참석하기 시작했다. 항상 빨간 표지의 공책을 가지고 다니면서 보고 들은 모든 정보를 기록했다. 자신이 확보한 수치를 다른 수치와 다각도로 점검하고 직원들과 의논했다. 아메리카나스의 성과와 경쟁업체의 성과를 비교하고 해외 소매 업체의 발전 상황을 연구했다. 얼마 지나지 않아 로자스 아메리카나스의 운영 방식을 시쿠피라만큼 자세히 파악한 사람은 아무도 없었다. 현금을 창출하고 로자스 아메리카나스의 통수권을 손에 넣을 입지를 다지기 위해 가란치아는 상파울루 알파르가타스의 지분을 카마르구 코레아Camargo Correa에 매각했다.

페르난지스는 당시 상황을 다음과 같이 전했다. "나는 2년 동안 카마라구 코레아 그룹의 창업자 세바스티앙 카마라구Sebastião Camarago에게 지분을 사들이라고 설득했죠." 현금을 손에 넣은 레만은 상파울루에 있는 방쿠 이타우 소유주인 엔지니어 겸 상파울루 전 시장 올라부 세투발Olavo Setúbal과 이야기를 나눌 목적으로 본점으로 향했다. 그는 로자스 아메리카나스의 통수권을 확보해 정궤도로 복귀시키려면 이타우가 보유한 그 소매 업체의 주식이 필요하다고 설명했다. 세투발은 그의 열정적인 모습에 마음이 움직였고 제안을 수락했다.

이 결정으로 은행가 조르지 파울루 레만은 사업가 조르지 파울루 레만으로 변신한 것은 물론이고 사업에 관여하는지 여부와 상관없이 가란치아의 모든 파트너에게 로자스 아메리카나스의 소유주가 될 기회를 제공했다(인수가 끝난 다음 합류한 파트너들은 이 소매 업체의 지분을 소유하지 못했다). 레만은 새로운 분야로 진출해 시쿠피라, 텔레스, 페르난지스 같은 사람들을 곁에 두었다.

시쿠피라에게 직장에서 외교술을 발휘하는 장점 따위는 없었으며 그의 성마른 기질에서 시작된 사건들은 가란치아의 전설로 남았다. 은행의 전 동료들은 그의 변덕스러운 기질을 '불도저'와 '독선적' 같은 단어로 묘사하곤 했다. 시쿠피라는 언제나 고함을 지르고 욕설을 내뱉고 주먹으로 책상을 내리치며 자기 의견을 강요했다. "느린 사람을 밀어붙이는 것보다 미친 사람을 통제하는 편이 더 쉽다."라는 말을 가장 좋아했다.

가란치아가 1982년 약화된 로자스 아메리카나스를 인수했을 때 회사를 제 궤도로 돌려놓을 수 있는 최적임자는 성격이 불같은 시쿠피라였다. 그는 기업을 회생시키겠다는 불타는 소망과 꼼꼼한 계획으로 무장하고 리우 중심지 후아 사카두라 카브랄에 위치한 로자스 아메리카나스의 소박한 사무실을 방문했다. 그의 초봉은 가란치아에서보다 훨씬 적었다(은행에서 받던 급여의 10퍼센트 정도였다).

그는 돈과 예전 동료들을 뒤로 한 채 거의 혈혈단신으로 로자스 아메리카나스에 합류했다. 곧바로 아서앤더슨 출신의 회계사 카를로스 안드레 데 라우렌티스Carlos André de Laurentis(6년 뒤 숍타임 사이트의 CEO가 됐다)를 고용했다. 첫 번째 목표는 원래 직원들과 직접 친분을 쌓아서 재능 있는 인재를 선발하고 나머지를 해고하는 일이었다. 세 파트너가 진행한 모든 인수 과정에서 되풀이했던 전략이다.

회사가 아무런 성과를 거두지 못하고 있었음에도 로자스 아메리카나스의 이전 경영진은 거창한 계획을 세워두었다. 일례로 비하 다 티주카 지역에다 테니스 코트까지 구비한 일종의 제2 본점을 세우겠다고 계획했다. 시쿠피라는 우선 이 대규모 프로젝트를 취소시키고 회사의 최고경영진을 자신의 집무실로 소집했다. 그가 확인한 경영진의 상태는 엉망진창이었다. 자사의 사업 목표조차 명확히 설명하지 못하는 사람이 많았다. 몇 달이 채 지나지 않아 전 직원 가운데 40퍼센트에 해당하는 6,500명이 해고됐다.

그는 당시 "우리는 지나치게 거대하고 팽창돼 대대적인 조정이 필요했다."라고 말했다. 시쿠피라가 취했던 조치 가운데 가장 호응을 얻지 못한 것은 경영진 평가 제도였다. 그동안 경영진이 너무 쉬운 목표를 세운 탓에 회사의 입지는 악화일로였지만 경영진에게 보너스는 계속 지급됐다. 경영진은 과연 어떤 술수를 썼을까? 대차대조표에 이용된 가장 '창의적인' 한 가지 메커니즘은 채무를 재조정하지 않은 채 오직 자산을 토대로 재무제표 수정을 계산하는 방법이었다. 진지한 주주라면 누구라도 머리가 곤두서는 왜곡된 술책이었다.

시쿠피라는 이런 속임수를 뿌리 뽑고 가란치아 모형을 토대로 더욱 엄격하고 공격적인 가변 보상 제도를 도입했다. 그러자 직원들의 불평이 따랐다. 새로운 지휘자가 도착하고 6개월이 지났을 때 35명의 이사들이 집단으로 시쿠피라와의 면담을 요청하며 이전 제도를 부활시킬 것을 요구했다. 시쿠피라는 불편한 심기를 숨기지 않으면서도 요청을 고려해보겠다고 대답했다. 면담이 끝나자 세 이사는 새로운 상사에게 다른 이사들을 따르지 않겠다는 뜻을 밝혔다. 나머지 서른두 명은 자신들의 승리를 확신하고서 점심을 먹으러 자리를 떴다. 시쿠피라는 불평한 사람들의 행동에 분개해 인사관리 부서에게 당장 그들 모두를 해고하라고 명령했다. 그들은 점심을 먹은 다음 회사로 돌아올 수 없었다(이 가운데 많은 사람이 이 같은 대우에 몹시 불쾌해하며 회사를 상대로 법적 소송을 제기했다).

시쿠피라는 무자비한 스타일뿐만 아니라 형식에 얽매이지 않는 성격으로 이목을 끌었다. 그의 일상적인 복장은 청바지, 티셔츠, 운동화와 배낭이었다. 그리고 자기만의 영지에서 고립 생활을 하는 대신 다른 이사들과 방을 함께 썼다. 회사를 두루 순찰하고 매장을 정기적으로 방문했다. 언제나 그랬듯이 언론에 노출되는 일을 피했다. 평사원 같은 옷차림 때문에 직원들조차 대부분 그를 알아보지 못했다. 기저귀를 가득 실은 트럭에서 짐을 내리던 한 직원이 누군지는 모르지만 때마침 지나가던 동료에게 도움을 청했는데 알고 보니 시쿠피라였다는 유명한 일화가 있다. 그 '동료'는 한 치의 망설임도 없이 소매를 걷어붙이고 상품을 매장으로 옮기는 일을 도왔다.

격식을 차리지 않는 시쿠피라의 스타일과 신랄한 접근 방식은 단기간에 성과를 거두었다. 가란치아는 로자스 아메리카나스를 인수하는 데 미화 2,400만 달러를 투자했다. 매입한 지 6개월 만에 영업 실적이 향상되자 회사의 20퍼센트 지분에 미화 2,000만 달러를 지급하겠다는 투자가들이 줄을 서기 시작했다.

시쿠피라는 로자스 아메리카나스의 지휘자가 되기 얼마 전 이사회에 적을 두고 있을 때 세계의 대규모 소매 업체에 10통의 편지를 보냈다. 그 편지에 자신을 소개하고 각 회사의 운영방식을 직접 배울 수 있겠냐고 물었다. 리더들로부터 배운 다음 최고의 아이디어를 적용하는 것이 그의 목표였다. 세계 일류 기업을 본받을 수 있는데 재창조하기 위해 쓸데없이 시간을 낭비할 필요가 있겠는가? 두 기업은 정중하게 거절했고 두 기업은 답장을 보내지 않았다. 케이마트와 블루밍데일스를 포함해 다섯 회사가 답장을 보내고 초대했다. 시쿠피라가 연락했던 한 기업의 CEO는 거기에서 그치지 않고 직접 전화까지 걸었다.

그 CEO는 시쿠피라에게 1962년 아칸소주에 설립한 자기 회사 체인점의 운영 방식을 보여주고 싶다고 말했다. 그의 이름은 샘 월튼이었다. 그가 운영하는 회사는 월마트였다. 로자스 아메리카나스에게 월마트는 가란치아에게 골드만삭스와 같은 존재였다. 복제할 모형이자 가장 큰 영감의 원천이었다. 당시 샘 월튼은 44세였고 주민이 고작 6,000명에 지나지 않았던 미드웨스트의 한 소도시 로저스에 월마트 1호점을 개점해 소매업계에서 많은 경험을 쌓았다. 그는 처음부터 저렴한 가격이 자사의 원동력이 될 것이라고 판단했다. 소매업처럼 판매 수익이 적은 분야에서 가격을 낮추려면 거의 병적인 수준으로 비용을 통제해야 했다.

월튼의 자서전 『샘 월튼: 메이드 인 아메리카』에 따르면 (제품을 사방에 쌓아놓은 넓고 지극히 단순한) 초기 매장들은 자리를 잡지 못한 상태여서 어떤 매장에서는 세일하는 옷들을 옷걸이가 아니라 머리 위에 있는 파이프에 걸기도 했다. 최저가로 제품을 제공하라고 공급 업체에 압력을 가하는 일 또한 비일비재했다. 월튼이 매장의 모든 일을 처리했다. 재고를 관리하고 직원들에게 지시하고 고객과 이야기를 나누고 새 공급 업체를 직접 찾고 경쟁업체의 매장을 항상 방문했다. 그는 사무실에만 처박혀 있는 부류의 사람이 아니었다. 자신을 도와 회사를 운영할 사람들을 찾기 위해 많은 시간을 투자했다. 월마트가 확장됨에 따라 최고 성과를 거둔 직원들에게 주식 상장 계획을 발표했다.

1982년 시쿠피라와 레만이 벤턴빌을 방문해 직접 눈으로 확인한 월마트 본사는 월튼이 로저스에 개점한 소규모 매장들보다 훨씬 규모가 컸다. 월마트는 1970년대에 전성기를 맞았다. 1970년대 초반 이 체인점의 매장은 32개였고 총 수입은 미화 3,100만 달러였다. 1980년 무렵 9배나 성장한 월마트는 매장이 276개였다. 총 수입은 거의 40배나 껑충 뛰어오른 미화 12억 달러에 이르렀다. 월마트 소유주는 미국 최대 부자로 손꼽혔고 1985년 『포브스』에서 1위 갑부로 선정됐다.

그는 자서전에서 다음과 같이 우스갯소리를 했다. "대부분의 벼락 성공담과 마찬가지로 우리의 성공담은 20년이 걸렸다." 시쿠피라와 레만을 실은 터보프롭 비행기가 작은 지방 공항에 도착했다. 그들이 비행기에서 내렸을 때 한 사나이가 개와 사냥용 라이플총을 짐칸에 싣고 낡은 픽업트럭에 앉아 있었다. 야구 모자를 쓴 그 사나이가 샘 월튼이라는 뜻밖의 사실을 확인하고 두 사람은 무척 반가웠다. 그들이 원했던 것 역시 강력한 기업과 소박한 생활방식이었기 때문이다.

공통점이 무척 많았던 레만, 시쿠피라, 월튼이 친해진 것은 어쩌면 당연한 일일 것이다. 레만과 시쿠피라는 테니스 코트에서 상대방을 물리치는 최강의 복식조가 됐고 시쿠피라는 시장을 파악하고 경쟁업체의 매장을 방문할 완벽한 동반자였다. 그뿐만 아니라 소매 업체의 운영 방식을 배우기에 월튼보다 더 뛰어난 스승은 없었을 것이다. 월튼이 브라질을 두 차례나 방문할 정도로 상당히 가까운 사이가 됐다. 한번은 월튼이 시쿠피라와 함께 리우에 있는 카르푸 매장을 찾은 적이 있었다. 두 사람은 사진을 찍고 줄자로 슈퍼마켓의 진열장 크기를 재며 상품 품목을 기록하다가 '산업 스파이 행위'를 의심하는 경비원에게 체포됐다. 결국 레만은 브라질 카르푸(가란치아의 고객이었다)의 CEO에게 전화를 걸어 두 범법자를 풀어달라고 간청해야 했다.

브라질 친구들과 마찬가지로 월튼은 일 중독자였고 그와 함께 일하는 사람들도 똑같은 업무 윤리를 몸소 실천했다. 그는 토요일 아침마다 관리자들을 모아놓고 주간 성과와 계획을 평가했다. 1980년대 중반 한 회의에서 월튼은 이사들에게 한 가지 도전을 제시했다. 만일 회사의 세전 이익이 8퍼센트를 넘으면(이 분야의 평균치는 절반 수준이었다) 월스트리트에서 훌라춤을 추겠다는 것이다. 목표가 달성됐을 때 그는 꼼짝없이 약속을 지켜야 했다.

1984년 3월 15일 메릴 린치 본사 건물 앞에서 서커스가 열렸다. 예순다섯 살의 월튼이 화려한 차림(풀 스커트, 꽃목걸이, 화관)으로 세 명의 무희와 함께 하와이 음악에 맞춰 엉거주춤하게 몸을 흔들었다. 월튼은 (과시하는 인물과는 거리가 먼) 소심한 사람이었다. 신문이나 잡지에 사진을 싣고자 춤을 춘 것이 아니었다. 그것은 월마트 직원들을 일컫는 그의 '어소시에이트'들에게 사업을 확장하기 위해서라면 어떤 일이든 마다하지 않겠다는 의지를 증명하기 위해서였다. 그는 "에고를 드러내는 것은 효율적인 조직을 설립하는 최고의 방법이 아님을 오래전에 배웠다."

몇 년 뒤 시쿠피라는 멘토의 전술을 로자스 아메리카나스에 그대로 적용했다. 회사의 법인세 이자 감가상각비 차감 전 영업 이익EBITDA이 6퍼센트를 넘으면 벨리 댄서의 의상을 입겠다고 약속한 것이다. 그가 제시한 목표치는 달성됐다. 그 해 말에 회사가 거둔 성과가 확인되자 시쿠피라는 월튼처럼 기꺼이 약속을 지킬 생각으로 들떴다. 12월의 화창한 어느 날 리우 중심가 프라사 마우아 광장에 베일을 두른 채 베이자 플로르 삼바 학교의 무희들과 밴드를 동반한 볼품없는 거구의 시쿠피라가 벨리 댄스 기술을 선보이며 감탄스러울 정도로 멋지게 리듬을 탔다.

시쿠피라는 언제나 로자스 아메리카나스의 비용 관리에 집착했다. 그는 "비용은 손톱과 같아서 항상 잘라야 한다."라고 말하곤 했다. 그런 한편 수익을 거둘 수 있는 새로운 사업 기회를 확인하는 일에도 몰두했다. 자금이 적게 드는 투자 대상이라면 더욱 좋았다. 이렇게 해서 탄생한 회사가 부동산 기업 상카를로스 엠프린지멘토스 이모빌리아리오스였다. 시쿠피라는 당시 50여 개에 이르던 로자스 아메리카나스 매장에서 두 가지 사실을 깨달았다. 첫째, 매장 건물들 때문에 회사의 주식이 제 가치만큼 수익을 거두지 못했다. 둘째, 매장에서 임대료를 지불하지 않아서 회사의 실제 수익성이 명확히 드러나지 않았다. 그래서 시쿠피라는 두 활동 분야(소매와 부동산)를 분리해야 하며 그래야만 회사가 더욱 성공할 수 있다고 판단했다.

당시 부동산 관리는 규모가 작은 시장이었고 대개 가족 경영 기업이 맡고 있었다. 상카를로스는 이목을 끌지 않고 성장한 덕분에 경쟁자가 거의 없었다. 최근 들어 브라질 부동산 시장이 호황을 누리면서 널리 알려지게 됐다. 2013년 회사 자산 규모는 35억 헤알((R$), 로자스 아메리카나스 매장이 차지하는 비율은 10퍼센트에 못 미친다), 시가 총액은 약 28억 헤알이었다. 투자액 한 푼 없이 설립된 기업이 거둔 수입으로는 상당한 액수였다.

수년 동안 로자스 아메리카나스에서 시쿠피라의 오른팔 역할을 한 사람은 상파울루 출신의 주제 파울루 아마랄José Paulo Amaral이었다. 두 사람은 1980년대 초 리우 출신의 귀족형 안드레 데 보톤André De Botton이 주최한 오찬에서 만났다. 보톤 가문은 당시 대형 백화점 체인 메스블라의 소유주였다. 아마랄은 메스블라의 총책임자였다. 데 보톤은 그를 대신해서 회사를 책임질 후계자로 아마랄을 키우고 있었다.

그날 이후 아마랄과 시쿠피라는 달리기, 사이클링, 다이빙 등 운동을 같이 하면서 친구가 됐다. 리우 해변 카부 프리우에 위치한 시쿠피라의 별장에서 대화를 나누다가 아마랄은 메스블라에서 일하는 것이 대체로 만족스럽지만 마음에 걸리는 것이 하나 있다고 털어놓았다. 1924년에 설립돼 줄곧 가족이 경영한 회사라 메스블라에서는 직원이 아무리 좋은 성과를 거두어도 회사 주식을 소유할 기회가 없다는 것이었다. 시쿠피라는 그의 말을 이해했을 뿐만 아니라 내심 반가웠다. 그러나 보톤의 심기를 거스르지 않으려면 조심해야 했다. 아마랄은 메스블라를 떠나 40일간의 '안식' 기간을 가진 다음 가란치아의 소매 팀에 합류하겠다고 제안했다. 마침내 메스블라를 그만둔 후 마이스 포르 메노스라는 소규모 아웃렛을 설립했다.

아마랄은 현재 거주지인 리우데자네이루와 그의 목장이 있는 마투 그로수 두 술주를 오가며 바쁜 시간을 보낸다. 그의 말에 따르면 "초기 투자액은 미화 100만 달러였는데 그중 절반은 가란치아에서 온 것이었다." 상파울루의 아베니다 산투 아마루에 첫 매장을 연 지 1년이 채 지나지 않아 마이스 포르 메노스는 로자스 아메리카나스에게 매입됐다.

본인의 말을 빌자면 아마랄은 결국 "로자스 아메리카나스의 주식을 받았고 로자스 아메리카나스는 마이스 포르 메노스의 소유주가 됐다." 난생 처음 자신이 근무하던 회사의 주주가 된 것이다. 그는 그 사실에 무척 만족했다. 아마랄은 1985년 12월 로자스 아메리카나스의 총책임자로 부임했다. 이 직책을 맡은 날 정장풍의 메스블라 복장은 이제 포기해야겠다고 결심했다.

로자스 아메리카나스의 이사를 지냈던 한 사람은 이렇게 전했다. "첫 출근 날 그는 고전적인 정장, 말끔한 머리, 그리고 브로그

스타일 슈즈* 차림이었습니다. 다음 날에는 청바지와 운동화를 신었더군요." 이뿐만 아니라 아마랄은 (예전 회사에서 제공되는 특전이었으나 가란치아 문화에는 찾을 수 없는) 개인 사무실, 개인 비서, 회사 자동차 없이 지내는 데 익숙해져야 했다. 하지만 그는 전혀 개의치 않았다. 그의 관심사는 오로지 로자스 아메리카나스를 성장시키는 일뿐이었다. 어쨌든 이제 주주가 되지 않았는가. 아마랄은 다음과 같이 부임 초기를 회상했다.

"가란치아가 아메리카나스를 매입할 무렵 회사 사정은 갈수록 악화됐다. 베투는 회생할 가능성이 있다고 보았지만 파격적인 조치가 필요했다. 그가 파격적인 사람이라는 사실은 누구나 알고 있었다. 당시 더 젊고 당찼던 그는 경비를 삭감함으로써 회사에서 엄청난 규율을 강요하고 있었다. 내가 입사했을 때 계획이 한창 진행 중이었다. 사람들이 해고당하고 다른 사람들로 교체됐으며 획기적인 변화가 일어나고 있었다. 나는 그와 함께 지내며 많은 것을 배웠다."

그들은 수년 동안 좋은 관계를 유지했다. 주중에는 로자스 아메리카나스를 돈 버는 기계로 바꾸기 위해 전력투구했다. 주말에는 두 사람의 별장이 있는 카부 프리우나 앙그라 두스 레이스)로 함께 낚시를 갔다. 두 사람의 우정이 무척 돈독해서 시쿠피라는 아마랄을 둘째딸 헬레나의 대부로 삼기도 했다. 하지만 아메리카나스에 입사한 지 11년이 지났을 때 아마랄은 난처한 사건에 휘말려 회사를 떠났다. 이 일로 시쿠피라와의 개인적인 관계도 종지부를 찍었다.

---

* 보통 가죽에 구멍이 뚫린 여러 가지 장식으로 만든 중후한 옥스퍼드 스타일 슈즈-옮긴이

1994년 헤알 정책Real Plan이 성공적으로 시행됨에 따라 높은 인플레이션 시대가 막을 내렸다. 브라질 회사들은 줄줄이 새로운 현실에 부딪쳤다. 이들은 그동안 세련된 재무 부서를 설립해서 오랫동안 대단한 경쟁 우위를 확보했고 회사 돈을 이용해 터무니없는 물가 상승으로부터 이익을 챙겼다. 그런데 경제가 안정되자 금융 수익을 거둘 수 있는 기회가 사라졌다. 기업들은 이제 운영 활동의 효율성을 높이는 한편 변장한 자본가 행세를 포기해야 했다. 수년 동안 날마다 꾸준히 오르는 물가에 익숙했던 소매업계는 곧바로 타격을 입었다. 뼛속까지 은행가의 기질이 다분했던 로자스 아메리카나스가 입은 타격은 더욱 심각했다. 4년 내리 흑자를 거둔 회사가 1996년 1사분기에 적자를 기록했다(사실 회사 수입이 기대에 미치지 못했던 전해부터 이미 경고등이 켜진 상태였다).

문제는 기술, 물류 부족, 그리고 1994년 월마트와 파트너십을 맺고 월튼의 소매 체인점을 브라질에 도입했던 일과 무관하지 않았다. 월마트와의 파트너십은 이론상 완벽했으나 실제로는 실패한 아이디어에 속했다. 두 회사는 오랫동안 친밀한 사이였고 똑같은 문화와 사업을 확장한다는 똑같은 야심을 품고 있었다. 소유주들은 친구였다. 당시 브라질의 선두적인 소매 업체였던 로자스 아메리카나스가 세계 최대 소매 업체를 브라질로 영입해 확장 속도를 높인다는 아이디어는 더할 나위 없이 좋아 보였다. 양측의 합의에 따르면 월마트와 아메리카나스는 브라질에 설립된 새로운 회사에서 각각 60퍼센트와 40퍼센트를 소유하기로 돼 있었다.

거래가 발표되자 경쟁업체들이 두려움에 떨었다. 그러나 모두의 기대와는 달리 제대로 진행되는 일이 하나도 없었다. 브라질 사람들의 소비 습관을 전혀 몰랐던 월마트는 미국의 방식을 그대로 복제했다. 이를테면 매장에서 골프채, 살아 있는 물고기, 그리고 구명조끼용 가방을 판매했다. 그러나 소주주였던 로자스 아메리카나스는 미국 동업자들에게 사전에 적절하게 경고하지 못했다.

아마랄은 당시를 다음과 같이 회상했다. "월마트는 자신들의 방식이 미국에서 통했으니 여기에서도 그럴 거라고 말했죠. 그레이터 상파울루에 있는 오자스쿠에 슈퍼센터를 개점했을 때 물품에 도난 방지용 전자 상표를 붙이라고 경고했다. 그러나 그들은 우리 말을 듣지 않았습니다. 결국 한바탕 도둑들의 파티가 시작돼 면도기, 옷, 셔츠 등이 사라졌습니다." 브라질 사람들의 역할은 사실상 사업 확장에 자금을 지원하는 일로 축소됐다. 그 바람에 (적어도 월마트보다 훨씬 규모가 작았던 아메리카나스는) 대가를 톡톡히 치러야 했다.

마침내 자사의 규칙을 적용할 수 없는 회사에 계속 돈을 투자할 것인지, 아니면 사업에서 손을 뗄 것인지 선택할 시점에 다다랐다. 아메리카나스는 후자를 택했다. 합의서에 서명하고 3년이 지난 후 주식을 월마트에게 매각했다. 시쿠피라와 그의 파트너들은 세계 최대 소매 업체와 파트너십을 맺어 로자스 아메리카나스의 현금을 지키겠다는 꿈(결코 후회하지 않은 결정)을 포기할 수밖에 없었다. 월마트의 브라질 영업이 제 궤도에 오르기까지 다시 10년이 걸렸다.

월마트와의 분리가 공식화될 무렵 시쿠피라는 로자스 아메리카나스의 일상 업무에서 손을 뗐다. 1993년 CEO직을 그만두고 브라질 최초의 사모펀드 회사인 GP 인베스치멘투스를 설립하는 일에 전념했으나 이사회 의장직은 계속 맡았다. 아마랄이 그의 뒤를 이었다. 시쿠피라는 로자스 아메리카나스를 5년가량 경영한 후부터 이미 새로운 성공담을 창조하고 더 젊은 사람들에게 성공의 기회를 제시할 때가 됐다고 결정한 참이었다. 그래서 아마랄을 GP 인베스치멘투스의 파트너로 삼아 그의 경영 경험을 최대한 활용하기로 결정했다.

아마랄이 동의만 한다면 완벽한 계획이었다. 그러나 정작 아마랄은 대기업의 직접 경영에서 손을 떼고 투자 펀드로 옮기는 것은 은퇴를 향한 첫 걸음으로 생각했다. 그는 멀리서 몇몇 회사의 운영에 관여하기보다는 일상 업무를 지휘하고 싶었다. 아마랄의 진로를 가로막는 이 장애물이 훗날 두 친구의 사이를 갈라놓는 첫 번째 요인으로 작용했다. 두 번째 요인은 로자스 아메리카나스의 CEO를 맡을 아마랄의 후임자 문제였다. 시쿠피라가 점찍은 후보자는 리우데자네이루 연방대학교의 공학도이자 코페아드 경영대학원의 경영학 석사 학위를 보유한 페르센 람브라뉴였다. 그는 아마랄과 같은 해에 24세의 나이로 로자스 아메리카나스에 입사했다. 반면 아마랄이 좋아하던 후보자는 회사의 기술 책임자로 역시 공학도였던 루이스 메이슬러Luiz Meisler였다(훗날 그는 오라클 남아메리카 지부의 부사장이 된다).

시쿠피라의 체험 접근 방식에 찬성하는 사람으로 알려진 람브라뉴는 지칠 줄 모르고 공격적이며 야심만만했다. 가란치아에서 일종의 인턴십을 마친 직후 아메리카나스 재무 담당 책임자가 됐다. 인턴십은 그에게 은행 문화를 깊이 체험할 소중한 기회였다(이렇게 가란치아와 가까웠던 덕분에 람브라뉴는 카스트루 마이아가 네 명의 전 파트너를 위해 열었던 오찬에 가란치아에 근무한 적이 없는 사람으로는 유일하게 초대를 받았다). 람브라뉴는 "베투가 내 교육을 전적으로 결정했다."라고 말했다.

아마랄과 람브라뉴의 기업 운영 방식에 대한 견해는 사뭇 달랐다. 두 사람은 이런 갈등을 전혀 숨기지 않았다. 한 번은 아마랄이 물류 분야에 투자해서 회사의 효율성을 높일 필요성에 관해 의논하고자 시쿠피라를 찾아갈 예정임을 미리 눈치챈 람브라뉴가 선수를 친 일이 있었다. 먼저 허락을 받아낸 람브라뉴는 매킨지 자문회사와 미화 100만 달러로 운영 방식을 재설계할 계약을 맺었다. 아마랄은 자신이 모르는 사이 진행된 이 계약에 대해 뒤늦게 알고 격분했다.

람브라뉴는 다음과 같이 말했다. "그가 나를 구석으로 부르더니 자신이 그 프로젝트에 비용은 대겠지만 마음먹은 대로 되지 않을 것이니 각오하라고 말하더군요. 이런 식으로 여러 차례 지연되다 보니 회사가 인플레이션이 끝난 상황에 적응할 시간을 잃을 수밖에 없었죠."

상황은 더 이상 참기 어려울 지경에 이르렀다. 아마랄은 로자스 아메리카나스 이사회의 회의에서 레만, 텔레스, 시쿠피라에게 최후통첩을 전달했다. 그는 당시를 다음과 같이 회상했다. "나는 우리가 막다른 골목에 다다랐으며 그렇게 된 것은 GP로 가고 싶지 않다는 내 뜻과 페르센이 아메리카나스를 책임질 적임자가 아니라는 내 생각을 베투에게 납득시키지 못한 탓이라고 말했습니다."

레만은 어떤 대가를 치르더라도 갈등만은 피하려는 사람의 전형적인 태도로 대응했다. 그는 시쿠피라와 아마랄을 쳐다보며 다음과 같이 말했다. "당신들은 친구들입니다. 직접 해결하시죠." 몇 초 동안 침묵이 흘렀다. 시쿠피라는 잠시 생각한 끝에 아마랄이 GP로 갈 것이라고 말했다. 아마랄은 이렇게 대답했다. "아니오. 가지 않을 겁니다." 다소 성급한 그의 대답에 세 파트너는 깜짝 놀랐다. 그들은 아마랄이 이미 새로운 직장을 마련해두었다는 사실을 알지 못했다.

Dream Big

7

인재를 모집하고 능력주의로 유지하고 성과를 나눈다

: 세계 최대 부자 목록보다 오랫동안 존속하는 기업을 설립한다

1980년 가란치아의 파트너는 열일곱 명이었다. 그 가운데 여섯 명(레만, 루터바흐, 텔레스, 시쿠피라, 패커드, 그리고 페르난지스)은 집행위원회 임원이었다. 집행위원회는 은행의 주요 가이드라인을 결정하는 일종의 핵심 기관이었다. 이 집단에서 가장 젊은 축에 속하는 텔레스와 시쿠피라는 직장에서 만나기 전부터 오랫동안 레만과 친분이 있었다. 텔레스는 시쿠피라처럼 수중 낚시를 배워서 주말이면 레만과 함께 낚시를 다녔다(은행에서 출세하려면 '상사'와 낚시를 다녀야 한다는 신랄한 우스갯소리가 떠돌았다). 레만은 낚시꾼 친구로서는 물론이고 가란치아에 대한 기여도 때문에 두 사람을 높이 평가했다.

그들은 1980년대가 시작될 무렵 주요 회사들의 책임자가 됐다. 시쿠피라는 로자스 아메리카나스 회생 과정을 추진한 반면 텔레스는 수입의 핵심이자 주요 원천인 은행의 트레이딩 데스크를 운영

했다. 함께 일했던 사람들은 텔레스를 까다롭지만 공정한 사람이라고 묘사했다. 큰 소리를 내지는 않았지만 필요하다고 생각되면 직원을 호되게 꾸짖었다. 클로비스 마세두는 상사가 그를 불러 '한 마디'했던 일을 다음과 같이 기억하고 있다.

"나는 투자하기로 결정을 내려야 할지 확신할 수 없어서 기다리는 것이 최선이라고 생각했다. 마르셀은 상황을 파악한 후에 고장 난 시계라도 하루에 두 번은 정확한 시간을 알린다고 말했다. 아무 일도 하지 않는 것은 용인할 만한 전략이 아니라는 뜻을 그런 식으로 확실히 전한 것이다. 마르셀이 원하는 것을 이해하기에 한 마디 말이나 표정으로 충분했다.

그는 특별한 일이 없는 날이면 탁자 곁에 앉아 양다리를 책상 위에 올리고 신문을 펼쳤다. 사람들은 신문이 거꾸로 들려 있으며 그가 사실 신문을 읽지 않는다고 수군대곤 했다. 그러다 누군가 멍청한 소리를 하면 그는 신문을 내려놓고 그 사람을 쳐다본 다음 다시 신문을 읽었다. 더 이상 말이 필요치 않았고 그래서 우리는 그가 앞으로 무엇을 할지 두려워했다."

텔레스와 시쿠피라는 각자 자기만의 스타일로 집단의 모든 사람을 앞질러 달렸다. 그럼에도 한 노장 파트너의 지분이 여전히 그들보다 더 많았다. 리브라 중개 회사 시절부터 레만과 친분이 있었던 페르난지스는 두 젊은 파트너의 앞길에 장애물이었다. 신분을 밝히기를 원치 않은 전 파트너는 다음과 같이 말했다. "어느 순간부터 베투와 마르셀이 은행에서 약간 거북함을 느꼈습니다. 세자르는 결국 두 사람을 하나로 묶는 일종의 공동의 적이 됐죠."

페르난지스는 텔레스와 시쿠피라와는 달리 최상의 교육을 받지 못했다. 운동을 무척 좋아하는 두 젊은이들과 대조적으로 그의 생활방식은 정적인 편이었다. 수중 낚시를 배우려는 시도도 해 봤지만 정작 시작하지는 않았다. 한 번은 이파네마 해변에서 5킬로미터 떨어진 카가하스 섬으로 낚시를 가자는 레만의 초대에 응했다. 그날 페르난지스는 배멀미로 무척 고생했고 다시는 따라나서지 않았다. 가란치아에 오랫동안 근무하며 상당한 부를 축적한 후부터 일하는 속도가 조금씩 느려졌다. 그러다 점차 자리싸움에서 밀려나자 몹시 불쾌해했다. 2012년 1월 어느 더운 여름 저녁 리우데자네이루에서 긴 인터뷰를 하는 동안 페르난지스는 항상 들고 다니는 파이프로 담배를 피우며 이 문제에 대해 다음과 같이 언급했다.

"그들 세 사람(레만, 텔레스, 시쿠피라)이 뭉쳤는데 그것이 약간 신경에 거슬렸다. 질투나 그와 비슷한 감정을 느꼈는지도 모른다. 내가 독불장군이었거나 아니면 넬슨 호드리게스가 표현했듯이 '복잡한 잡종개'였는지도 모른다. 어쨌든 내 처지는 그리 좋지 않았고 10퍼센트 지분을 소유한 은행의 2대 주주였어도 편치 않았다. 주로 베투와 의견이 맞지 않았다. 나는 운영 방식을 약간 바꾸어 자산관리 분야로 진출해야 한다고 생각했지만 그의 의견은 달랐다."

상황이 단순하지 않았던 터라 가란치아를 떠나기로 결정하기도 쉽지 않았다. 1982년 9월 페르난지스는 3개월 동안 휴가를 떠나면서 레만에게 돌아오지 않을 것이라고 통보했다. 그리고 휴가를 가지면서 자신의 해묵은 꿈을 깨달았다. 바로 국제통화기금IMF 회의에 참석하는 일이었다. 페르난지스는 "조르지가 멍청이들의 모임일 뿐이라며 하도 반대해서 한 번도 가본 적이 없었다."라고 말했다. 그는 국제통화기금IMF 회의에서 금융 시장의 두 지인 파울루

게데스Paulo Guedes와 헤나투 브론프만Renato Bronfman을 만났다. 그들은 새 회사를 세울 가능성에 대해 의논했다. 곧이어 또 다른 경제학자 안드레 자쿠르스키André Jakurski가 합류했다.

1983년 1월 페르난지스는 레만에게 증권 유통업체를 세울 계획이라고 밝혔다. 1983년 미화 20만 달러의 자금으로 방쿠 팍추알이 설립됐다. 가장 많은 돈을 투자한 파트너 파울루, 안드레, 그리고 세자르(금융 시장에서 통용되는 페르난지스의 이름)에서 따온 이름이었다. 가란치아는 페르난지스의 보유분을 매입해 주로 젊은 파트너들에게 분배했다. 그때부터 레만과 텔레스와 시쿠피라가 삼인동맹을 맺었고 이후로 전혀 흔들리지 않았다.

텔레스와 시쿠피라는 1970년대 가란치아에 입사했다. 두 사람은 사실상 이후 줄곧 레만과 긴밀하게 협력했다. 처음에는 소액 파트너로 시작해 점차 영역을 넓혔다. 이처럼 지속적인 파트너십을 유지하는 것이 성공의 중요한 열쇠였다. 그들은 과연 어떻게 관계를 유지했을까?

그들의 역할은 처음부터 명확하게 정해져 있었다. 레만은 언제나 가란치아의 전략가였고 텔레스와 시쿠피라는 각각 트레이딩과 신생 기업의 책임자였다. 레만을 '보스'라고 부르는 직원들이 많았으나 텔레스와 시쿠피라에게는 자율권이 있었다.

서로 아이디어와 의견을 교환했지만 누구도 상대방의 업무에 개입하지 않았다. 가란치아 이후의 모든 이니셔티브(로자스 아메리카나스, 브라마, 버거킹 등)에서도 이 원칙은 변하지 않았다. 누가 됐든 기업의 '소유주'는 결정을 내리고 위험을 떠안는다.

그들의 한 측근은 다음과 같이 말했다. "서로 마음에 들지 않는 많은 면을 참아야 했을 겁니다. 하지만 그 때문에 사업을 망치는 일은 없었죠."

남부 브라질의 철강 회사 게르다우 이사회의 의장으로 1980년대부터 그들을 알고 지냈던 조르지 게르다우 조한페테르Jorge Gerdau Johannpeter에 따르면 세 사람은 협력이 성공의 공식임을 재빨리 파악했다. 그는 이렇게 전했다. "그들은 경력은 제각기 달랐는데 삼인 동맹의 한 가지 장점이라고 생각했습니다. 따로 일했다면 그만큼 많은 것을 이루지 못했을지도 모르죠."

이처럼 친밀감이 형성된 바탕에는 그들의 공통된 가치관이 있었다. 레만, 텔레스, 시쿠피라와 대화를 나누다 보면 언제나 똑같은 원칙이 등장할 것이다. 세 사람은 승자가 되기 위해서는 회사가 훌륭한 인재를 모집하고, 능력주의를 유지하고, 최고의 성과를 거둔 사람들과 성공을 나누어야 한다고 믿는다. 그들은 모두 단순성을 중시하며 계층구조를 싫어한다. 세계 최대 부자 목록에 등장하기보다는 오랫동안 존속하는 기업을 설립하는 일에 주력한다. 스타일은 제각기 다를지 모르나 (그들과 계속 연락하는 가란치아의 어떤 전 파트너는 개인적으로 시쿠피라는 '강하고' 텔레스는 '부드러우며' 레만은 '한없이 부드럽다'고 표현한다) 그렇게 달랐다. 그럼에도 그들이 하는 말은 사실상 다르지 않다.

몇 년 전 텔레스는 사이가 좋은 비결을 다음과 같이 간단히 표현했다. "우리의 꿈은 언제나 같았습니다. 우리는 일을 처리하는 사람들은 누구든 존중했죠. 계속 일을 추진하도록 맡겼습니다. 물론

배가 침몰한다면 그 사람 역시 배와 함께 침몰하겠죠."

역시 버크셔 헤서웨이에서 변호사 찰리 멍거와 오랜 파트너십을 유지하고 있는 초대형 투자가 워렌 버핏은 브라질 사람들의 파트너십을 유지시키는 또 다른 요인을 강조한다. 그는 그들이 많은 사업가가 흔히 빠지는 덫이라 할 수 있는 자존심의 싸움을 지금껏 용케 피했다고 생각한다.

"자기 파트너와 경쟁할 수는 없다. 공을 많이 세운 사람에게 화를 낼 수 없다. 이겨야 한다는 생각은 사업이든 결혼이든 어떤 관계에서도 통하지 않는다. 이 브라질 사람들의 집단에서는 누구도 자기만의 공을 내세우지 않는다. 오히려 조르지 파울루는, 이를테면 앤호이저-부시 인베브의 성공은 카를로스 브리투와 그의 팀 덕분이라고 말한다. 이 세계에서는 흔치 않은 일이다.

얼마 전 전 CEO 마이클 아이스너Michael Eisner가 성공적인 기업에 관한 책 『싸우지 않고 손해 보지 않고 똑똑하게 함께 일하는 기술』을 쓸 때 정말 효과적이었던 열 가지 사례(한 가지는 정확히 버핏과 멍거의 사례였다)를 찾는 데 애를 먹었다. 많은 사람이 무엇보다 인정을 원한다. 이들은 '아랫사람이 없다면 정상에 오르는 일이 무슨 의미가 있는가?'라고 생각한다. 조르지 파울루와 그의 파트너들은 이런 사람들과는 전혀 다르다."

세 사람 사이의 신뢰는 2000년 초 주주 동의서를 작성했을 정도로 돈독하다. 동의서를 작성한 것은 대부분 앞으로 상속인들의 관계를 유지하기 위해서였다. 세 사람은 차세대 파트너들을 인도할 규칙을 정립하기 위해 노력해왔다. 그들의 자녀는 모두 합쳐 열한 명이다.

레만은 두 번 결혼했다. 1966년 첫 번째 결혼을 했는데 상대는 리우 상류층 출신의 매력적이고 우아한 심리 분석학자 마리아 지 산 치아구 단타스 켄탈Maria de San Tiago Dantas Quental 일명 토치Tote였다. 그녀와 슬하에 세 자녀 아나 빅토리아, 파울루, 그리고 조르지 펠리피를 두었다. 두 사람은 1986년에 별거를 시작했다(토치는 2005년 암으로 세상을 떠났다). 레만의 규칙에 따라 자녀들은 아버지가 지휘하는 회사에서 일할 수 없었다. 파울루와 조르지 펠리프(일명 피포)는 스스로 금융 시장에 진출하기로 결심했다. 파울루는 투자 관리 회사 폴룩스의 소유주이다. 피포는 2012년 자신의 중개 회사 플로를 플루랄 은행에 매각했다(그는 계속 플루랄의 파트너로 남았다). 아나 빅토리아는 금융 업계에 전혀 관심이 없었고 심리학 공부를 더 좋아했다.

별거를 시작하고 5년이 지난 후 레만은 스위스-브라질 학교에 근무하던 취리히 출신의 여성 수자나와 결혼했다. 브라질에 아는 사람이 거의 없었던 수자나는 브라질에 도착한 직후에 같은 동네에 살던 레만의 사촌에게 얻은 번호로 레만에게 연락했다. 레만은 수자나에게서 푹 빠졌다. 그녀는 레만과 마찬가지로 운동에 열정적이었다(달리기를 하고 자전거를 타며 새벽녘에 일어나 일찍 잤다). 특히 운동을 할 수 있다면 먼 곳으로 여행하는 것도 좋아했다(몇 년 후 마투에테라는 여행사를 세웠다). 두 사람은 결혼해 세 자녀 마르크, 라라, 킴을 낳았다. 2013년 레만의 손자는 여덟 명이었다.

텔레스는 2009년 종지부를 찍은 비안카와의 재혼에서 두 아들 크리스치아니와 막스를 두었다. 2012년 말 30년 지기인 파브리치아 구베이아와 결혼했다. 그의 자녀들은 아버지의 회사에서 일할 수 없다는 사실을 알았다. 하지만 그래도 자신과 파트너들이 합의한 규칙을 자녀들에게 직접 전하는 일은 절대 쉽지 않았다. 몇 년 전 하버드에서 강의를 할 때 텔레스는 크리스치아니를 학교에 데려갔다. 11세였던 아들은 미국 대학에서 본 것과 암베비에 관해서 들은 이야기에 완전히 매료됐다. 언젠가 그 양조 회사에서 일하게 되면 멋질 것 같다는 아들의 말에 텔레스는 회사 규칙상 그럴 수 없다고 알려주었다. 창업자의 아이들은 기껏해야 1년 동안 연수생으로 일할 수 있을 뿐이었다. 아들은 아버지의 설명을 듣고 나서 실망스러운 마음에 입을 다물었다.

"친척들이 회사에 입사할 수 있다면 회사에 얼마나 많은 (카를로스) 브리투와 주앙 카스트루 네비스João Castro Neves(암베비 CEO)가 존재하겠습니까?" 텔레스는 이 정책에 대해 다음과 같이 언급한 적이 있었다. "매년 연수생으로 지원하는 사람들이 7만 명입니다. 내 유전자가 7만 대 1의 경쟁을 뚫을 아이를 만들 만큼 강할까요? 나는 유전의 기적을 믿지도 않지만 이런 방식 때문에 우리 회사 문화가 사라질 수도 있다고 생각합니다."

그들 가운데 한 번 결혼한 사람은 시쿠피라뿐이었다. 그는 1979년 세실리아 지 파울라 마샤두와 결혼했다. 그녀는 다양한 사업체를 보유한 이름난 귄레 데 파울라 마차두 가문의 일원이다. 이 가문은 산토스 항구 건설부터 콤파니아 시데루르지카 나시오날, 코파카바나 팔라스 호텔의 창립에 이르기까지 다양한 사업체를 운영했다. 몇 년 후 귄레 지 파울라 마샤두 가문은 1997년 마지막으로 매각한 방쿠 보아비스타를 포함해 모든 재산을 매각해야 했다. 시쿠피라와 그의 아내는 슬하에 세 딸 세실리아, 엘레나, 그리고 엘로이사를 두었다.

비록 회사의 일상 업무에 투입되지는 않지만 레만, 텔레스, 시쿠피라의 아이들은 후계자 훈련을 받고 있다. 어린 시절부터 시작되는 후계자 훈련에는 다양한 활동이 포함됐다. 여자 아이들은 모두 회계 수업을 들었다. 어린 자녀들은 돈 관리하는 법을 배웠고, 그런 다음 경제학자 다니 하파포르트Dany Rappaport의 도움을 받아서 소규모 투자 기금을 운영하며 배운 내용을 실제로 적용했다. 1년에 한 번씩 세 가족의 모든 구성원이 주말 모임을 갖는다. 이 모임을 통해 서로 친분을 쌓고, 앞으로 각자 맡을 역할을 파악한다. 예컨대 이타우 우니방쿠의 CEO인 로베르토 세투발Roberto Setúbal과 조르지 게르다우를 초대해 가족 경영 사업체에서 일했던 경험담을 듣는다. 아이들에게 지금 무엇을 배우고 있는지 설명할 기회를 주기도 한다. 2011년 모임에서는 엘로이사 시쿠피라가 암베비 연수생으로서 프로그램에 참가한 경험을 전했다. 그녀는 다른 참가자들과 똑같은 대우를 받으면서 맥주 상자를 옮기는 임무에서도 제외되지 않았다고 말했다. 특별대우가 있다면 가족은 선발 과정을 거치지 않는다는 점뿐이었다.

후계자들은 또한 이사회에 참석한다. 이를 테면 파울루 알베르타 레만은 암베비와 로자스 아메리카나스 이사회에 합류했다. 2014년에는 아버지를 대신해 앤호이저-부시 인베브 이사회에 참석했다(조르지 파울루 레만 또한 현재 로베르토 톰슨이 차지한 이사회의 두 번째 자리에 앉을 자격이 있다). 조르지 펠리피 레만은 상카를로스와 로자스 아메리카나스가 지휘하는 전자 소매 기업 B2W 이사회의 임원이다. 세실리아 시쿠피라 지우스티Cecilia Sicupira Giusti는 로자스 아메리카나스 이사회의 임원이며 상카를로스 이사회의 대리 임원이다.

파트너들은 이 모든 준비 과정을 통해 아버지들이 세운 여러 회사를 후계자들이 오랫동안 존속시킬 수 있기를 바란다. 레만과 파트너들의 자산은 회사 별로 안분 비례로 후계자들에게 분배된다. 예컨대 앤호이저-부시 인베브의 합동 보유분은 18.62퍼센트에 달한다. 레만이 총 자본의 10.31퍼센트를 소유한 반면(그의 보유분은 두 가족에게 똑같이 분배된다), 텔레스와 시쿠피라는 각각 4.6퍼센트와 3.71퍼센트를 가지고 있다. 로자스 아메리카나스에서 레만, 시쿠피라, 텔레스는 19.89퍼센트, 14.67퍼센트, 그리고 9.43퍼센트를 보유했다. 그들의 총 보유분은 43.99퍼센트에 이른다. 상카를로스는 유일하게 텔레스와 시쿠피라의 보유분이 16.86퍼센트로 동일한 회사이다. 레만은 20.13퍼센트를 보유하고 있다. 세 사람의 총 지분은 총 자본의 53.85퍼센트에 달한다.

레만은 이렇게 말한다. "우리의 투자는 분산될 때보다 한 집단으로서 더 가치가 있죠. 이 모든 훈련은 후계자들이 한데 모여 자신들의 부를 자랑스럽게 여기고 지킬 수 있도록 돕기 위한 겁니다."

Dream Big

8

가란치아 모형은 맨땅에서 꿈을 펼쳐가는 데도 통한다

: 능력주의, 파트너십, 경쟁적 환경, 평가, 보너스를 적용한다

페르난지스가 가란치아에서 떠나면서 레만, 텔레스, 시쿠피라가 삼인 동맹을 확실하게 결성했다. 페르난지스는 아무것도 없는 상태에서 조직을 설립하고 자신의 '큰 꿈'을 펼치는 기회를 얻었다. 페르난지스는 이 새로운 조직에서 가란치아 문화를 그대로 복제하기로 결정했다.

그는 팍추알의 지휘자로서 레만에서 배운 모든 것을 새로 설립한 은행에 적용했다. 능력주의, 파트너십, 경쟁적인 환경, 6개월 평가, 파격적인 보너스 등 모든 요소가 새 조직에 적용됐다. 2006년 팍추알이 스위스 은행 UBS에 매각될 때까지 이 모형은 그대로 유지됐다. 질베르투 사양Gilberto Sayão은 내부자로서 이 운영 방식을 익혔다. 그는 1991년 리우의 PUC 대학교를 졸업한 직후 인턴으로 팍추알에 입사해서 3년 후에 파트너가 됐다. 2012년 41세에 자산

관리 회사 빈치 파트너스의 책임자로 부임했다. 그는 가란치아와 자신이 거의 20년 동안 근무한 은행과의 유사성에 대해 다음과 같이 말했다.

"파트너십과 능력주의 개념은 팍추알은 물론이고 가란치아의 중추였다. 브라질에서 파트너십, 파격적인 보너스, 기본급은 적지만 매우 높은 변수가 존재하는 이런 방식을 제시하는 곳은 없었다. 과거의 나처럼 경험도 없는 젊은이에게 기회를 주는 곳을 찾기는 어려울 것이다. 팍추알은 가란치아와 비슷해서 직원들은 처음부터 보너스를 받을 자격을 얻는다. 누군가 그때 내 봉급이 얼마였는지 묻는다면 아마 나는 대답하지 못할 것이다. 핵심은 보너스였다. 훗날 어소시에이트를 거쳐 파트너가 된 다음 나는 은행이 보유한 주식을 매입하고 장래의 보너스로 지불했다. 가란치아와 동일한 모형이었다. 특전 같은 것도 전혀 없었다. 자동차? 클럽 회원권? 그런 건 잊으라. 핵심은 돈이다. 이해하겠는가? 그리고 여러분은 자기 돈으로 원하는 것을 할 수 있다."

가란치아와 새로 창설된 팍추알 같은 은행들에게 1980년대 브라질의 불안정한 경제는 어마어마한 기회를 의미했다. 그들은 일련의 실질적인 경제 계획(1986년 크루자두, 1987년 브레세르, 1989년 수메르, 그리고 1990년 콜로르)과 통화 변화(크루제이루→쿠루자두→크루자두 노부→크루제이루), 그리고 1989년 강타한 1973퍼센트라는 초유의 초인플레이션에 대처해야 했다. 이 시기에 브라질의 평균 수입은 사실상 변하지 않았던 반면 은행들은 주로 정부 부채에 자금을 지원함으로써 엄청난 돈을 벌었다.

이런 환경에서 팍추알은 급성장했다. 첫 10년 동안 연간 평균 성장률은 33퍼센트였다. 페르난지스의 개인 자산은 미화 6억 달러 수준에 이르렀다. 어느 모로 보나 가란치아를 떠나 팍추알을 설립한 것은 옳은 결정이었다. 페르난지스는 새 조직에서 창의적이고 대담한 은행가로서의 재능을 금융 시장에 입증했다.

아울러 가란치아를 떠나면서 논쟁을 벌였던 시쿠피라에게 복수할 기회를 얻었다.

로자스 아메리카나스 CEO를 맡고 있던 아마랄은 레만, 텔레스, 시쿠피라에게 GP 인베스치멘투스에서 일하지 않겠다고 선언하면서 다른 일자리를 염두에 두고 있음을 굳이 밝히지 않았다. 그는 이미 페르난지스로부터 메스블라의 구조조정자로 일해달라는 제안을 받은 상태였다. 메스블라는 파산 신청을 제출해서 팍추알을 포함해 1,600명의 채권자를 빈털터리로 만든 회사였다. 페르난지스와 시쿠피라의 논쟁에 대해 알고 있었던 아마랄은 자신의 새로운 직장을 친구에게 말하지 않는 편이 좋겠다고 판단했다. 그래서 로자스 아메리카나스의 지휘자들에게 자신은 회사를 떠나고 싶으며 시쿠피라가 선택한 페르센 람브라뉴에게 업무를 인계하는 데 동의한다고만 밝혔다. 그런데 아마랄이 새로운 출발을 준비하는 동안 그가 메스블라로 이적할 것이라는 기사가 신문에 실리고 말았다. 시쿠피라는 격분하며 친구이자 낚시 동료였던 아마랄의 행동을 배신으로 간주했다. 아마랄은 이렇게 표현했다. "베투는 몹시 불쾌해하며 분을 다스리지 못했습니다. 도저히 있을 수 없는 일이라고 생각했죠."

아마랄은 아메리카나스를 떠나면서 미화 2,500만 달러에 상당하는 로자스 아메리카나스의 지분과 지금 요긴하게 활용하는 귀중한 교훈을 얻었다. 마투 그로수 두 술주에 그가 소유한 파젠다 노부 후무 농장의 직원들은 입사 1년 차가 되면 보너스를 받을 자격을 얻는다. 그러나 아마랄은 시쿠피라와의 우정을 회복하지 못했고 그의 대녀를 다시는 볼 수 없었다. 그는 다음과 같이 심정을 전했다. "우리는 항상 인생에서 무언가를 잃습니다. 다행스럽게도 나는 잃은 것보다 얻은 것이 더 많죠. 하지만 잃어버린 것이 못내 아쉬운 하나가 있다면 바로 그겁니다."

그의 뒤를 이은 로자스 아메리카나의 후임자 람브라뉴는 난관에 빠진 회사를 일으켜 세웠다. 인플레이션이 없는 안정된 경제에서 회사를 운영하는 법을 배우고 현대화하는 일은 막중하고 비효율적이지만 반드시 필요한 투자였다. 그는 직접 유통 분야를 구축하고 자본과 기술을 집중하며 물류 부문에 주력했다. 모두 매장의 고질적인 문제인 제품 부족을 막기 위한 조치였다. 이와 동시에 연수 프로그램에 투자해 150명의 젊은이를 고용했다.

훌륭한 인재들을 훈련시키고 회사의 물류와 기술을 도약시킬 조치가 필요했지만 이런 조치가 성과를 거두기까지는 오랜 시간이 걸릴 터였다. 그 해에 로자스 아메리카나스의 손실액이 3,700만 헤알에 이르렀기에 시급하게 조치를 취해야만 했다.

1998년 대표 직책을 맡은 지 12개월이 지났을 때 람브라뉴는 GP 인베스치멘투스로 떠났다(그러나 이 소매 업체의 이사회에는 계속 남았다). 그는 로자스 아메리카나스의 1997년 연례 보고서에서 후계자 선택 과정을 다음과 같이 설명했다. "나는 지금부터는 변화 관리에 성공한 경력이 있고 지금껏 우리 회사와는 무관했던 참신한 경영자가 과정을 이끌어야 한다고 믿는다." 그는 클라우지우 갈레아치Cláudio Galeazzi를 추천했다. 갈레아치는 산타카타리나 주의 세라믹 코팅 제조업체 세크리사와 섬유 회사 아르텍스 등 고전을 면치 못하던 여러 회사의 경영에 극적인 충격요법을 도입함으로써 명성을 얻은 컨설턴트였다.

이후 몇 년 동안 로자스 아메리카나스는 위기와 성장의 시기를 반복하며 성과에 기복을 보였다. 비록 주주들에게는 바람직한 금전적인 보상을 안겼지만 가란치아가 투자한 또 다른 회사인 브라마의 성과에는 근처에도 미치지 못했다.

페르난지스는 매력적인 은행을 설립했다. 그뿐만 아니라 가란치아 경영진에서 핵심 경영자를 '훔쳐냈다.' 1990년대 중반 관측자들이 보기에 그는 천하무적이었다. 그러나 팍추알 내부의 사정은 약간 달랐다. 팍추알 파트너십은 향후 진로를 둘러싸고 분열되기 시작했다. 이견의 핵심은 조직을 소액 거래 은행으로 바꾸자는 제안이었다. 팍추알은 공격적인 투자 은행으로 명성과 재산을 얻었다. 그런데 페르난지스는 방향을 바꾸어 할증 채권, 보험, 개인연금 플랜 판매와 같은 활동에 또 다른 미래가 있다고 파트너들을 설득하기 위해 노력했다. 은행가 페드루 콘지Pedro Conde로부터 BCN을 매입할 계획이었다. 하지만 파트너들은 이 아이디어에 전혀 관심이 없었다. 지나친 업무 다양화는 위험했고 페르난지스 자신도 경험을 통해 깨달은 사실이었다.

1993년 페르난지스는 베네통의 브라질 사업권을 매입함으로써 전혀 문외한이었던 분야에 개인 자금 150만 달러를 투자했다.

1994년 그는 "금융과 패션에서는 언제나 아이디어를 판다"며 두 분야에 존재하는 일종의 유사성을 지적했다. 하지만 2년 동안 손해를 본 후에 결국 사업권을 이탈리아 사람들에게 되팔았다. 이 외에도 섬유 회사 테바를 매입하면서 1996년과 1997년에 4,300만 헤알을 잃는 실패를 겪었다.

가란치아뿐만 아니라 팍추알에서는 사생활 자유라는 가치를 존중했다. 그러나 페르난지스가 파티 애호가로 변한 사실은 파트너와의 관계에 절대 도움이 되지 않았다. 1993년 그는 리우 상류 사회의 기억에 길이 남을 두 행사를 조직했다. 첫 번째는 팍추알 창립 10주년을 기념하는 성대한 파티였다. 그는 5,000명의 손님들, 특히 레만에게 자신이 가란치아를 떠나 얼마나 성공했는지 보여주고 싶었다. 지금까지도 은행 창립 초기에 페르난지스가 중요한 존재였음을 기꺼이 인정하는 레만은 평소의 은둔 생활을 벗어나 이 행사에 참석했다. 페르난지스가 600여 명의 손님에게 파젠다 마람바이아를 개방하던 날 두 번째 성대한 파티가 열렸다. 페트로폴리스 외곽에 위치한 아름다운 사유지 파젠다 마람바이아에는 브룰레 마르스Burle Marx가 설계한 정원들이 있었다. 그곳에는 어디에나 샴페인이 넘쳐 흘렀다.

팍추알을 소액 거래 은행으로 변모시킨다는 대담한 계획을 못마땅해 하며 1998년 초반 가장 먼저 팍추알을 떠난 사람은 안드레 자쿠르스키였다(헤나투 브론프만은 지금으로부터 약 2년 전에 떠났다). 두 사람이 떠나자 안드레 에스테비스André Esteves, 질베르투 사양, 마르셀루 세르파티Marcelo Serfaty, 에두아르두 플라스Eduardo Plass 등 젊은 파트너들이 지분을 확대할 여지가 생겼다. 하지만 페르난지스의 문제는 떠난 파트너들보다 남아 있는 네 사람이 그의 계획에 더 적대적이라는 사실이었다. 그들은 페르난지스의 경제적인 약점을 이용해 과거 실패했던 그의 개인 투자 사례들을 끄집어내며 은행 지분을 팔라고 강요했다.

페르난지스는 그에게 부채를 갚을 돈을 제시하는 네 사람을 피하기 위해 안 해본 일이 없었다. 그 돈을 받으면 주식의 51퍼센트를 계속 보유할 수 있었으나 대신 그들에게 은행 지휘권을 넘겨야 했다. 1998년 8월 잡지 『베자』의 한 기사에 따르면 페르난지스는 젊은 파트너들로부터 제안을 전해들은 다음 화장실에 간다며 일단 자리를 피했다가 사라져서 사흘 후에야 사무실에 복귀했다. 그는 함정에 빠졌고 그의 곁에는 아무도 없었다. 코앞에 닥친 재정적 어려움은 접어두고라도 자신이 직접 성장의 발판을 마련해주었던 사람들에게서 배신감을 느꼈다.

그가 실세를 모조리 잃는 것은 시간 문제였다. 그의 지분은 계속 줄어들었다. 결국 어쩔 수 없이 CEO 자리를 플라스에게 넘겨주게 됐다. 페르난지스는 1999년 중반 세력 다툼을 시작하기 전에 자신이 '소년들'이라고 불렀던 네 명의 젊은 파트너에게 마지막 지분을 매각했다. 9퍼센트 지분에 대한 대가로 5,500만 헤알을 받았지만 패배감을 느끼며 떠나야 했다. 그를 쫓아낸 젊은 파트너들은 가란치아에서 채택한 능력주의 문화를 그대로 유지했다. 레만의 은행처럼 팍추알은 (출신과는 상관 없이) 유능하고 야심만만한 젊은이들이 큰 재산을 모을 수 있는 도약대가 됐다.

그 가운데 두 사람 사양과 에스테비스는 2006년 팍추알이 스위스 은행 UBS에게 미화 26억 달러에 매각되면서 억만장자가 됐다. 페르난지스가 떠난 후 각각 30퍼센트 지분을 확보한 그들은 핵심 파트너가 됐다. 이 매각으로 에스테비스는 세계적으로 널리 이름을 날렸다. 티후카 수학과 졸업생으로 리우의 중산층 출신이었던 그는 전직 트레이더였다. 가족과 함께 런던으로 이주해 UBS의 고정 수입 부서를 맡았다. 일단 세계 금융 시장에 진출한 후 다음 단계를 계획했다.

2008년 경제 위기로 UBS가 큰 타격을 받았을 때 그 스위스 은행의 세계 지휘권을 매입할 기회를 발견했다. 레만에게서 거래 진행 자금을 지원받으려 했다. 하지만 레만은 에스테비스의 제안을 거절했다. 자신이 근무하던 은행을 인수하려는 시도가 실패로 끝나자 직장에 남기가 난감했다. 2008년 그는 브라질로 돌아왔고 얼마 후 BTG를 설립했다. BTG는 공식 명칭 뱅킹 앤드 트레이딩 그룹Banking and Trading Group의 약자였으나 금융 시장에서는 '게임으로 돌아오다Back to the Game.'라는 좀 더 상징적인 의미로 해석됐다. BTG를 설립하고 1년 후에 자신이 스위스 은행에 매각했던 가격보다 훨씬 낮은 가격에 팍추알을 다시 매입했다.

BTG에서는 능력주의와 파트너십에 토대를 둔 문화를 복제했다. 에스테비스는 일중독에다 논쟁을 좋아하고 대담했으며 정부에 남부럽지 않은 연줄이 있었다. 창립한 지 4년이 채 지나지 않아 BTG 팍추알을 브라질 최대 투자 은행으로 탈바꿈시키고 사모 펀드, 자산관리, 소매 등 다양한 시장에서 활약했다(부채에 허덕이던 파나메리카누 은행을 인수하면서 소매 분야에도 진출했다). 이 은행의 급부상을 가까이서 지켜본 사람들은 어쩌면 에스테비스가 지나치게 빨리 속도를 냈을지 모른다고 입을 모았다.

반면 사양의 스타일은 완전히 달랐다. 사양은 그때껏 살았던 리우를 떠날 생각이 없었다. 사모 펀드 팍추알 캐피털 파트너스PCP를 이끌며 계속해서 은행 파트너들의 돈을 관리했다. 그리고 스위스 은행과의 판매 계약에 부가됐던 제한 기간이 만료되자 자산관리 회사 빈치 파트너스를 설립했다. 현재 이 회사가 관리하는 자금은 150억 헤알이 넘는다. 이 가운데 많은 자금이 패션부터 농업 관련 산업에 이르기까지 다양한 분야의 기업에 투자된다. 사양은 앞으로 은행을 소유할 계획이 전혀 없다고 말한다.

Dream Big

9

가란치아는 톱티어인 골드만삭스 모범 관행을 복제했다

: 처음부터 밑바닥에서 시작하지 않고 최고로부터 배워서 한다

1989년 거의 30년 동안 직접 선거를 실시한 적이 없었던 브라질이 새 대통령의 선택을 앞두고 있었다. 두 명의 후보자가 유력했다. 첫 번째 후보자는 페르난두 콜로르 데 멜루Fernando Collor de Mello였다. 이 젊은 정치가는 주지사를 맡았던 알라고아스주의 특권을 공공연히 비난함으로써 명성을 얻었다. 다른 한 사람은 페르남부쿠에서 태어나 노동자당인 파르치두 두스 트라발랴도리스PT, Partido dos Trabalhadores를 대표하는 전 노동조합원 루이스 이나시우 룰라 다 시우바Luiz Inácio Lula da Silva였다. 두 사람 모두 유권자들에게는 생소했으나 룰라는 대부분의 브라질 재계 리더들에게 두려움의 대상이었다. 재계 리더들은 룰라가 물가 동결과 같은 조치를 취하고 소득세를 인상하고 관료주의를 확대하고 농업 관련 산업에 타격을 입힐 농업 개혁을 도입할까봐 두려워했다. 상파울루주 기업연합 회장

마리우 아마투Mario Amato는 심지어 파르치두 두스 트라발랴도리스PT 후보자가 승리하면 80만 명의 리더들이 고국을 떠날지도 모른다고 공공연히 주장했다.

레만은 어떤 후보자와도 가깝지 않았다. 물론 몇몇 정부 요인들과 친분이 있었지만 정계 진출은 그의 스타일과는 거리가 멀었다. 1994년 잡지 『인터뷰』의 보도에 따르면 그때껏 딱 한 번 우연한 기회에 콜로르를 개인적으로 만난 적이 있었다. 레만과 콜로르는 비가 내리던 어느 날 리우 한복판에서 같은 택시를 향해 손을 흔들었다. 두 사람은 누가 택시를 먼저 잡았는지를 두고 실랑이를 하다가 목적지 방향이 같으니 함께 타고 가기로 결정했다. 콜로르는 은행가를 알아보지 못했다. 하지만 레만은 이제 막 브라질 전역에 알려지기 시작한 북동부 출신의 젊은 정치가를 알아보았다.

콜로르는 동행한 한 여인과 뒷좌석에 앉아서 영어로 이야기를 나누었다. 레만은 앞좌석에 앉아 있었다. 콜로르는 일부 사업가들의 행동에 불만을 표하면서 레만을 꼭 집어 언급했다. 최대한 참으며 듣고 있던 그 은행가는 자신의 신분은 밝히지 않았지만 두 사람에게 자신이 영어를 알아들을 수 있다고 말했다. 그러자 콜로르는 프랑스어로 비난을 계속했다. 목적지에 도착하자 레만은 택시에서 내리기 전에 콜로르를 쳐다보며 그의 프랑스어가 영어만큼이나 형편없다고 말했다.

선거 전날 가란치아의 현금은 게임의 규칙을 바꿀 수 있을 만큼 넘치게 많았다. 레만은 그런 상황이 무척 불편했다. 거금을 놀려둘 수도 없었다. 그렇다고 파트너들이 안분할 만큼 풍족한 배당금을 주고 싶은 마음도 없었다. 로자스 아메리카나스처럼 다른 회사의 지휘권을 매입하는 것이 이상적인 해결책처럼 보였다. 또 다른 인수의 표적이 될 회사를 결정하는 것은 그가 즐겨하는 한 가지 운동이었다. 펄프와 종이 제조업체 아라크루스를 매입하려했으나 협상이 성공하지 못했다.

한동안 양조 회사 브라마에 눈독을 들였다. 물론 브라마는 브랜드가 탄탄한 회사였으나 내부 문제가 연달아 불거지면서 입지를 잃었다. 그 쇠락을 지켜본 사람은 레만뿐만이 아니었다. 조르지 게르다우는 이렇게 말했다. "브라마에서 일어나는 문제를 지켜본 사람들은 환상적인 회사이기는 하나 사업 리더들을 교체해야 한다고 말하곤 했죠. 우리 회사는 철강에 전적으로 집중하고 있었으니 우리와는 상관 없었지만 브라마에 변화가 필요하다는 건 누가 봐도 명백했습니다."

1차 대통령 선거가 시작되기 2주 전에 레만은 휴버트 그렉Hubert Gregg으로부터 전화를 받았다. 브라마 회장이자 회사를 지휘하던 한 독일 가문의 일원이었다(다른 한쪽은 쿠닝Künning 가족이었다). 레만은 얼마 전 그렉의 신임을 얻었다. 마리우 슬레르카Mario Slerca라는 투자가가 시장에서 주식을 매입하기 시작했던 8년 전에 두 사람의 인연이 시작됐다. 당시 주식은 지참인 지급 표시가 찍혀 있었던 까닭에 브라마 경영자들이 미지의 매입자의 신분을 확인하기까지 어느 정도 시간이 걸렸다.

슬레르카가 소유권 획득에 가까워지자 독일인들은 우호적인 관계를 유지했던 브라데스쿠 은행의 창업자 아마도르 아기아르Amador Aguiar에게 도움을 청했다. 아기아르는 해결책을 모색하기로 약속했고 결국 술 아메리카 보험 회사에게 영향력을 행사하기로 결정했다. 리우에 본사를 둔 술 아메리카와는 3년 동안 개인연금 프로젝트에서 파트너십을 유지했던 터라 슬레르카의 지분을 매입해달라고 설득했다.

만사가 순조롭게 해결되는 듯했으나 술 아메리카가가 매입한 브라마의 주식이 필요 이상으로 많았다. 브라마를 보호하려던 아기아르의 전술 때문에 오히려 브라마가 불리한 상황에 몰리게 됐다. 배신감을 느낀 그렉은 술 아메리카의 술책을 못마땅해 하던 아기아르에게 다시 도움을 청하며 즉시 지분을 매각하라고 요청했다.

레만은 처음부터 상황의 추이를 지켜보았다. 그는 브라데스쿠와 거래를 맺고 술 아메리카에게 브라마 주식을 매각하도록 압력을 가했다. 결국에는 회사 소유주들에게 술 아메리카로부터 지분을 다시 사들일 자금을 제공하는 지원단에 가담했다. 다시금 통수권을 확보한 그렉은 일부 주식을 다양한 매수자들에게 매각함으로써 재차 공격을 받을 위험을 피할 수 있었다. 가란치아의 임무는 그들을 시장에 진출시키는 일이었다. 레만은 이 거래를 통해 자신이 상당히 높이 평가했던 브라데스쿠와 더욱 가까워졌고(레만은 지금도 아기아라가 브라데스쿠에서 창조했던 문화의 힘과 지속성을 강조한다) 브라마 회장의 신뢰를 얻었다. 레만은 다음과 같이 말했다. "나는 거기서 점수를 땄습니다. 이후에 언젠가 회사를 팔고 싶다면 내가 사고 싶다고 말했죠."

1980년대 말 브라마에서는 가족 소유 기업에서 흔히 나타나는 전형적인 상황이 일어나고 있었다. 수십 년 동안 성장하던 기업의 성장 속도가 느려졌고 사업 자체보다는 경영진과 관련된 문제가 불거졌다. 그동안 많은 가족 구성원이 회사 경영에 참여했는데 새로운 세대가 등장하자 상황이 더욱 복잡해졌다. 브라마의 시장 점유율은 30퍼센트에 육박했지만 소득은 상파울루의 경쟁업체인 안타르치카보다 적었다. 브라마 소유주들은 회사가 회복할 전망이 없는 쇠퇴 상태에 빠졌다고 판단하고 매각을 결정했다. 약 4개월 동안 협상이 진행되던 (브라마 주주들과 대화를 나눈 가란치아의 대표는 레만뿐이었다) 1989년 10월 말 레만은 그렉으로부터 전화를 받았다. 레만은 이런 상황에 미리 대비하고 있었다. 지난 2개월 동안 가란치아는 시장에 나온 브라마의 주식을 모두 매입했다. 이제 통수권을 매입하는 일만 남은 상태였다(그와 그의 파트너들이 로자스 아메리카나스를 매입할 때와 유사한 방식이었다).

레만은 전화를 끊고 나서 서둘러 리우에 있는 양조 회사의 본사로 향했다. 몇 시간 후에 은행으로 돌아와 "모두들 들어보세요. 제가 브라마를 샀습니다."라고 발표했다. 은행이 지불한 금액은 미화 6,000만 달러였다. 훗날 레만은 다음과 같이 말하곤 했다. "경영 대학에 다니지 않은 것이 정말 다행입니다. 그렇지 않았다면 반나절 만에 그런 거래를 체결하지 못했을 겁니다."

이 발표에 대한 가란치아 파트너들의 반응은 제각기 달랐다. 예컨대 텔레스는 감격하며 기뻐했다. 계산을 해보고는 말도 안 되는 거래라고 생각하는 사람들도 있었다. 가장 방어적이었던 사람은 경제학자 클라우지우 아다지Claudio Haddad였다.

"제정신이 아니시군요. 어떻게 지불하시려는 겁니까?" 그가 가장 우려한 것은 룰라가 선출돼 경제가 불안해질 수 있다는 사실이었다. 이는 반박의 여지가 없이 이론적으로 타당한 민감하고 실질적인 문제였다. 1979년 레만이 아다지를 쫓아다니며 은행의 최고 이코노미스트로 초빙했던 것은 바로 그 문제 때문이었다. 시카고 대학교에서 박사학위를 취득한 아다지는 레만이 선호하던 가난하고, 똑똑하고, 부자가 되겠다는 욕구가 절실한 사람들PSD 1세대였다. 그는 거친 사내들 틈의 지성인이었다. 레만은 당시 재무부 당관이었던 마리우 엔리끼 시몬젠이 초래한 충격이 가라앉은 후에 이론적인 지원이 어느 정도 필요하겠다고 느꼈다. 시몬젠은 인플레이션을 통제할 목적으로 인플레이션을 상쇄하는 데 이용하는 재정 수정 측정 기준을 4퍼센트 내렸다. 이른바 ORTN이라는 재조정 가능 재무부 채권이 많았던 가란치아에게는 엄청난 타격이었다. 그 결과 은행은 하룻밤 만에 미화 2,000만 달러를 잃었다. 이는 은행 자산 가운데 상당한 양이었다.

레만은 아다지처럼 교육을 받은 전문가들이라면 또다시 은행을 위기로 몰아넣을 수 있는 거시경제학적인 미래의 움직임을 예측할 수 있으리라고 생각했다. 아다지는 어떤 결정을 내리기 전에 모든 요소를 계산하고 장단점을 평가했다. 무척 신중한 사람이어서 자신이 가란치아로부터 받은 주식 옵션을 변제할 수 있을지를 몇 년 동안 의심스러워하기도 했다. 하지만 아다지는 부채를 변제한 것은 물론이고 1993년 CEO 자리에 올랐다. 브라마 매입 소식을 알렸을 때 아다지가 내놓은 조심스러운 주장은 레만이 기대했던 바와는 달랐다.

레만은 그 인수가 중요한 거래이며 기업가 앞에 나타난 보기 드문 기회라고 확신했다. 그룹에 엄청난 영향을 미칠 것이라고 느꼈다. 그의 절대적인 확신은 육감이나 그 비슷한 부류와는 전혀 상관이 없었다. 레만은 스스로 직관이 전혀 없는 사람이라고 생각한다.

결정을 내릴 때면 주로 상식, 미래의 전망, 단순한 사고에 의존한다. 그는 아다지에게 인수가 상당히 타당한 결정이라는 사실을 납득시키기 위해 다음과 같이 주장했다.

"열대의 나라, 더운 기후, 훌륭한 브랜드, 젊은 인구, 부실 경영…… 걱정 마십시오. 이런 것들이 그 회사를 위대한 기업으로 변모시킬 수 있는 모든 것을 우리에게 주는 겁니다." 레만은 비공식적인 '시장조사'를 실시했고 고무적인 정보를 얻었다는 말로 자신의 주장을 마무리했다. "남아메리카를 살펴보았습니다. 베네수엘라의 최고 갑부가 누굽니까? 바로 양조 회사(폴라를 소유한 멘도자 가문)입니다. 콜롬비아의 최고 갑부는 누굽니까? 양조 회사(바바리아 산투도밍고) 그룹이죠. 아르헨티나 최고 갑부는 누굴까요? 또 양조 회사(퀼메스의 소유주 벰베르그)입니다. 이들이 모두 천재일리는 없지요. 분명히 사업이 좋은 겁니다."

아다지는 마지못해 따랐다. 하지만 브라마가 세계 최대 양조업체로 탈바꿈할 것이고 자신이 브라마의 파트너가 되리라는 것은 전혀 예측하지 못했다. 아다지가 어쩔 수 없이 매입한 앤호이저-부시 인베브 주식의 가치는 2012년 10억 헤알로 추정됐다. 그렇다면 브라마처럼 역사가 긴 양조 회사의 일상 업무에 대해서는 전혀 문외한이었던 은행가들이 과연 어떻게 회사를 운영했을까?

당시 시쿠피라는 어쩌면 의심하는 사람들을 설득할 목적으로 "우리는 돈을 가지고 사업에 뛰어들고 있었을 뿐"이라고 말했을 것이다. 하지만 그것은 전혀 사실이 아니었다. 시쿠피라 자신이 로자스 아메리카나스 경영진을 대대적으로 변화시키기 위해 은행을 떠났듯이 또 다른 파트너가 브라마에서 비슷한 일을 수행하기 위해 승진됐다. 선택된 사람은 텔레스였다.

텔레스가 은행에서 근무한 지도 거의 18년이 됐다. 바로 얼마 전 하버드에서 경영을 더 배워야 할 기업가를 대상으로 실시하는 소유주·대표 관리 프로그램 과정을 이수했다(시쿠피라는 몇 년 전에 이 과정을 마쳤다). 하버드에서 그때껏 오로지 일상적인 금융 거래에만 집중하던 텔레스가 장기적인 안목을 갖춘 기업가로 거듭나기 시작한 것이다.

브라마를 운영하려면 관리 이론만으로는 부족했다. 텔레스는 이제 플랜트, 유통센터, 소비자 제품 마케팅, 노동조합 등 완전히 생소한 세계로의 진출을 앞두고 있었다. 가란치아에서 이끌던 팀원은 스물네 명이었지만 브라마의 직원은 거의 2만 명에 다다랐다. 이런 신세계에 맞서려면 정상급 인재들의 도움이 필요했다. 브라마에 도착했을 때 그는 혼자가 아니었다. 마짐 호드리게스Magim Rodrigues, 카를로스 브리투, 그리고 일명 판테라라고 일컬어지는 루이스 클라우지우 나시멘투Luiz Cláudio Nascimento로 구성된 소규모 팀이 동행했다. 이들은 모두 이 임무를 위해 신중하게 선발된 사람들이었다. 이제 브라마의 현금은 가란치아에서 근무하던 나시멘투의 소관이었다. 얼마 전 스탠퍼드에서 MBA 과정을 마친 리우 출신의 젊은 엔지니어 브리투는 회사의 경영 관리 모형을 수립할 예정이었다. 락타의 전 CEO로 당시 47세였던 호드리게스는 텔레스의 오른팔이 됐다.

레만, 텔레스, 시쿠피라는 대개 자사의 핵심 직위에 '외부인'을 고용하지 않는다. 그들의 우선순위는 언제나 유능한 내부자에게 기회를 주는 것이었다. 그러나 그들에게 호드리게스는 거의 알려지지 않은 인물이었다. 호드리게스는 몇 년 전 시쿠피라를 만난 적이 있었다. 그때 그는 로자스 아메리카나스를 방문해 왜 락타는 부활절 계란을 많이 팔지 못하냐고 이유를 추궁했다. 그리고는 로자스 아메리카나스의 락타 초콜릿 판매량이 5배까지 증가할 수 있다고 주장했다. 시쿠피라는 많은 양의 계란을 진열할 공간이 충분하지 않다고 맞섰다. 호드리게스는 불만스러워하며 자리를 떴다. 몇 시간 후 그는 시쿠피라에게 전화를 걸었다.

호드리게스: "베투, 자리를 찾았습니다."

시쿠피라: "아, 그렇습니까? 그럼 이리로 오시죠. 얘기를 해봅시다. 그렇게 많은 공간을 남겨 두었으니 이 회사 직원 가운데 누군가가 호되게 꾸중을 들어야겠군요."

호드리게스의 해결책은 훗날 아메리카나스는 물론이고 브라질의 대형 소매 업체에서 채택됐다. 그가 제시한 해결책이란 진열대의 공간을 할애하는 대신 진열대 사이 통로 위에 설치한 구조물에 계란을 매다는 것이었다. 시쿠피라는 그의 아이디어가 무척 마음에 들었고 곧바로 실행하기로 결정했다. 호드리게스의 아이디어는 효과적이었다. 아메리카나스의 락타 매출액은 전 해에 비해 다섯 배나 증가했다. 부활절 토요일 무렵 재고가 사실상 바닥이 났다.

이 일이 있은 후 호드리게스와 시쿠피라는 주주들 간의 이견이 일어나 호드리게스가 락타를 떠날 때까지 정기적으로 연락했다. 호드리게스는 업계에서 발을 빼기 위해 살바도르 북부 스텔라 마리스 해변에 접한 집으로 내려가서 가족들과 함께 지냈다. 1년 동안 서핑, 테니스, 일광욕을 즐겼다. 경영자로서 경력을 쌓은 덕분에 부자가 됐다. 그래서 일을 그만두기로 작정했다. 그는 스스로 택한 유배에 들어간 지 14개월이 지났을 때 시쿠피라로부터 리우에서 열리는 회의에 참석해달라는 전화를 받았다. 호드리게스는 당시 상황을 다음과 같이 설명했다.

"시쿠피라가 그들이 새로운 분야로 진출할 예정이며 마르셀이 책임자가 될 것이라고 말했다. 그들은 내가 참여해주기를 원했지만 아직 협상이 끝나지 않았기에 어떤 프로젝트인지 밝히지는 않았다. 어떤 분야냐는 내 질문에 시쿠피라가 밝힐 수 없다고 대답했다. 나는 그러면 어렵겠다고 말했다. 대화를 나눌 이유가 없었다. 무슨 일인지도 모르는데 어떻게 동의를 하겠는가? 그랬더니 시쿠피라가 음료 분야라고 얘기했다. 나는 틀림없이 코카콜라 프랜차이즈일 거라고 생각했다. 역사가 길고 전통적인 헤비급 회사인 브라마나 안타르치카와 관련된 일이라고는 전혀 상상도 못했다. 정보가 많지 않았지만 나는 동의했다. 레만과 텔레스를 잘 몰랐으나 나는 시쿠피라가 좋았다. 그는 적극적이고 역동적이며 행동파이고 솔직한 스타일이라 나와 잘 맞았다."

매입이 마무리되기까지 몇 달 동안 호드리게스, 나시멘투, 그리고 브리투는 브라마 인수를 준비하기 위해 가란치아 회의실에 진을 쳤다. 호드리게스는 해외 출장에 많은 시간을 투자했다. 맥주 시장의 원리를 파악하기 위해 아르헨티나, 칠레, 독일, 미국, 일본을 방문했다. 오랜 가란치아의 명언을 다시 실천한 것이었다. 세계 최고로부터 배울 수 있는데 굳이 처음부터 시작할 이유가 있는가? 이 방식은 골드만삭스의 모범 관행을 복제한 가란치아에게 효과적이었다. 월마트에게 지대한 영향을 받았던 로자스 아메리카나스에게도 효과적이었다. 그러니 브라마에게도 효과적일 것이었다.

매입이 발표되기 몇 주 전에 레만은 호드리게스와 브리투를 '고용하도록' 허락해달라고 그렉을 설득했다. 호드리게스와 브리투는 각각 미나스제라이스의 맥주 공장과 상파울루 외곽 아구두스로 향했다. 마침내 결정의 날이 왔을 때를 대비해 만반의 준비를 마치기 위해서였다. 적어도 그럴 수 있을 것이라고 생각했다. 시쿠피라는 보수가 줄어든다는 사실을 알고도 로자스 아메리카나스를 맡았다. 마찬가지로 텔레스는 은행의 배당금은 계속 받는 반면 가란치아의 파트너로서 받을 보너스를 포기하고서 브라마의 CEO가 됐다. 그에게 돈은 문제가 되지 않았다. 텔레스는 브라마에서 꿈의 회사를 설립할 기회를 보았다. 일종의 좀 더 깔끔한 가란치아라 할 수 있었다.

텔레스는 1989년 11월 6일 처음으로 양조 회사에 출근했다. 그는 예상치 못한 문제를 발견했다. 가란치아는 브라마와 성급하게 거래를 체결하려다 전통적인 듀딜리전스, 다시 말해 거래가 체결되기 전에 매입하려는 기업의 상태에 대해 실시하는 상세한 분석을 소홀히 했다. 마침내 모든 수치를 확인한 순간 텔레스는 충격을 받았다. 양조 회사의 연금 펀드의 자산은 미화 3,000만 달러에 지나지 않았다. 채무를 이행하려면 예비금 미화 2억 5,000만 달러가 필요했다. 이는 회사를 매입한 액수의 네 배에 해당했다. 그러나 지금 이 문제에 대해 이야기할 때면 텔레스, 레만, 시쿠피라는 사전 조사를 하지 않은 것이 오히려 이로웠다고 말한다. 문제의 규모를 미리 알았다면 십중팔구 거래를 진행하지 않았을 테니 말이다.

타격을 피하려면 신속하고 극적인 조치가 필요했다. 이 때 전직 시장 트레이더가 변함없는 대담함을 발휘했다. 텔레스는 결정을 미루는 부류의 사람이 아니었다. 결정에 따르는 결과가 그리 마음에 들지 않았으나 재빨리 움직였다. 상황을 분석한 다음 브라마의 경영진이 자사 개인연금 제도를 왜곡시켰다는 결론을 내렸다(2009년에도 이와 비슷한 상황이 있었다. 그것은 자동차 회사 제너럴 모터스가 파산보호를 신청했던 중대한 한 가지 원인이 됐다). 텔레스는 잘못을 바로잡지 않으면 회사 전체가 위태롭다고 지적했다. 그리고 이사들이 결정권을 가지고 있는 연금 액수를 절반 가량 줄이는 한편 관리자들의 몫은 30~40퍼센트 삭감했다. 자신들의 권리를 보존할 수 있는 사람들은 매장 직원들뿐이었다. 새로운 형식의 연금 제도에 합의하기까지 거의 400차례의 개별 대화가 필요했다. 그의 결정에 이사진이 반발했다.

자녀가 없는 상태에서 첫 번째 아내와 별거 중이었던 서른아홉 살의 텔레스는 새로운 에너지로 무장하고 새로운 임무에 뛰어들었다. 캐주얼한 옷차림, 덥수룩한 턱수염, 긴 머리 때문에 은행가라기보다는 노동조합원처럼 보였던 그는 브라질 전역에 있는 브라마의 공장과 매장을 면밀히 조사했다. (앤호이저-부시를 비롯해) 해외 양조회사들을 방문했고 주요 이사들과 일일이 개인적으로 대화를 나누었다. 브라마를 맡은 첫 해 내내 토요일이면 언제나 호드리게스, 시쿠피라, 나시멘투와 회의를 했다. 회의 시작 시간은 오전 9시였지만 마치는 시간은 따로 정하지 않았다. 이따금 텔레스가 거주하던 리우 사우스 존의 아파트-호텔이나 부지우스에 있는 그의 집에서 회의가 열렸다.

회의에 참석한 네 사람은 최근 일어난 모든 일을 의논하고 다음 주의 계획을 잡았다. 아직도 종잡을 수 없는 새로운 사업의 통제권을 잃지 않으려면 주도면밀한 조정이 필요했다. 텔레스는 또한 그때껏 양조 회사에서 진행된 일을 가란치아 파트너들에게 편지로 알렸다. 그것은 생각을 정리하고 자신이 은행에 없는 편이 모든 사람에게 소중한 기회가 될 것임을 전달하기 위한 그만의 방식이었다. 그는 1989년 11월부터 1991년 1월까지 파트너들에게 열세 차례 보고서를 보냈다.

토요일 회의나 파트너들에게 보내는 편지에서 다룰 문제는 조금도 부족하지 않았다. 브라마는 관료주의, 낭비, 그리고 비효율성에 빠져 허덕였다. 1988년~1989년 이 회사의 행정 비용은 총 영업수입의 12퍼센트에서 17퍼센트로 껑충 뛰었다. 이는 고정 비용이 변수로 변한 보기 드문 사례였다. 회사 설비는 평균 기계사용 기간이 40년이나 될 정도로 낙후돼 있었다. 과거 경영진은 설비 노후를 문제삼지 않았고 번쩍이는 자동차 부대에만 집중한 것처럼 보였다. 회사 주차장에는 이미 자동차가 1,000대나 있었지만 오팔라 코모도루 40대를 추가로 주문해 둔 상태였다.

이사들은 연간 45일 휴가를 쓸 수 있었다. 그들의 급여는 시장 수준보다 평균 30퍼센트 높았다. 관리직 이상의 직원들은 14번, 심지어 15번의 추가 급여를 받고 있었다. 펩시콜라와 브라질의 소프트드링크 유통 계약을 맺었음에도 그 미국 회사와 벤치마킹할 기회를 활용하지 못했다. 중역들은 대부분 과장된 보고서를 준비하고 거의 아무 결정도 내리지 못하는 회의에 참석하며 시간을 보냈다. 그러다 보니 사내에서 다음과 같은 우스갯소리가 떠돌았다.

텔레스가 취임하자마자 전해들은 이야기였다.

어떤 고고학자 집단이 어느 날 브라마의 유적지를 발견해서 어마어마한 수의 파일, 보고서, 서류 등을 찾아냈다. 자료를 분석한 후 고고학자들은 반박할 수 없는 한 가지 결론에 도달했다. 그들이 발견한 것은 술 취한 직원들이 많았던 종이 공장의 유적지였다. 회사 경영진은 공장 옆에다 양조장을 지었다는 결론이었다.

그렇게 확실히 문제가 많은 회사의 한 가지 장점이 있다면 어떤 변화라도 단시간에 결과를 얻을 수 있다는 사실이었다. 텔레스는 1989년 모든 분야에서 비용을 절감해야 한다고 발표했다. 호드리게스는 다음과 같이 회상했다. "그는 매년 비용을 10퍼센트 줄이고 총 수입을 10퍼센트 늘려야 한다고 말했죠. 나는 그가 제정신이 아니라고 생각했습니다."

이는 마케팅, HR, 총무와 재무 같은 부서가 경비를 단번에 총 미화 5,000만 달러 정도를 삭감해야 한다는 뜻이었다. 경비 삭감을 위한 한 가지 방법으로 인원을 감축했다. 텔레스가 취임하고 3개월이 지난 후 직원 2,500명이 줄어들었다(여기에는 해고, 퇴직, 자진 명예퇴직이 포함됐다). 전체 노동력의 10퍼센트에 해당되는 수였으나 급여 총액 면에서는 18퍼센트에 달했다. 조르지 게르다우는 이렇게 전했다. "그들(레만, 텔레스, 시쿠피라)은 어쩔 수 없이 장기적인 면을 고려하는 산업 문화를 흡수해야 했지만 재무적인 판단력을 잃지 않았습니다. 이것이 브라마를 변화시켰죠."

변화의 속도를 높이기 위해 텔레스와 동료들은 가란치아와 로자스 아메리카나스에서 이용했던 것과 다소 비슷한 접근 방식을 채택했다. 이사 집무실의 벽을 무너뜨리고 모든 이사가 함께 쓸 큰 탁자를 마련했다. 비서의 수를 줄였고 중역들은 동료들과 비서를 공유하는 데 적응해야 했다. 이사 전용 주차장은 폐지됐으며 먼저 온 사람이 가장 좋은 자리를 차지했다. 텔레스도 예외는 아니었다. 중역 전용 식당은 폐쇄됐고 중역과 '다른 사람들'을 위한 별도의 화장실도 없앴다.

은행의 전 파트너 브루누 리트Bruno Licht는 "마르셀은 가란치아의 최고 철학을 택해 브라마에 소개하고 그의 손길이 담긴 회사를 떠났다."라고 말했다. 오늘날이라 해도 이런 변화를 충격적으로 받아들이는 회사가 많을 것이다. 21세기에도 일부 브라질 회사에서는 흰색 장갑을 낀 웨이터들이 중역들을 위한 개인 식당에서 시중을 든다. 텔레스는 1980년대 말 여러 가지 조치를 취함으로써 브라마에 엄청난 반향을 일으켰다. 많은 이사가 불편해 했다. 하지만 그들은 점차 새로운 시대에 적응했다. 이들 중 한 사람은 가란치아 팀이 도착했을 때 20년 동안 근속했던 리우 출신 재무 담당 이사 다닐루 팔메르Danilo Palmer였다(그는 1999년까지 경영 활동에 참여했으며 브라마 이사회와 암베비 이사회의 임원으로 남았다). 다른 한 사람은 1962년 브라마에 입사한 마케팅 이사 아질손 미구엘Adilson Miguel이었다.

미구엘은 이렇게 회상했다. "과거 내게는 약 40제곱미터에 이르는 사무실과 전화 세 대, 전용 비서, 그리고 남다른 지위가 있었습니다. 그럼에도 내 명령에는 아무도 주의를 기울이지 않았고 나는 한 푼도 벌어들이지 못했죠." 이 베테랑은 새로운 경영진의 대표 주자였을 뿐만 아니라 텔레스의 오른팔이 됐다. 현재 일흔한 살인 그는 공식적으로 퇴직했으나 컨설턴트로서 회사에 계속 근무하며 브라마가 후원하는 브라질 축구협회CBF에 관련된 업무를 맡고 있다.

미구엘은 텔레스의 첫 모습을 다음과 같이 묘사했다.

"회사에 나타난 그는 우리가 상상하던 것과는 전혀 다른 사람이었다. 청바지, 맨발에 운동화, 팔목에는 잠수용 시계, 그리고 배낭 차림으로 나타났다. 브라마의 전 직원은 한 치의 흐트러짐도 없이 말끔하게 면도를 했고 정장과 넥타이 차림이었다. 마르셀은 정반대였다. 나는 그가 이상하다고 생각했다. 어느 날 그는 내 집무실에 나타나 자신의 계획을 전하고 내 의견을 물었다. 나는 그가 정말로 계획을 실행해 회사를 바꾸어야 마땅하며 여태껏 회사가 겪은 상황에서 가장 큰 타격을 입은 사람은 나일 것이라고 답했다.

나는 마케팅 이사였지만 브라마는 어떤 식의 마케팅도 실행할 생각이 없었다. 위원회 임원에게 보고를 해야 했지만 그들은 마케팅이나 시장에 대해서는 전혀 몰랐다. 답답한 노릇이었다. 나는 시장을 파악하기 위해 출장을 많이 다녔다. 그때마다 출장이 잦다는 비난을 받아야 했다. 사람들은 내가 이른바 '브라마투어'라는 분야에서 일해야 한다며 비아냥거렸다. 시장에서 무슨 일이 일어나는지, 고객과 유통에 무슨 일이 일어나는지 모른다면 어떻게 회사의 마케팅 전략을 세울 수 있겠는가? 나는 마르셀에게 이사를 포함해 마케팅 부서 전체를 바꾸어야 한다고 말했다."

브라마가 직면한 문제에 대한 미구엘의 평가는 텔레스의 귀에는 음악처럼 들렸다.

Dream Big

10

지속성장의 토대가 될 인력 자원 메커니즘을 만든다

: 25세 젊은이들을 관리자로 키우고 보상하고 자존감도 높인다

1980년대에 브라질에서 맥주는 가장 야심찬 사람들의 전유물이었다. 기온이 오르면 가격이 함께 오를 뿐만 아니라 매장에서 맥주를 찾아보기도 어려웠다. 공장에서 생산하는 양이 충분하지 않아서 소매 업체에 유통되는 맥주가 부족했다. 효율성을 기대하기 어려운 상황이라 좀 더 영리한 소비자들은 여름이 시작되기 전에 맥주를 사재기하곤 했다. 앞을 멀리 내다보지 못한 사람들은 슈퍼마켓에서 줄을 서거나 심지어 배급까지 감내해야 했다. 1987년 12월에 일간지 『폴랴 다 타르지』의 한 기사에서는 당시 브라질 최대 소매 업체인 파이스 멘도사 체인점에서 맥주를 사려는 고객들의 고초를 다음과 같이 보도했다.

"빈 병을 건네고 한 번에 12병을 살 수 있는 번호표를 받기 위해 소비자들이 일찍부터 줄을 섰다."

어느 모로 보나 안타까운 상황이었다. 가란치아 팀은 제품을 매장에 진열하지 못해 판매를 못하는 사태를 전혀 이해할 수 없었다. 생산 과정을 개선하고 무엇보다 판매 과정의 효율성을 높여야 했다. 텔레스는 2주 동안 미국 양조업체들을 둘러보고 거대기업 앤호이저-부시의 유통 방식을 직접 관찰했다. 회사의 주요 제품인 버드와이저를 미국의 모든 바와 레스토랑, 슈퍼마켓에 전달할 수 있는 매우 조직적인 시스템이었다. 브라마는 앤호이저-부시의 상대가 되지 않았다. 텔레스는 어떻게 했을까? 그는 오랜 '가란치아 문화' 공식을 이용해 해외에서 직접 목격한 최고의 관행을 복제했다.

(스프레드시트와 보고서를 읽기보다는 고객과 소매 업체를 직접 방문한 덕분에) 맥주 시장을 가장 정확하게 파악했던 브라마의 중역 미구엘이 변화의 지휘자로 선택됐다. 미구엘은 다음과 같이 밝혔다. "회사에서는 대부분 준비가 미흡했음에도 오로지 어떤 브라마 이사의 친구나 친척들이 운영한다는 이유만으로 유통업체를 선발했죠. 공증인 사무소처럼 성과가 그리 좋지 않아도 아버지가 아들에게 물려주는 식이었습니다."

설상가상으로 브라마의 판매업체가 1,000여 군데에 이르렀기 때문에 운영 방식이 상당히 복잡했다. 모든 업무가 지나치게 분산돼 있어서 유통업체들은 돈을 많이 벌지 못했다. 그 결과 유통업체의 사기는 떨어졌다. 현금이 부족하니 성과 개선을 위해 투자할 수도 없었다. 악순환이 반복되고 갈수록 악화됐다.

텔레스는 유통업체의 개수를 줄이는 한편 규모를 확대함으로써 돈을 벌도록 만드는 것이 최선의 해결책이라고 판단했다. 우선 사슬을 축소시키는 까다로운 과정을 시작했으나 제외된 소매 업체들이 대부분 반발했다. 다음 단계는 운영자가 제각기 가장 적합한 방식으로 일하던 기존 과정을 표준화하는 일이었다. 남은 판매업체들은 짧은 기간 내에 목표를 성취하고 그 결과를 정기적으로 평가했다. 최고 판매업체는 브라마가 개최한 연례행사에서 상을 받았다.

미구엘은 "우리 회사의 유통이 코카콜라를 능가하는 지점에 도달했다."라고 말했다. 브라질 전역에 진출한 브라마의 규모가 엄청나다는 사실도 한 가지 장점으로 작용했다. 월마트에서 얻은 교훈을 활용했다. 규모가 큰 기업은 더 유리한 가격과 지불 조건을 협상할 수 있었다. 브라마가 성장함에 따라 공급 업체와 소매 업체는 브라마의 새로운 규칙에 적응해야 했다. 이들은 몇 년 동안 하는 수 없이 수익률을 줄이고 더욱 유연한 지불 조건을 택했다(회사는 훗날 제품이나 서비스를 구매하고 120일이 지난 후에 공급 업체에게 돈을 지불했다).

브라마의 엔진은 프로세스와 결과는 물론이고 인력 자원 형성을 바탕으로 속도를 높였다. 가란치아에서 그랬듯이 텔레스는 눈에 광채가 번뜩이고 가슴에 불이 타오르며 개인 생활을 희생하면서까지 열심히 일할 의지가 있는 야심만만한 젊은이들을 찾았다. 하지만 은행과 양조 회사는 문제의 규모부터 크게 달랐다. 브라마의 직원이 은행보다 거의 100배나 많았기 때문이다. 일류 대학에서 강연을 열어 졸업하기 전에 졸업생들을 시험하고 유치하는 계획을 곧바로 시행했다. 텔레스와 호드리게스가 번갈아가며 회사의 대변인으로 나섰다. 브라마가 가란치아에 인수되고 1년이 지났을 때 첫 번째 연수 프로그램이 완성됐다.

호드리게스는 다음과 같이 말했다. "매년 젊은이 40~50명을 고용하면 변화가 일어납니다. 25세의 젊은이를 관리자로 키우면 더 젊은 사람들을 고무시킬 수 있죠." 예컨대 1차 연수생 중에는 2005년 CEO로 임명되는 리우 출신의 루이스 페르난두 에지몬드 Luiz Fernando Edmond가 포함돼 있었다(그는 현재 북아메리카 앤호이저-부시 인베브의 CEO를 맡고 있다). 이 연수 프로그램은 해가 갈수록 브라질에서 가장 뜨거운 논쟁거리가 됐다. 2012년에는 무려 7만 4,000명이 지원했다. 이 가운데 단 24명만이 입사했다.

젊은이들이 단기간에 브라마 경영진에 합류해 회사의 모든 분야에서 활약했다. 텔레스의 가장 대담한 조치는 2009년 공장 관리자 열일곱 명 가운데 열 명을 해고하고 생산 작업 경험이 전혀 없는 젊은이들로 교체한 일이었다. 물론 텔레스는 단기간에 그렇게 큰 변화에는 위험이 따른다는 사실을 알았지만 기꺼이 대가를 치르기로 결정했다. 효과만 있다면 수십 년 동안 축적된 거미줄을 모조리 제거할 기회였다. 결과는 효과적이었다.

호드리게스는 다음과 같이 회상했다. "마르셀은 매년 회사 직원 가운데 10퍼센트를 제거해야 한다고 말했습니다. 이들은 잘라내야 할 죽은 나무 같은 사람들이니까요." 물론 이것은 텔레스의 독창적인 아이디어가 아니었다. 토머스 에디슨이 설립했던 유구한 역사의 기업에서 GE의 전설적인 CEO 잭 웰치가 채택했던 방식과 비슷했다. 이 유사성에는 근거가 없지 않았다. 비록 텔레스와 파트너들이 골드만삭스나 월마트와 마찬가지로 GE를 직접 접한 것은 아니다. 하지만 GE의 연례 보고서는 다시 한 번 최고 사례를 복제하는 브라질 사람들에게 바이블이나 다름없었기 때문이다.

20세기 최고의 CEO로 인정받는 잭 웰치는 1981년부터 2001년까지 GE를 이끌었다. 이 기간 동안 GE는 이른바 '20-70-10'이라고 알려진 규칙을 채택했다. 이 규칙에 따르면 능력을 중시하는 환경에서 직원들은 세 부류로 나뉜다. 최고 성과를 거둔 20퍼센트에게는 보상을 제공해야 하고, 평범한 성과를 거둔 70퍼센트는 회사에 남겨야 하고, 기대에 미치지 못한 성과를 거둔 10퍼센트는 내보내야 한다. 브라마는 GE의 규칙을 자사의 상황에 적용함으로써 노동력을 혁신했다. 호드리게스는 이렇게 말했다. "내가 브라마에 합류했을 때 직원들의 평균 연령은 48세 정도였습니다. 내가 떠날 때(2003년) 평균 연령은 32세로 낮아졌습니다."

이런 직원 구성의 변화에서 비롯된 결과는 단시간에 나타났다. 1991년 가란치아에게 매입된 지 2년이 채 지나지 않았을 때 브라마는 잡지 『이자미Exame』의 '올해의 기업'으로 선정됐다. 회사의 총수입은 한 해에 7.5퍼센트 증가했다. 수익은 사실상 3배로 늘었고 35퍼센트의 직원(분명히 최고의 직원들)이 3~9차례 추가 급여로 보너스를 받았다. 1990년 회사 소득의 10퍼센트에 해당하는 액수가 보너스로 지급됐다. 이로써 회사 내부에서 경력을 쌓은 경영진의 지휘에 따라 브라마(그리고 이후 암베비, 인베브, 그리고 앤호이저-부시 인베브)의 지속적인 성장에 밑거름이 될 가공할 만한 인력 자원 메커니즘이 탄생했다. 비록 지금은 회사의 일상적인 운영에 관여하지 않지만 텔레스는 연수 프로그램의 최종 선택에는 반드시 참여한다. 그는 선택된 사람들에게 필요하다면 자신에게 직접 메시지를 보내도 좋다고 허락한다.

그는 다음과 같이 말했다. "브라마에서 나는 모든 연수생에게 전화 통화권을 주었지만 그때마다 기회는 단 한 번뿐이라는 조건을 붙였죠. 이제는 좀 더 현대화됐으니 누구든 원할 때마다 내게 이메일을 보낼 수 있습니다." 텔레스는 한 세기가 넘도록 존재한 회사 전체에 이 새로운 문화를 확산시키기 위해 여러 곳을 돌아다녔다. 새로운 추종자들을 거의 완전히 개조해야 했다. 한 번은 호드리게스에게 "이 사람들이 우리가 하는 말이 진심임을 일깨우려면 이따금 미친 사람처럼 행동해야 할 것"이라고 말하기도 했다.

호드리게스처럼 격정적인 기질, 거창한 제스처, 그리고 낮은 목소리를 가진 경영자가 소란을 피우기는 그리 어렵지 않았다. 호드리게스가 텔레스와 함께 상파울루 외곽 바우루에 있는 브라마의 한 공장에 방문했을 때 몸소 증명한 적도 있었다. 20여 명의 공장 직원들과 장시간 회의를 한 다음 텔레스와 호드리게스는 호텔로 돌아가 휴식을 취하려 했다. 밤이 깊었기 때문에 공장 책임자가 상사들에게 차를 태워주겠다고 말했다. 호드리게스는 자동차(회사 로고가 없는 제너럴 모터스의 고급 승용차)를 보고는 관리자의 것인지 아니면 회사 소유인지 물었다. 책임자가 회사 소유의 자동차라고 대답했다. 그러자 그는 몹시 화가 나서 자동차 문을 발로 차면서 브라마의 모든 자동차에는 몇 달 전에 정한 규칙에 따라 회사 로고가 있어야 한다고 고함을 질렀다.

그는 몇 번 더 발길질을 하면서 이렇게 소리쳤다. "당신은 회사가 부끄럽습니까? 이런 빌어먹을 차로는 가지 않을 겁니다!" 30년 동안 회사에 근무했던 공장 책임자는 깜짝 놀랐다. 텔레스는 잠자코 모든 일을 지켜보다가 호텔에 도착했을 때 겨우 한마디 했다.

"마짐, 그렇게까지 과장할 필요는 없었소."

호드리게스는 아직도 이 이야기를 즐겨 한다.

텔레스는 비용을 절감하고, 훌륭한 인재를 모집하고, 모든 사람에게 목표를 전달하고, 최고에게 남다른 보상을 제공하는 개혁을 추진했다. 이 과정에서 그는 한 공학 교수로부터 도움을 받았다. 1990년대 초반이었고 당시 브라질 기업들은 (브라질에서는 CIP로 알려진) 부서 간 물가통제위원회의 감독 아래 운영되고 있었다. 맥주를 포함해 21개 제품의 재조정을 관할하는 연방 정부 기관이었다. 감독 과정에 필요한 업무량이 터무니없을 정도로 많아서(CIP에서는 300명이 넘는 직원들이 매달 가격을 인상하겠다는 1,200건의 신청서를 분석했다) 기업들이 효율성을 높이기 위해 노력할 여유가 없었다. 제품 가격 스프레드시트를 토대로 재조정이 허용됐기 때문이다(더 높을수록 재조정 허가를 받을 확률이 높았다). 텔레스는 이미 이런 종류의 통제에 희생양이 된 경험이 있었다.

연방경찰관이 가격 인상의 책임자를 체포하기 위해 브라마의 본사에 들이닥쳤을 때 텔레스는 아연실색했다. 매우 살벌한 상황이었던지라 회사 변호사가 텔레스에게 화장실에 숨으라고 말했다. 하지만 텔레스는 변호사의 조언을 따르지 않았다. 브라마 경영자들은 경찰에게 회사가 가격 동결을 위반하지 않았고 다만 산업 제품세IPI 인상을 환원한 것뿐이었음을 납득시키기 위해 곤혹을 치렀다.

텔레스는 몹시 충격을 받았으나 이 일로 교훈을 얻었다. 이후 맥주 가격을 인상해야 할 때 규약을 따르기로 결정하고 경제부 장관

도로테아 웨르네크Dorothea Werneck와 브라질리아에서 면담하기로 약속을 잡았다. 면담하는 동안 경제부 장관은 브라마가 가격을 인상하는 대신 생산성을 개선하기 위해 투자하는 편이 좋지 않겠냐고 물었다. 그리고는 미나스제라이스 주 크리스티아누 오토니 재단의 한 교수를 만나보라고 제의했다. 10년 전 일본의 여러 기업을 수차례 방문한 후에 브라질에서는 보기 드물게 경영 방식의 전문가로 자리잡은 사람이었다. 야금 공학도로 미나스제라이스 연방대학교를 졸업하고 미국 콜로라도 광업 대학교에서 박사학위를 취득한 빈센테 팔코니Vicente Falconi는 텔레스에게 생소한 이름이었다. 그렇지만 텔레스는 웨르네크의 눈 밖에 나서 가격 인상 허가를 받지 못하는 상황을 막으려면 그녀의 조언을 따르는 편이 현명하겠다고 판단했다.

팔코니는 "브라질은 경영 측면에서는 서부 개척시대와 다름없다."라고 말했다. 팔코니는 계획plan-실행do-점검check-행동act의 머리글자인 PDCA를 토대로 한 방법을 제시했다. 그 당시 보기에는 간단한 이 개념을 무질서한 브라질 기업에 적용하기는 현실적으로 어려웠다. 가란치아 팀이 합류하면서 한바탕 문화 충격을 경험했던 브라마에서조차도 절대 쉽지 않았다. 팔코니는 20년 전 처음으로 브라마에 도착했을 때 회사의 모습을 다음과 같이 회상했다.

"브라마는 당시 브라질의 여느 회사들처럼 아수라장이었다. 기준이란 찾아볼 수 없었다. 모든 공장이 달랐고 매일매일이 달랐다. 맥주는 가지각색이었고 브랜드의 독특함이 없었다. 처음에는 맥주 사업에 대해 전혀 알지 못했고 진단하기도 어려웠다. 장님들의 나라 같았다. 우리는 일본인 전문가 몇 명을 영입해 도움을 받았다.

브라마의 모든 이사와 관리자가 품질을 파악하기 위해 일본으로 출장을 갔다. 맥주 생산 과정이 탐탁지 않았던 마르셀은 나와 함께 한 공장을 방문했다. 아침 7시에 도착해서 마스터 브루어와 함께 공장을 둘러보았다. 마스터 브루어는 한 탱크에 다가가서 유리잔에 소량을 따르고 냄새를 맡더니 온도를 높이라고 지시했다. 그런 다음 다른 탱크로 가서 다시 소량을 유리잔에 따르고는 이번에는 산성pH을 낮추라고 요구했다. 특정한 기준도 없이 눈대중으로 모든 일이 처리됐다."

사물을 측정하는 일에 집착하는 팔코니 같은 사람에게 이 같은 원칙의 부재는 용납할 수 없는 일이었다. 마스터 브루어들이 주먹구구로 일한다는 사실을 입증해야 했다. 팔코니는 브라마의 전 공장에 같은 날 같은 시간에 생산된 맥주를 한 병씩 보내달라고 요청했다. 브라마 공장이 있는 도시에서 경쟁업체의 맥주도 구입해서 비교했다. 결과는 경악스러웠다. 각 공장에서 생산한 최종 제품이 제각기 달랐다. 결정타는 브라마에서 가장 효율적이라고 생각했던 공장에서 실시한 테스트였다.

하루 종일 시간마다 생산 라인에서 맥주 한 병을 가져왔다. 분석해보니 완제품 맥주가 같은 공장에서조차 시간마다 크게 다른 것으로 나타났다. 조사 결과를 확인한 텔레스는 어떻게 해야 할지 혼란스러웠다. 그는 팔코니에게 "이 난장판을 어떻게 처리해야겠소?"라고 물었다. 컨설턴트는 각 공장의 작업 기준을 수립하고 모든 요소를 측정하는 수밖에 없다고 답했다. 기준을 통과하는 제품만 시장에 출시될 터였다. 텔레스는 즉시 많은 사람이 이런 변화에 반대할 것이라고 판단했다. 그래서 경영진에게 팔코니의 조언을 수용하라고 설득하기 위해 품질 지표를 보상과 직결시키기로 결정했다.

팔코니는 이렇게 전했다. "마르셀은 매장 직원부터 이사에 이르기까지 모든 공장 직원의 목표를 설정했습니다. 공장에서 첫 해에 품질 목표의 50퍼센트를 달성하지 못하면 아무도 보너스를 받지 못했죠. 이듬해와 그 다음 해에는 목표치를 각각 75퍼센트와 95퍼센트로 높였습니다. 새로운 작업에 대한 반발을 끝낼 수 있는 바람직한 방식이었습니다." 팔코니 교수의 방식은 점차 회사의 다른 분야에도 확산됐다. 판매, 행정, 물류 등 어떤 분야도 제외되지 않았다(현재 앤호이저-부시 인베브는 회사의 주요 가이드라인에 따라 전 세계 직원 11만 6,000명에게 개인 목표를 분배해 할당한다). 텔레스의 카운슬러 역할을 하던 이 공학 교수는 1997년 외부인으로는 처음으로 브라마 이사회에 합류했다.

시간이 흐르면서 팔코니는 삼인 동맹이 지휘하는 다른 회사에도 관여했다. 예컨대 1992년 팔코니는 로자스 아메리카나스에서 일했다. 소매 체인 전문 컨설턴트를 고용하기 위해 미나스제라이스로 출장을 갔던 페르센 람브라뉴는 다음과 같이 회상했다. "페르난두 콜로르가 탄핵을 받던 날 나는 정장 차림으로 벨루 오리존테로 향했습니다. 팔코니가 그곳에서 열린 한 행사에 참석할 예정이었는데 강당은 이미 만원이었죠. 국가가 연주된 다음 마치 일본인처럼 다소곳이 움직이는 사나이가 등장했습니다. 그처럼 격식을 차린 모습에 나는 '대체 내가 어디 있는 거야?'라고 생각했던 기억이 납니다."

다음 몇 년 동안 사실상 GP 인베스치멘투스가 투자한 기업은 모두 팔코니와 팀원들의 손을 거쳤다. 현재 72세인 팔코니는 자신의 컨설팅 회사에서 레만과 두 파트너의 소유인 회사들, 그 가운데 특히 본인이 이사회 임원으로 참여하는 암베비를 위해 개발한 프로젝트를 실시하고 있다. 침착한 태도와 백발의 소유자인 팔코니는 처음 보면 조용한 노신사처럼 착각할 수 있다. 그러나 그는 데이터, 수치, 결과를 엄격하게 통제하며 직접 수립한 목표에 못 미치는 성과에는 결코 만족하지 않았다. 2011년 중반에는 공장 직원의 이직률을 줄이기 위해 암베비의 주요 경영자들과 워킹 그룹을 결성했다. 공장 이직률은 2010년 20퍼센트 정도였는데 팔코니의 목표는 5년 안에 이를 6퍼센트로 줄이는 것이었다.

그는 다음과 같이 밝혔다. "변동 보상만으로는 충분하지 않아서 직원들의 자존감을 높일 수 있는 새로운 프로세스들을 수립하고 있습니다. 직원들에게 축하를 전하는 일이라면 수단과 방법을 가리지 않습니다. 10년 근속한 직원이 있으면 어떤 방식으로든 그 일을 기념하죠. 우리가 얻은 한 가지 교훈은 모름지기 축하해야 한다는 겁니다."

Dream Big

11

최고의 투자은행 가란치아를 죽인 것은 가란치아였다

: 정상에 오른 기업도 성장 원칙이 무너지면 한순간에 추락한다

수많은 책의 작가이자 상파울루 인스페르 경영대학원 교수인 경제학자 에두아르두 지아네치 다 폰세카Eduardo Giannetti da Fonseca는 가란치아에서 일주일 동안 근무한 적이 있다. 그는 자신의 경험을 다음과 같이 묘사했다.

"1994년 나는 클라우지우 아다지로부터 가란치아에서 강연을 해달라는 초대를 받았다. 저서 『사사로운 것은 해롭고 공적인 것은 이롭다』를 출간하고 영국 케임브리지에서 7년을 보내고 돌아온 직후였다.

강연이 끝나고 며칠이 지나서 클라우지우가 점심을 같이 먹자며 은행으로 나를 초대했다. 내가 도착했을 때 동석해 있던 조르지 파울루 레만과 아폰수 셀수 파스토리Affonso Celso Pastore가 느닷없이 자기네 은행의 경제학자로 일해달라고 제의했다. 마음이 동했다. 나

는 갓 서른을 넘겼는데 그때껏 학계에만 몸담았다. 투자 은행의 원리를 실제로 경험해보면 어떨지 궁금했다. 경제적인 면에서도 매우 매력적인 제안이었다.

나는 한 번 해보겠다고 수락했지만 머지않아 그곳이 내 세상과는 사뭇 다르다는 사실을 깨달았다. 가란치아의 리듬은 열광적이었으나 나는 학계의 상아탑에 익숙했다. 각 분야가 어떤 식으로 돌아가는지를 내게 설명해줄 여유가 있는 사람이 없었다. 금융 시장 원리에 대해서 자세한 지식이 없었던 나로서는 답답한 노릇이 아닐 수 없었다. 직원들의 업무 헌신도는 가히 집착 수준이라 할 만했다. 은행 전략을 결정하는 회의를 필두로 7시에 일과가 시작됐다. 5시가 되면 퇴근해서 가족과 지내고 싶은 마음이 굴뚝같았지만 그 시간에 자리를 뜨는 사람이 아무도 없었다.

내가 가장 먼저 일어나고 싶지는 않았다. 몹시 피곤해서 두들겨 맞은 듯이 욱신거리는 몸을 이끌고 아베니다 파울리스타로 향하던 기억이 난다. 그러나 그곳에서 일하는 사람들은 하나같이 아드레날린과 거금을 벌 기회가 주는 매력 때문에 그런 리듬을 받아들였다. 점심시간에 헬리콥터 조종 수업을 듣던 트레이더도 있었다. 상상해보라. 그것이 그가 발견한 휴식 방법이었다니!

상파울루의 한 전통적인 은행에서 이사로 일하던 우리 아버지가 떠올랐다. 그에게는 사무실, 비서, 장갑을 끼고 커피를 대접하는 웨이터가 있었다. 가란치아는 완전히 딴판이었다. 한 번은 평일에 시장이 정신없이 돌아가는 와중에 감히 공부를 좀 해보겠다고 책을 펼친 적이 있었다. 사람들이 놀란 눈으로 나를 외계인 보듯이 쳐다보았다. 땅 속으로 꺼지고 싶었다. 그 순간 은행은 내게 맞지 않다는 사실을 깨달았다. 나는 일주일을 버티지 못했다. 내가 그만두겠다고 말하자 레만은 다음과 같이 유쾌하게 반응했다. '나는 당신이 이 사람들에게 문화를 맛보여줄 거라고 기대했소이다.' 레만 주변에 있는 사람들은 분명 20세기 후반 브라질 재계 역사상 가장 중요한 인물들일 것이다. 하지만 그런 생활은 확실히 내게 맞지 않았다."

만일 가란치아 문화에 적응했더라면 지아네티는 큰돈을 벌었을 것이다. 이 후 몇 년 동안 은행은 연달아 대성공을 거두었지만 1994년의 성과는 특히 이례적이었다. 역사상 최고의 한 해였다. 대규모 거래는 모두 가란치아를 거쳐 갔다. 가란치아는 브라질에 투자하고 싶어 하는 해외 투자가들의 우선순위였다. 몇 년 동안 문화를 개방하기 위해 노력했던 파트너 프레드 패커드의 공을 무시할 수 없을 것이다. 이 중개 회사는 브라질에서 가장 유력한 조직으로 (그 집단이 아웃소싱한 중개 회사를 통해 움직이는 금액을 제외하더라도) 그 해 상파울루 주식시장 보베스파의 전체 거래 가운데 7퍼센트를 차지했다. 순수입이 거의 미화 10억 달러에 달했다. 이 가운데 90퍼센트가 직원 322명에게 고르게 분배됐다.

레만의 능력주의 원칙에 따라 직원들의 수입은 제각기 달랐다. 당시 30세도 되지 않았던 리우 출신의 한 뛰어난 트레이더만큼 행복했던 사람은 없었다. 언론 보도나 이 책의 사전 작업으로 인터뷰를 했던 예전 가란치아 직원들의 증언에 따르면, 그 직원의 수입은 미화 2,000만 달러에 이르렀다. 거의 20년 전에 2,000만 달러가 얼마나 큰돈이었을지 상상해보라.

외부 관측자들이 보기에 가란치아 은행은 난공불락의 기계 같았을 것이다. 그러나 좀 더 자세히 살펴보았다면 레만, 텔레스, 시쿠피라가 창조한 환상적인 엔진이 서서히 마모되고 있다는 몇 가지 징조를 발견했을 것이다. 세 파트너의 핵심 문화 가치인 검소함과 단순함이 위태로워지고 있었다. 큰돈을 벌어 파트너들의 지갑이 두둑해진 상황에서 그때껏 지배적이었던 프란시스코 수도원 같은 정신은 버림받았다. 이제 트레이더들은 (개인 전용 헬리콥터를 조종하기 위해) 헬리콥터 강좌를 들었고 리우데자네이루와 상파울루 해안가에 가장 비싼 초호화 주택을 구입했다. 수입산 고급 자동차가 은행의 주차장을 가득 메우기 시작했다. 돈이 그렇게 많은데 조금 쓴다고 한들 뭐가 그리 잘못이란 말인가? 그렇게 아등바등했던 이유가 부자가 돼 물질적인 보상을 얻는 것이 아니었던가? 어찌 됐든 간에 가란치아의 많은 신흥 백만장자의 생각은 그랬다.

텔레스는 1988년 8월 19일 편지에서 이런 행동의 위험성을 경고했다. "새 자동차와 아파트를 사고 해외에 집을 임대하는 것은 괜찮습니다. 그러나 직장에서 우리의 뇌는 회사에 속해 있으며 우리의 시간과 노력은 회사에 헌신해야 합니다. 자기 돈을 관리하고 돈 관리에 시간을 투자하는 것이 더 이로운 일처럼 보일 수 있습니다. 하지만 사실 그것은 그저 옹졸한 짓에 지나지 않습니다. 우리의 지적 능력, 시간, 노력을 회사에 헌신하는 것이야말로 은행 계좌의 예금이나 적립금을 운용하는 것보다 훨씬 더 중요합니다. 우리는 커미션을 받는 직원이므로 이 은행의 성공과 수익을 책임지는 파트너입니다. 오늘날까지 머리를 파묻고 부지런히 일하며 오로지 회사만 생각하던 모든 사람이 시간이 갈수록 더욱 엄청난 보상을 받았습니다."

텔레스가 이 편지를 쓰고 6년이 지났을 무렵, 편지에서 언급했던 사치가 은행을 삼켜버렸다. 1994년 가란치아 문화의 세 핵심 수호자들은 일상 업무에 여념이 없었다. 텔레스는 5년 동안 매일 브라마에서 근무했다. 시쿠피라는 10년 넘게 일상 업무에는 관여하지 않고 로자스 아메리카나스와 이후 GP 인베스치멘투스에서 맡은 임무에 집중했다. 당시 54세였던 레만은 심장마비로 쓰러졌다가 리우의 클리니카 상 비센치에서 건강 검진을 받은 다음 한 계류장에 정박된 자신의 보트에서 지내고 있었다. 그동안 건강 면에서는 엄격한 규율을 따랐지만(담배나 술을 멀리했고 거의 매일 운동했다), 금융 시장에서 20년 넘게 막중한 업무를 수행하면서 심장에 무리를 준 탓이었다.

주치의들은 한동안 휴식을 취하며 건강을 돌보라고 조언했다. 그런 변고를 겪고 나서 레만은 일련의 검사를 받기 위해 미국(오하이오주 클리블랜드)으로 향했다. 테니스 연습도 줄여야 했다. 그동안 그는 가란치아를 이끄는 중에도 짬을 내어 국제경기에 참가했고 세계 베테랑 선수권에서 세 차례나 우승했다. 첫 우승을 한 것은 그가 47세였던 1986년이었다. 이제 병으로 몸과 마음이 쇠약해진 레만은 일선에서 물러나 1년 동안 회사에 거의 출근도 하지 않았다. 레만의 부재로 말미암아 직원들에게 거금을 맡기지 않는다는 옛 원칙은 쉽게 잊혀졌다. 흔치는 않지만 이 문제를 언급할 때면 레만은 자기가 있었다면 파트너들과 커미션을 받는 직원들에게 한꺼번에 그렇게 많은 보너스를 주는 일을 없었을 것이라고 말하곤 했다. 아마 은행의 현금으로 로자스 아메리카나스와 브라마를 매입했듯이 소득을 투자할 다른 기회를 모색했을 것이다.

세 사업가는 언제나 장기적인 안목으로 생각했다. 하지만 은행의 여러 파트너는 이 철학을 그다지 열렬히 신봉하지 않았다. 텔레스가 당시 상황을 다음과 같이 표현한 적이 있다. "돈이 그들의 주머니로 들어가기 시작했고, 건설의 꿈은 더 이상 존재하지 않았고, 교황은 병이 나서 부재 중이었고, 급진적인 주교들은 멀리 떨어져 있었습니다." 이제 와서는 마르셀루 바르바라 같은 몇몇 신세대 파트너들조차 그 모든 돈이 어떤 부작용을 일으켰는지를 인정한다.

"나는 수입차를 사는 사람과는 거리가 멀었다. 내 차는 에어컨도 없는 빨간색 파라치였는데 모든 사람이 나를 놀려댔다. 그런데 그 많은 돈이 생기는 바람에 같은 날에 볼보와 아우디를 한꺼번에 사들였다. 그런 다음 지금 살고 있는 펜트하우스를 샀다. 하지만 지금 생각해보면 사람들의 수중에 축적된 이 모든 자원이 은행을 쓰러뜨렸고 회사의 초점이 사라졌다."

자멸의 씨앗이 마침내 뿌리를 내린 것이다.

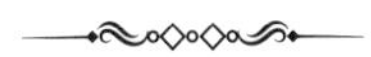

은행이 기록적인 수익을 거두기 한 해 전인 1993년 레만, 텔레스, 시쿠피라는 경제학자 클라우지우 아다지를 가란치아의 감독관으로 선정했다. 그 무렵 아다지는 은행에서 근무한 지 15년 차가 됐다(수석 경제학자로 시작해서 기업 금융을 책임지는 파트너를 거쳐 마침내 최고경영자가 됐다. 잠시 가란치아를 떠나 1980년부터 1982년까지 중앙은행의 공채 담당 초대 국장을 맡기도 했다). 따라서 원칙적으로 세 파트너의 뒤를 이은 조직의 책임자는 아다지였다.

아다지는 안드레 라라 헤젠지André Lara Resende 같은 일류 경제학자를 고용하는 일에 일가견이 있었다. 작가 오투 라라 헤젠지Otto Lara

Resende의 아들인 안드레는 미나스제라이스주 출신으로 리우데자네이루 PUC를 졸업했다. 이후 매사추세츠 공과대학MIT에서 경제학 박사학위를 취득했다. 라라 헤젠데는 1980년부터 1988년까지 가란치아에 근무했으며 하사드와 마찬가지로 정부 기관에서 일하는 동안에 휴지기를 가졌다. 1986년 크루자두 플랜Cruzado Plan과 10년 후 헤알 플랜을 수립하는 과정에 참여했다. 가란치아에 근무하는 동안 라라 헤젠지는 아르미니우 프라가Arminio Fraga를 고용했다. 대단한 잠재력의 소유자였던 프라가는 프린스턴 대학교에서 박사학위를 취득하고 3년 남짓 가란치아 은행에 근무했다.

1999년부터 2002년까지 브라질 중앙은행 총재를 지낸 프라가는 다음과 같이 전했다. "나는 세 사람(레만, 텔레스, 그리고 시쿠피라)이 모든 일을 매우 단순하게 처리한다는 점이 흥미로웠죠. 브라질 금융 시장의 매력적인 문화가 그들의 창조물이라는 것은 틀림없는 사실입니다." 레만은 아다지와 다른 정상급 경제학자들이 그때껏 PSD가 주도했던 은행에 도입한 세련미와 이론적인 일관성을 높이 평가했다. 세상은 세계화되기 시작했고 금융 업무는 갈수록 복잡해져서 새로운 시대와 접촉할 (나이 많은 직원들에게는 쉬운 일이 아니다) 사람들이 필요했다.

은행에서 영업 관리자로 일했던 카스트루 마이아는 "1991년 떠날 무렵 나는 이해도 못한 제품을 판매하고 있었다."라고 털어놓았다. 은행이 미지의 분야에 진출할 수 있었던 것은 교육 수준이 매우 높은 새로운 전문가 집단 덕분이었다. 1990년대 초 일간지 『가제타 메르칸치우』는 광범위한 보고서에서 이런 변화를 분석했다.

"공채 수익이 줄어든 최근까지도 시장은 가란치아가 예컨대 채

무증서, 해외 채무 전환, 해외 펀드 등 금융 공학이라는 업무를 다루는 민영 분야의 기업을 설립하는 데 능숙했다는 사실에 주목했다. 가란치아는 브라질 은행으로는 최초로 금융 공학이라는 이 복잡한 분야에서 수완을 발휘했다. 그들은 선구자였다. 현재 다른 은행들이 이 특수한 분야에서 그들의 뒤를 따르고 있다."

아다지가 이 신세계에서 무리를 이끌 적임자처럼 보였으나 그를 감독관에 임명했을 당시에는 반대가 심했다. 아다지의 경쟁자는 상파울루 출신의 안토니우 프레이타스 발리Antonio Freitas Valle였다. 발리 역시 가란치아에서 잔뼈가 굵은 사람이었다. 톰이라고 불리는 프레이타스 발리는 로스쿨에 재학 중이던 19세에 방쿠 메르칸치우 지 상파울루에 취직했다. 소유주 가스탕 에두아르두 지 부에누 비지갈Gastão Eduardo de Bueno Vidigal의 친구였던 아버지의 추천 덕분이었다. 하지만 그곳이 자신과는 어울리지 않는다는 사실을 깨닫기에 3개월이면 충분했다. 당시 압도적인 다수의 브라질 기업이나 은행처럼 메르칸치우는 계층구조가 엄격해서 대개 가장 오래 근무한 사람이 승진 제안을 받았다.

프레이타스 발리에 따르면 "설상가상으로 언제나 정장을 갖춰 입어야 했다." 그 무렵 가란치아에서 중개업자로 일하던 여동생의 남자 친구로부터 혹시 주변에 열심히 일하며 돈을 벌고 싶어 하는 사람이 있느냐는 질문을 받았다. 이 말을 들은 프레이타스 발리는 곧바로 회사를 옮길 준비를 했다. 아들이 차분한 메르칸치우에서 좀 더 탄탄한 경력을 쌓을 수 있다고 여겼던 아버지는 노발대발했다.

프레이타스 발리는 가란치아의 규칙에 따라 결제 부서에서 일하기 시작했다. 공식적인 직장은 상파울루 중심의 후아 상벤투에 위치한 아담한 사무실이었다. 하지만 사실 그가 사무실에서 근무하는 시간은 거의 없었다. 그는 이렇게 말했다. "결제 부서에서 자동차를 이용하는 사람은 나밖에 없었죠. 나는 은행의 폭스바겐을 타고 시내를 돌아다니며 카르푸 슈퍼마켓에서 화장지를 사는 일에 이르기까지 지시받은 일은 무엇이든 했습니다."

아다지가 신중한 반면 프레이타스 발리는 대담했다. 23세에 결혼을 앞두고 수중에 여행 경비도 없으면서도 타히티로 신혼여행을 떠날 준비부터 했다. "나는 11월에 결혼했는데 가란치아의 보너스는 12월에 지급될 예정이었다. 다음 달에 들어올 돈만 믿고 방쿠나시오날에서 초과 인출을 해서 여행 경비를 지불했다. 결국에는 아무 문제없이 해결됐다. 계산하지 않을 때 우리가 인생에서 무엇을 얻을 수 있는지 전혀 모른다. 사실 지나치게 계산하다보면 부모님의 집을 결코 떠날 수 없을 것이다."

프레이타스 발리처럼 충동적인 사람들에게는 은행에서 아드레날린이 가장 많이 분비되는 트레이딩 룸이 제격이었다. 힘들게 국제적인 경험을 쌓았던 아다지와는 대조적으로 프레이타스 발리는 공부에는 전혀 관심이 없었다. 가란치아에 입사하기 전 그는 로스쿨 과정을 그만두고 푼다상 아르만두 알바리스 펜치아두 대학교FAAP에서 경제학을 공부했다. 그러다가 푼다상 아르만두 알바리스 펜치아두 대학교FAAP을 졸업하기 직전에 리우로 전근을 가게 되자 또다시 뒤도 돌아보지 않고 학업을 그만두었다. 1987년에서야 비로소 텔레스의 끈질긴 권유에 따라 하버드 속성 과정에 등록했다. 하지만 시장 업무에 대한 그의 직감이 부족한 학위를 상쇄하고도 남았다. 덕분에 1989년 텔레스가 브라마로 옮길 때 프레이타스 발리는 트레이딩 데스크의 책임자로 임명됐다. 아다지가 아이디어의 사나이라면 프레이타스 발리는 행동가였다.

1990년 가란치아 본사가 리우에서 상파울루로 이전해서 은행의 모든 부서가 같은 건물에서 일하기 시작했을 때 두 사람의 대립은 더욱 가시화됐다. 이전까지 프레이타스 발리가 지휘하던 트레이딩룸과 아다지가 이끌던 기업 금융 분야는 각각 리우와 상파울루에 있었다. 본사를 이전하고 2년이 지났을 때 프레이타스 발리는 세력을 잃고 만다. 이는 보베스파에서 가란치아가 택한 전술과 무관하지 않았다.

1992년 2월 12일 가란치아 중개 회사는 이보베스파 지수 특히 텔레브라스의 주가를 인위적으로 낮추려고 애를 썼다. 이보베스파가 떨어지면 이익을 보는 반면 지수가 상승하면 손해를 볼 수 있는 '풋' 옵션을 보유하고 있었기 때문이다. 문제는 당시 주식시장이 상승세였던 까닭에 옵션을 변제할 때 돈을 잃을 수 있다는 점이었다. 문제의 그날 12시 30분에서 1시 사이에 가란치아와 탈라리쿠 중개 회사는 시장가보다 낮은 가격으로 자기들끼리 주식을 사고팔기 시작했다(브라질 전문 용어로 이런 종류의 작업을 '제 콤 제Ze com Ze'라고 일컫는다). 이런 이례적인 움직임을 감지한 보베스파는 세션을 중단시키고 즉시 관련자들의 해명을 요구했다. 두 회사를 견제하는 두 행정 프로세스(001/92번과 002/92번)가 가동됐다. 트레이딩 세션을 조작한 이 사건은 언론에 대서특필됐다.

은행의 전 파트너에 따르면 레만은 이 일로 '사색이 됐다.' 금융기관이 신뢰에 타격을 입으면 언제든 매우 위험하다. 하지만 1989년 리우 주식시장 붕괴에 책임이 있다고 비난을 받던 투기가 나지

나아스Naji Nahas의 사례가 아직도 사람들의 뇌리에 생생히 남은 터라 한층 민감한 상황이었다. 이 사건으로 보베스파는 천하무적으로 여겨지던 오만한 은행을 처벌함으로써 금융 분야의 모든 관련자에게 본을 보일 수 있는 절호의 기회를 잡았다.

가란치아는 KPMG뿐만 아니라 경제학자 아폰수 셀수 파스토레와 마리우 엔리끼 시몬젠 등 전문가의 의견을 수렴해 회사를 보호하려고 노력했다. 비록 작전에 직접 관여하지는 않았으나 (이는 플로어 트레이더의 임무였다) 프레이타스 발리가 데스크의 책임자로서 사태를 책임져야 할 것처럼 보였다. 프레이타스 발리에게 비난의 화살을 돌린 것은 보베스파와 CVM만이 아니었다. 가란치아의 몇몇 파트너들도 이 상황을 빌미로 삼아 문제를 더욱 악화시켰다.

당시 아다지는 "우리에게는 세션과 데스크의 트레이더부터 이사에 이르기까지 모든 사람이 트레이더"라고 말했다. 프레이타스 발리의 위신을 떨어뜨리려고 단단히 마음먹은 사람 중에는 그의 직속 부하인 소장파 파트너 페르난두 프라두Fernando Prado가 속해 있었다. 그는 은행 내에서 불 같은 성격뿐만 아니라 뛰어난 지적 능력으로 유명했다.

가란치아의 고위 직원이었던 한 사람에 따르면 "페르난두는 프레이타스의 자리를 원했다. 그에게 해를 끼치기 위해 수단 방법을 가리지 않았다." 대내외적으로 상황을 진정시킬 한 가지 해결책은 당시 35세였던 프레이타스 발리를 일종의 망명 형태로 하버드에 보내버리는 것이었다(상파울루 주식거래소는 가란치아의 조치를 시장 조작이라고 결론을 내렸다. 가란치아에게 사건 관련자들을 정직시킬 것을 요구했다).

발리가 6개월 동안 미국에 머물었다가 돌아왔을 때 그의 직위는 강등됐으며 그가 감독했던 업무들은 페르난두 프라두, 에릭 힘, 그리고 일명 카레카라 불리던 루이스 알베르투 호드리게스Luiz Alberto Rodrigues에게 배분돼 있었다(호드리게스는 2010년 모터바이크 사고로 아타카마 사막에서 사망했다). 프레이타스 발리가 감독관 자리를 되찾기는 고사하고 은행에 계속 남기도 어려운 분위기였다. 그는 보유 주식을 매각하고 새로운 인생을 찾아 떠났다. 그는 훗날 이렇게 전했다. "악감정은 없습니다. 그게 프로의 세계니까요. 하지만 그 사건이 있은 후에 부쩍 어른이 됐습니다."

프레이타스 발리의 측근들은 그가 미화 1,500만 달러를 챙겨서 떠났다고 말했다. 그러나 훗날 사실이냐는 질문을 받았을 때 그는 확실하게 인정하지는 않았다. 프레이타스 발리가 가란치아를 떠나면서 은퇴까지 고려할 만큼 돈이 많았다는 점만은 분명하다. 2개월 후 그는 안드레 라라 헤젠지와 루이스 카를로스 멘도사 지 바후스Luiz Carlos Mendonça de Barros와 함께 가란치아에서 배운 원칙을 바탕으로 방쿠 마트릭스를 설립했다. 마트릭스는 1990년대에 눈부신 성과는 물론이고(미화 800만 달러였던 자산은 2년 후 미화 1억 달러 이상으로 증가했다) 회사를 둘러싼 논란으로 온갖 신문과 잡지를 장식했다. 두 핵심 파트너(멘도사 지 바후스와 라라 헤젠지)가 정부 기관에 근무한 경력이 있었기 때문에 환율, 금리, 공채에 성공적으로 투자한 성과가 팀의 재능보다는 내부 정보 덕분이라는 의혹이 불거졌다. 하지만 입증된 사실은 전혀 없다. 멘도사 지 바후스와 라라 헤젠지가 각각 1995년과 1997년에 떠난 후에도 마트릭스는 계속해서 돈을 벌어들였다.

1999년 프레이타스 발리는 또 한 차례 도마에 올랐다. 당시 PT

의원이었던 알로이지우 메르카단치Aloizio Mercadante가 의회의 한 조사 위원회CPI로 향했다. 마트릭스를 비롯한 브라질 은행들이 헤알을 큰 폭으로 평가 절하했을 때 내부 정보 덕분에 혜택을 받았을 가능성이 있는지를 조사하기 위해서였다. 프레이타스 발리는 그때의 상황을 다음과 같이 전했다. "중앙은행 사람들이 매일같이 압력을 가하면서 조사를 했습니다. 정말 피곤했죠."

마트릭스에 대한 조사는 아무 성과도 없이 끝났다. 그러나 수많은 금융 기관의 활동을 힘겹게 조사한 결과 밀라노 출신 이탈리아인으로 1990년대 거물급 은행가이자 마르카의 소유주인 살바토레 카키올라Salvatore Cacciola가 수감됐다. 1999년 초반부터 헤알이 평가 절하되자 마르카 은행은 큰 손해를 보았다. 카키올라가 이 손실을 메우기 위해 중앙은행에 도움을 청하자 중앙은행은 그에게 시장 환율보다 낮은 비율로 달러를 팔았다(이때 공공 자산 16억 헤알이 투입됐다). 이 일로 총재 프란시스쿠 로피스Francisco Lopes를 포함한 중앙은행의 중역들은 물론이고 CPI 전체가 비난을 받았다. 처음에 카키올라는 횡령과 부당 경영으로 13년 징역형을 선고받았다. 몇 년 동안 이탈리아에 숨어 지내다가 2008년 브라질에서 체포됐다. 그는 방쿠 8이라는 이름으로 더 널리 알려진 페드로리누 웨르링 지 올리베이라 교도소에서 4년 동안 복역한 후 2011년 조건부로 석방됐다.

CPI의 압박, 이후 이어진 국제 금융 위기, 브라질 투자 은행 간의 더욱 치열해진 경쟁에 밀려 프레이타스 발리는 2001년 은행계를 떠났다. 측근들은 2012년 그의 개인 자산이 약 미화 5억 달러였다고 말한다. 동료였던 한 사람은 "가란치아를 떠난 파트너 가운데 톰은 가장 성과가 좋았던 사람으로 손꼽힌다."라고 전했다. 프레이타스 발리는 현재 대부분 개인 자산으로 구성된 투자 펀드를 관리하고 있다.

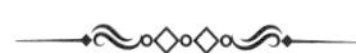

1990년대 중반 방쿠 가란치아는 브라질 투자 은행 가운데 가장 크게 발전한 모범 사례였다. 최고의 경제학자, 트레이더, 중역들을 보유하고 있었다. 언제나 시장 평균을 훨씬 웃도는 인상적인 성과를 거두었다. 브라질은 물론이고 해외까지 영향력을 발휘했다. 영국의 전 총리 마가렛 대처가 1994년 지역 사업가들을 만나기 위해 브라질을 방문할 만큼 명성이 자자했다. 당시 일간지 『폴라 지 상파울루』의 한 기사는 그 은행을 두고 "결정은 신속하고 적들에게는 무자비하며 죽을 때까지 싸운다. 진정한 '연쇄 살인자'다."라고 묘사했다.

'연쇄 살인자들'은 대개 친구가 많지 않지만 가란치아 파트너들은 전혀 개의치 않았다. 사실 그 은행에서 탄생시킨 신흥 백만장자들의 가장 큰 관심사는 더 부자가 되는 일이었다. 당시 경쟁 은행의 중역이었던 한 사람은 "그들 가란치아는 거대했고 극단까지 밀어붙였으며 그래서 경쟁자들로부터 전혀 호감을 사지 못했다."라고 지적했다.

파트너 프라두와 힘이 은행의 차세대를 대표하는 비공식적인 리더가 되기 시작한 것은 대부분 프레이타스 발리 같은 베테랑들이 떠난 이후였다. 프라두와 힘은 은행에서는 동지였고 밖에서는 친구였다. 두 사람은 가란치아의 모험에 대한 욕구를 전례가 없는 수준까지 끌어올렸다. 프라두는 기업의 금융 분야를 책임진 반면 힘은 트레이딩 데스크 운영의 귀재였다(힘은 24세에 파트너가 된, 은행 역사상 최연소 전문가였다). 가란치아를 거쳐간 많은 사람이 1990년대 후반 프라두와 힘이 은행 총 수입의 약 80퍼센트를 관리했다고 밝혔다.

프라두와 힘은 가란치아의 문화 중에서도 엄격한 계층구조에 대한 거부감을 좋아했다. 두 사람은 가란치아의 감독관이었던 클라우지우 아다지에게 충분한 정보를 제공하지 않고 본인들의 뜻에 따라 행동하곤 했다. 가란치아에서 근무했던 한 직원은 다음과 같이 전했다. "클라우지우는 은행의 '부엌'(트레이딩 데스크)에서 일하지 않았고, 그래서 그 젊은 친구들을 통제하기 어려웠습니다. 하지만 돈이 쏟아져 들어오는 한 이런 상황에 굳이 신경 쓰는 핵심 파트너는 없었죠."

특히 한 사건을 보면 프라두와 힘이 상사를 난감하게 만들고도 아랑곳하지 않았음을 확인할 수 있다. 1년에 한 번씩 은행에서는 조직의 미래를 의논하는 (방쿠 지 인베스치멘투스 가란치아Banco de Investimentos Garantia의 머리글자를 딴) 빅 위켄드BIG Weekend를 개최했다. 전 직원이 호텔에서 열리는 이 행사에 참가해 낮에는 치열하게 일하고 밤에는 휴식을 취했다. 1993년 행사는 특히 성대해서 토요일 저녁에 불꽃놀이까지 벌였다. 소음이 못내 거슬렸던 아다지는 다음날 아침 직원에게 불평을 했다. 그러자 상파울루 외곽 상 호키의 빌라 호사에서 열린 이듬해 회의에서는 아다지가 잠자던 객실 창문 아래에서 불꽃놀이가 펼쳐졌다.

어떤 전 직원은 이렇게 전했다. "당황스러웠습니다. 어쨌든 클라우지우는 은행의 핵심 경영자였으니까요. 하지만 아무도 막지 않았습니다. 레만은 그걸 봤는데도 아무 말도 없었죠." 아다지의 잠을 방해하는 '전통'은 불꽃놀이가 너무 성대했던 나머지 지역 소방대까지 출동했던 1996년 빅 위켄드 이후에 막을 내렸다.

사실상 대기업은 하룻밤 만에 문을 닫지 않는다. 문화가 악화돼 마침내 나약한 본색이 드러내기까지 몇 년이 걸린다. 예기치 못한 금융위기가 아시아를 강타했던 1997년 가란치아는 이런 진실의 순간을 맞이했고, 가장 고통스러운 방식으로 세계화의 부작용을 체감했다. 당시 은행의 트레이딩 데스크는 리스크 제어, 예방, 장기적인 사고를 보여주지 못했다.

가란치아는 오랫동안 전환 사채 포트폴리오로 돈을 벌었다. 이는 금융 분야에서 '환매 조건부 채권'으로 알려진 상품을 통해 자금을 지원했던 브라질의 단기 해외 채무 증서였다. 이 메커니즘의 원리는 다음과 같았다. 매도인(이 경우 가란치아)이 증서 소유자에게 미리 정한 액수로 증서를 매각할 수 있는 권한을 제공했다. 미래의 증서 가격은 현재 가치보다 약간 낮았으므로 이 상품은 증서 소유자에게 일종의 보험이었다. 갑작스럽게 평가 절하가 일어날 경우 소유자는 은행과 합의한 가격으로 판매권을 행사해 손실을 줄일 수 있었기 때문이다.

금융 시장이 호황이라 증서의 가치가 높아지는 동안에 가란치아는 걱정할 필요가 없었다. 이 상품으로 레버리지를 강조했다. 그러나 1997년 7월 태국에서 일어난 여러 사건으로 말미암아 동남아시아 경제가 붕괴했고 그와 더불어 증서 가격이 급락했다. 가란치아는 계약서에서 합의된 가격과 시장에서 이 증서에 지불하는 실제 금액의 차액을 투자가에게 지급해야 했다. 가란치아가 약속을 지킬 목적으로 전환 사채를 많이 팔수록 가격이 더 많이 떨어졌다. 악순환은 은행이 입장을 전면 수정했을 때에야 비로소 끝이 났다. 가란치아는 1997년 미화 1억 1,000만 달러를 잃었다고 인정했다(시장이 추정한 총 손실은 약 5억 달러에 이르렀다).

파트너들은 차액을 일부 메우고 투자가들에게 은행의 건재함을 입증하기 위해 개인 자금 미화 5,000만 달러를 투입했다. 현금은 회복할 수 있지만 신뢰를 잃는 것은 돌이킬 수 없다. 사상 처음으로 가란치아는 다른 시장 플레이어와 다름없는 조직처럼 보였다. 천하무적이 아니었던 것이다.

많은 투자가가 두려움에 사로잡혀 예금(어떤 경우에는 남아 있는 예금)을 인출했다. 그 바람에 그 해 후반 6월부터 12월까지 가란치아가 관리하던 자금 자산은 45억 헤알에서 22억 헤알로 절반가량 떨어졌다. 수익은 1,100달러로 곤두박질쳐서 전해 소득의 10분의 1 수준에 그쳤다.

은행 분위기는 더 이상 나빠질 수 없을 정도로 최악이었다. 트레이딩 데스크의 책임자이자 실패한 작전의 지휘자였던 힘은 너무 겁을 먹은 나머지 며칠 동안 종적을 감추었다. 몇 년 동안 은행의 일상 업무에서 손을 뗐던 레만, 텔레스, 시쿠피라는 불시에 충격을 받았다. 평소에는 침착함으로 유명했던 레만도 파트너들에게 고함을 질렀다. "당신들이 내 이름과 내 돈으로 노는 일은 없을 거요."

위기가 일어난 직후 세 핵심 파트너는 트레이딩 데스크로 돌아가 손실을 파악하기 위해 노력했다. 하지만 이미 때가 늦은 상태였다. 가란치아 직원이나 측근 가운데 적어도 10여 명은 수년 동안 능숙하게 트레이딩 데스크를 지휘했던 텔레스가 일선에 남았더라면 상황은 달랐을 것이라고 입을 모은다. 지금까지도 텔레스가 이 문제에 대해 언급을 피하는 것은 어쩌면 이 때문인지도 모른다. 그는 "나는 지금도 그 문제를 생각하면 마음이 편치 않다."라고 밝혔다.

그때껏 금융 시장의 모범적인 은행가였던 레만이 '마이더스의 손길'을 잃은 것처럼 보이던 시기에 한 말이었다. 감탄, 존경, 심지어 공포의 대상이었던 사나이는 이제 해명을 하고 위기에서 벗어날 방법을 모색해야 했다. 그가 도움을 청했던 한 사람은 멀티플릭을 로이드에게 매각했던 안토니우 주제 카르네이루였다(카르네이루와 레만은 라이벌이었지만 그럼에도 늘 사이가 좋았고 지금도 각자 앙그라 두스 헤이스에 별장을 소유하고 있는 이웃사촌이다).

"조르지가 내게 전화를 걸어 은행에는 아무 문제가 없으며 유동성에 차질이 생겼을 뿐이라고 말했다. 그러나 시장은 그의 생각에는 관심도 없었다. 그런 시기에 시장은 완전히 폐쇄된다. 우리는 멀티플릭을 매각해서 확보한 현금 6억 달러를 고스란히 가란치아에 투자했다. 투기가 아니라 그들이 보유한 증권에 유동성을 제공할 목적으로 CDI 은행 간 증서에 투자한 것이었다. 우리는 그들을 믿었다. 그래서 모험이지만 그들에게 투자하기로 결정했다. 그들에게는 매우 중요한 일이었다. 조르지는 지금도 이 일을 고마워한다."

돈을 잃은 투자가들은 현실을 믿기가 어려웠다. 레만은 위기가 발생하고 몇 달이 지났을 때 파리 롤랑 가로 테니스 선수권대회의 한 시합이 진행되는 동안 (불만에 찬) 과거의 고객과 마주친 일이 있었다. 그는 열렬한 테니스 팬인 방쿠 이카투의 창업자 안토니우 카를로스 지 알메이다 브라가Antonio Carlos de Almeida Braga(일명 브라기나Braguinha)의 전용 관람석에 앉아 있었다. 투기가 나지 나아스와 이야기를 나누고 있던 브라가와 레만에게 브라가의 지인 두 명이 다가왔다. 그 가운데 한 여인이 레만을 알아보고는 그에게 '도둑놈'이라고 하면서 언제 자기 돈을 돌려줄 거냐고 따지고 들었다. 레만은 대꾸하지 않았다. 우울한 표정으로 자리에서 일어나서는 경기가 끝나기도 전에 가버렸다.

하지만 훨씬 더 난감한 일들이 그를 기다리고 있었다. 가란치아에 대한 불만을 공개적으로 표현한 고객들 중에는 포뮬라 인디의 파일럿으로 활약하면서 브라마의 후원을 받고 있던 하울 보에젤Raul Boesel도 포함돼 있었다. 1997년 9월 26일 가란치아로 전화를 걸었던 보에젤은 자신이 투자했던 미화 3,000만 달러 가운데 절반(거의 전 자산)이 사라졌음을 확인했다. 그는 지푸라기라도 잡고 싶은 심정으로 브라마와의 관계를 이용해 문제를 해결해보려고 애썼다. 우선 상파울루 본사에 있던 텔레스에게 도움을 청했다. 텔레스는 자세한 상황을 파악해보겠다고 약속하며 이틀 후에 다시 연락하자고 말했다. 보에젤은 이틀 뒤 텔레스의 사무실을 재차 찾았지만 브라마 CEO 겸 파트너인 텔레스의 대답은 비관적이었다. 텔레스는 도울 수 있는 일이 없노라고 말했다.

보에젤은 몹시 분개하며 남은 투자액을 모두 인출했다. 그런 다음 그의 거주지가 마이애미였기 때문에 미국에서 가란치아를 상대로 소송을 제기했다. 보에젤과 가란치아의 불화가 언론에 새어나갔다. 그 바람에 가란치아와의 관계는 물론이고 브라마와의 관계까지 악화됐고 몇 달 뒤 브라마는 보에젤의 후원 계약을 파기했다.

보에젤은 자기 돈을 고위험 펀드에 투자했다는 언질을 주지 않았다면서 가란치아를 비난했다. 2008년 드라이빙을 그만두고 DJ로 전향한 그는 다음과 같이 말했다. "지금은 믿을 만한 은행과 안전한 투자 대상에 투자합니다. 적게 버는 대신 잠은 더 편하게 자죠." 당시 상황을 잘 아는 사람들에 따르면 몇 년 후 양측이 합의서에 서명했다. 이 합의에 따라 보에젤은 가란치아로부터 손실액의 10퍼센트에 상당하는 돈을 받았다.

천하무적이었던 은행의 입지는 크게 약화됐고 언론은 나쁜 뉴스를 마음껏 떠들어댔다. 그때껏 기자를 멀리했던 레만과 파트너들은 이런 태도를 바꾸어야 했다. 1998년 『이자미』 잡지에 실린 한 기사는 이 같은 행동의 변화를 신랄하게 파헤쳤다. "과거 근접하기 어려웠던 오만한 집단이 최근 들어 언론 자문을 구하러 뛰어다니는 모습을 보니 안타까웠다. 너무나 힘든 하루를 보내고 언론 자문이 절실하게 필요하다는 사실을 깨달은 사람들만이 그들을 찾아다닐 것이다."

은행의 이미지가 바닥까지 실추된 상황에서 레만은 와병 중이었던 1994년부터 품었던 계획을 실천에 옮기기로 했다. 바로 더 늦기 전에 조직의 지휘권을 소장파에게 이전하는 일이었다. 자신, 텔레스, 시쿠피라가 실물 세계에서 사업에 전념하는 동안 소장파들이 조직의 명성을 다시금 일으켜 세울 수 있으리라는 것이 그의 생각이었다. 여기에는 브라마와 로자스 아메리카나스에 투자한 개인 자금을 보호할 계획도 포함돼 있었다. 브라질 국내법에 따르면 은행이 붕괴할 경우 소유주들의 개인 자산으로 부채를 변제할 수 있었다. 다시 말해 가란치아가 파산한다면 세 파트너가 잃는 것은 은행만이 아니었다.

하지만 소장파 파트너들은 레만이 내놓은 제안에 전혀 흥미가 없었다. 협상을 가까이서 지켜본 한 소식통은 "조르지는 주식의 대가는 물론이고 지휘권에 대한 프리미엄까지 원했고 그래서 거래가 무산됐다."라고 전했다. 인재와 탄탄한 문화를 창조하는 데 헌신했던 레만 같은 사람이 자신이 창조한 기관을 지킬 수 없다는 사실은 아이러니였다. 레만은 2001년 한 인터뷰에서 이 사건에 대해 언급했다.

"젊은 사람들은 진심으로 '아버지', 사업 자금을 대줄 사람을 원했다. 그들은 돈, 그러니까 자신들이 이미 가지고 있는 자본을 얻고 다른 대기업을 얻거나, 혹은 자신들의 자본은 위험에 빠뜨리지 않으면서 그들이 하던 일을 함께 계속할 수 있는 자본이 많은 사람을 얻고 싶어 했다. 솔직히 이것은 내게 실망스러운 일이었다."

세 사람은 더 이상 은행에 남고 싶지 않았고 젊은 파트너들은 은행을 인수하고 싶지 않았다. 수십 년 동안 상당히 효과적이었던 파트너십의 개념은 급속도로 해체돼 이제는 전혀 의미가 없었다. 이미지에 큰 타격을 입은 은행이 어떻게 빠른 속도로 다가오는 새로운 세계 시장에서 더욱 치열해진 경쟁에 대처할 수 있겠는가? 가란치아는 이제 새로운 소유주를 찾아야 했다. 미국 재무부 채권의 비정상적인 운용을 둘러싼 스캔들이 일어난 후에 트래블러스 그룹에게 매각됐던 솔로몬 브라더스의 사정과 별반 다르지 않았다.

가란치아를 매입할 가장 확실한 후보자는 골드만삭스였다. 가란치아를 설립할 때 레만은 이 미국 은행에서 큰 영감을 얻었고, 두 기관은 매우 가까운 사이였다. 가란치아의 전 파트너이자 자산관리 회사인 지나무의 소유주 브루누 호샤Bruno Rocha가 두 은행이 합동 사업을 진행하던 1990년대 초반에 18개월 동안 골드만삭스의 뉴욕 본사에 근무한 적도 있었다. 그러나 두 기관이 스타일 면에서 서로 비슷하고 가까운 사이였음에도 거래는 성사되지 않았다.

브라질에 민영화 물결이 일 것이라는 전망에 힘입어 모건 스탠리를 비롯한 다른 해외 은행들이 매입의 가능성을 분석했다. 하지만 1998년 6월 9일 미화 6억 7,500만 달러에 가란치아를 매입한 곳은 스위스 은행 크레디트 스위스 퍼스트 보스턴이었다. 레만은 이 날을 결코 잊지 않았다. 훗날 그는 이렇게 말했다. "매우 슬펐어요. 그 은행은 열정 자체였습니다. 가장 위대한 애정과 땀으로 세워진 곳이었죠."

양측의 합의에 따라 노장 파트너들(레만, 텔레스, 시쿠피라, 아다지)은 곧바로 은행을 떠났다. 그들은 브라마, 로자스 아메리카나스, 그리고 GP 인베스치멘투스에 전념했다. 아다지는 금융 시장을 떠나 교육계에 투신해서 인스페르 경영대학원의 총장이 됐다. 이 교육기관은 가란치아 전 중역들의 기부금으로 석사와 박사 과정을 진행한다는 목표를 세웠다(인스페르의 주 강의실은 조르지 파울루 레만의 이름을 따서 명명했다). 비록 파트너들은 매각을 통해 거금을 벌었지만(레만은 미화 2억 달러를 받은 것으로 추정된다) 그때껏 몰랐던 패배감을 맛보았다.

남은 열다섯 명의 파트너들은 최대 3년까지 CSFB에 남을 예정이었으며 금전적인 면에서 불평할 거리가 전혀 없었다. 이 스위스 은행은 이들에게 미화 3억 달러를 지급하고 성취해야 할 몇 가지 목표를 제시했다. 이 스위스 은행으로 자리를 옮긴 가란치아의 전 파트너 마르셀루 메데이로스는 다음과 같이 전했다. "골드만삭스는 즉각적이고 전면적인 통합 과정을 통해 가란치아의 전통을 해체할 계획이었습니다. 하지만 크레디트 스위스는 은행을 있는 그대로 유지하는 편이 더 가치가 있다고 판단하고 3년 동안 우리에게 완전한 자율권을 주었죠."

크레디트 스위스가 브라질 사람들에게 제시한 목표들은 마감 시한보다 1년을 앞당겨 달성됐다. 혜택을 받은 네 사람인 힘, 프라두, 루이스 알베르투 호드리게스(시장에서는 '히카르지유Ricardinho'로 알려진) 주제 히카르두 지 파울라José Ricardo de Paula는 근사한 방식으로 정복을 축하하기로 결정했다. 모두들 당시 미화 33만 달러였던 페라리 360 모데나를 자신을 위한 '작은 장난감'으로 사들였다. 얼마 후 계약 조건에서 자유로워지고 주머니가 두둑해지자 가란치아의 전 파트너들은 대부분 크레디트 스위스를 떠났다. 네 명의 파트너 마르셀루 메데이로스, 마르셀루 바르바라, 앤드류 쇼어스Andrew Shores, 그리고 카를로스 카스타뉴Carlos Castanho만이 2년 더 일하기로 결정했다. 인수가 끝나고 거의 15년이 지났을 때 가란치아의 전 파트너 가운데 크레디트 스위스에 남은 사람은 없었다. 하지만 이 스위스 은행의 브라질 영업부 전문가들은 레만의 손으로 창조된 조직에서 경력을 쌓기 시작했다. 이들 중에는 가란치아에서 커미션을 받는 직원이었다가 현재 크레디트 스위스의 CEO가 된 주제 올림피우 페레이라José Olympio Pereira, 현재 남아메리카 지사의 고정 및 변동 수입 분야를 관할하는 전 분석가 마르셀루 카야스Marcelo Kayath 등이 있다.

가란치아가 매각될 당시 수많은 신문과 잡지는 은행이 몰락한 이유가 브라질이 폐쇄 경제에서 더욱 경쟁적인 세계화의 세계로 옮겨가는 과도기에 있었기 때문이다. 당시 브라질 기업은 세계 거대 기업과의 자리싸움에서 이길 만한 수단이 없었다고 보도했다. 그러나 가란치아가 몰락한 진정한 원인은 세계화나 치열해진 경쟁이 아니었다. 가란치아는 성공에 눈이 멀었고 핵심 파트너들이 침몰하는 배를 멀리한 탓이었다. 더 젊고 새로운 파트너들은 대부분 가란치아를 존속시키고 그 기관을 당대 최대의 투자 은행으로 우뚝 서게 한 문화, 즉 단순함과 초점, 회사에 대한 전적인 헌신, 무엇보다 파트너십을 중요하게 여기는 태도 등 은행의 기둥을 떠받치기보다는 개인의 부를 불리는 데 혈안이 돼 있었다. 세월이 흐르면서 등장과 성장을 인도했던 원칙들이 무너졌던 것이다.

가란치아를 죽인 것은 결국 가란치아 자신이었다.

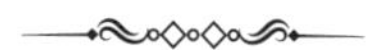

가란치아가 몰락한 직후에 레만은 개인적으로 다시 한 번 극적인 상황을 맞았다. 1999년 3월 9일 레만의 어린 세 자녀(당시 각각 7세, 6세, 3세였던 마르크, 라라, 그리고 킴)가 그들이 살던 자르징 유로파를 지나 모룸비 지역에 있는 아메리칸 초등학교로 향하고 있을 때 검은색 템프라가 아이들을 태우고 있던 은색 강화 자동차 파사트에 접근했다. 템프라에서 내린 두 남자가 운전기사 주제 아우렐리아누 두스 산토스에게 자동차에서 내리라고 소리를 질렀다. 산토스가 이를 거부하자 무법자들은 총을 난사하기 시작했다. 당시 신문 보도에 따르면 0.40 구경과 9밀리 총알이 열다섯 발 발사됐다. 운전기사는 후진하려고 애썼지만 뒤따라온 다른 자동차에게 가로막혔다. 방어 운전 강좌를 이수했던 이 운전기사는 아이들이 뒷좌석에서 울고 있는 와중에 용케 빠져나올 수 있었다. 레만의 아이들은 다치지 않았으나 운전기사는 자동차 창문을 뚫고 들어온 총알 두 발을 맞고 부상을 입었다.

레만은 아이들이 무사하다는 사실을 확인하고 나서 운전기사를 대동하고 상파울루 경찰 제15 관할 구역으로 향했다. 극적인 사건이 벌어졌음에도 아이들은 등교했고 레만은 계속 근무했다. 당시 GP 인베스치멘투스로 자리를 옮기기 위해 최종 세부사항을 점검하던 중역 루이스 카우프만Luiz Kaufmann은 이렇게 전했다. "준비를 마치고 회의실에 도착했을 때 비서가 레만이 조금 늦을 거라고 말하더군요. 한 시간 뒤에 도착한 그는 사건에 대해서는 한 마디 언급도 없이 평소처럼 회의를 진행했습니다."

비록 겉보기에는 침착했지만 레만은 유괴 시도가 있었던 다음날 아내와 세 아이를 데리고 미국행 비행기에 올랐다. 이후 그들은 브라질에서 살지 않았다(첫 번째 결혼에서 얻은 성장한 다른 세 자녀는 브라질에 머물렀다. 아나 빅토리아, 파울루는 리우에, 조르지 펠리피는 상파울루에 살고 있다). 상파울루에는 지금도 레만과 수자나 소유의 집이 있지만 그들의 공식 거주지는 스위스 취리히 외곽에 위치한 라페르스빌-요나이다. 그들은 그곳에서 (억만장자의 기준으로는) 좀 더 소박하고 안전 문제에서 좀 더 자유로운 삶을 살고 있다.

브라질의 전 대통령 페르난두 엔리끼 카르도주는 다음과 같이 전했다. "그의 아이들은 자전거로 통학하지요. 레만은 취리히에 볼 일이 생길 때면 기차를 탑니다."

Dream Big

12

사모펀드 가란치아 파트너스로 다시 흥망성쇠를 겪다

: 승승장구하면서 오만해지고 천하무적처럼 행동하면 망한다

1998년 가란치아가 매각되면서 레만의 업무 일과는 어쩔 수 없이 달라졌다. 자기 손으로 설립해 27년 동안 일했던 은행을 떠나 이제 파트너들과 함께 투자한 회사에서 어떤 역할을 맡아야 하는지 재정의해야 했다. 브라마나 로자스 아메리카나스 같은 회사의 일상적인 운영에 참여하는 것은 의미가 없었다. 세 명의 전직 은행가가 1993년에 설립한 사모 펀드 회사 GP* 인베스치멘투스에서 입지를 세우는 편이 좋았다. 아이러니하게도 이 회사는 바로 얼마 전 매각한 은행에서 그리 멀지 않았다. 가란치아와 GP의 본사는 모두 상파울루 아베니다 브리가데이루 파리아 리마 3064번지에 있었다. 은행은 13층을 썼고 사모 펀드 회사는 한 층 아래였다. 레

* 'GP'란 이름은 가란치아 파트너스에서 딴 것이었다.

만이 출근하기는 했지만 GP의 일상 업무는 5년 전부터 회사를 일구고 운영한 시쿠피라가 지휘했다.

GP가 설립됐을 때 브라질에는 사모 펀드 분야가 존재하지 않았다. 시쿠피라는 투자가들에게 사모 펀드의 업무들(난항을 겪는 기업을 매입하는 일, 그들의 수입을 향상시키는 일, 몇 년 후 수익을 남겨 다른 투자가들에게 매각하는 일, 혹은 주식시장에 상장시키는 일)을 일일이 설명했다. 브라질 최초의 펀드를 설립하기 위해 국내외에서 자금을 모았다. 한 해에 40여 차례나 미국으로 출장을 다녔으며 그때마다 상용 비행기를 이용했다. 그의 세상에 개인 전용 제트기란 존재하지 않았다. 이렇게 바쁘게 돌아다닌 덕분에 결국 미화 5,000만 달러의 자금을 확보했다. 이 가운데 미화 1,000만 달러는 가란치아의 파트너들, 그중에서도 세 은행가의 주머니에서 나온 돈이었다.

시쿠리파는 자신과 파트너들이 브라마와 로자스 아메리카나스 같은 기업을 운영하며 쌓은 경험을 활용해 투자가들을 유치했다. 해외 사모 펀드는 대부분 인수한 기업의 재무적인 측면에만 관여하지만, GP는 경영에 직접 참여한다는 방침을 세웠다. GP의 투자 회사에서는 능력주의, 끊임없는 비용 통제, 그리고 오픈-플랜 경영을 그대로 복제했다. 처음에 시쿠피라의 팀은 6명으로 구성됐다. 이 팀에는 호베르투 톰슨처럼 가란치아에서 경력을 쌓은 사람과 안토니우 본크리스티아누Antonio Bonchristiano 같은 신인들이 속해 있었다. 옥스퍼드 대학교에서 철학, 정치학, 경제학 학사 학위를 취득한 25세의 본크리스티아누는 솔로몬 브라더스 투자 은행의 뉴욕과 런던 지사에서 근무한 경력이 있었다. 학식이 풍부하고 신중한 스타일인 그는 1990년 가란치아로부터 입사 제의를 받았으나 유럽에 남는 쪽을 택했다. 비록 입사 제안은 거절했지만 당시 면접관이었던 가란치아의 파트너 페르난두 프라두와는 계속 연락을 취하고 있었다. 그러다 1992년 중반 귀국을 고려하던 중에 프라두에게 전화를 걸었다. 본크리스티아누는 그들과 함께 일하고 싶으나 투자은행보다는 다른 분야에 관심이 있다고 밝혔다. 프라두는 이렇게 대답했다. "베투와 이야기해보시죠. 그가 지금 사모 펀드를 만들고 있는 중이랍니다." 바로 본크리스티아누가 찾던 일이었다.

그는 같은 해 런던에서 프레드 패커드의 집에서 열린 만찬에서 시쿠피라와 톰슨을 만났으며 1993년 1월 2일부터 GP의 분석가로 일했다.

GP가 투자했던 회사들의 통수권을 차지해 파트너 가운데 한 명에게 경영을 맡겼을 때 시쿠피라가 세운 전략이 최고의 성과를 거두었다. GP가 아메리카 라티나 로지스티카ALL, America Latina Logistica의 전신인 헤지 페호비아리아 연방 철도의 남부 영업 허가를 획득했던 1997년에 시행된 전략이었다. 철도 회사는 적자 상태였다. 시쿠피라는 새로운 경영진을 통해 문화를 쇄신하는 일을 우선순위로 삼았다. 당시 30세였던 리우 출신의 엔지니어 알렉산드리 베링을 이 임무의 책임자로 선택했다. 경쟁심이 많은 베링은 수중 낚시와 수구가 취미였고 하버드에서 수학했다. 1994년 GP에 입사한 이후 사업 수완을 발휘했다. 능력주의와 파트너십이라는 시쿠피라와 텔레스의 원칙에 매료된 베링은 골드만삭스에서 일할 기회를 포기하고 GP를 선택했다.

"나는 MBA 과정 2년 차를 앞두고 여름 동안 골드만삭스에서 근무했다. 인턴십이 끝날 무렵 한 국장이 내게 그 회사에서 어떤 식으로 경력을 쌓을 수 있는지 설명했다. 해마다 어떤 일이 일어날 수 있고, 언제쯤 승진할 수 있고 내 급여가 어떤 식으로 인상될 것인지 자세히 알려주었다. 그의 말을 듣고 나는 무척 설레었다. 그때 내가 27세였는데 그 과정을 모두 거치려면 시간이 오래 걸리겠다는 생각이 들었다. 너무 초조한 마음에 창문이 열려 있었다면 아마 밖으로 뛰어내렸을 것이다. 진로 계획이라고? 그런 건 잊어버려. 나는 그런 것에는 관심이 없었다. 내게는 지나치게 조직적이라는 이유 때문에 골드만삭스에서 일하지 못한다면 다른 대기업에서도 일할 수 없을 것이라고 생각했다. 골드만삭스는 당시 세계 최고의 직장이었다. 그러던 중에 텔레스와 시쿠피라를 소개받았다.

그들은 하버드에 강좌를 개설해서 브라질 출신의 MBA 학생들을 만날 기회로 삼고 있었다. 두 사람과 이야기를 나누었다. 그들은 약소한 급여를 제시하며 GP에서 일해보라고 청했다. 베투가 나를 데려 가려가기 위해 거금을 제시할 것이라는 믿음은 큰 착각이었던 것이다. 두 사람은 정말 훌륭한 사람들이었다. 나는 그들에게 배울 점이 많다고 생각하고 제안을 받아들였다. MBA 과정을 시작하기 전에 소규모 IT 기업을 소유한 적이 있었는데 다시 무언가의 소유주가 되고 싶었다. 결국 과정을 마치기도 전에 GP에서 일하게 됐다."

그러나 베링은 철도 분야에 대해서는 문외한이었으며 GP 소유주들에게도 그 사실을 솔직히 밝혔다. 시쿠피라는 다음과 같이 반응했다. "여기에 철도에 대해 아는 사람은 아무도 없습니다. 당신이나 다른 사람이나 다를 바 없습니다. 더군다나 그 회사를 매입하자는 건 당신 아이디어였잖소. 그러니 가서 책임지고 해결하십시오."

베링은 회사에 가서 무엇을 해야 하느냐고 물었다. 시쿠피라는 텔레스가 브라마의 책임자가 됐을 때 했던 조언을 그대로 반복했다. "첫 해에는 당신과 팀원들이 사업과 관련된 일에도 손대지 말아야 합니다. 회사의 운영 방식을 배우면서 사리에 맞는 일만 하십시오. 사업 운영 방식에 관한 일에 손을 대기 시작하면 일을 망칠 가능성이 큽니다."

베링은 규칙과 조언을 그대로 따랐다. 철도 사업의 세부 요소를 몸소 배우는 동안 한 달에 한 번씩 아메리카 라티나 로지스티카ALL의 열차에 탑승해서 회사의 운영 방식을 관찰했다(가란치아 문화 관리 핸드북의 주된 원칙들을 실천했다). 로자스 아메리카나스와 브라마를 처음 맡았을 때 시쿠피라와 텔레스는 이사들은 물론이고 2단계, 심지어 3단계에 있는 직원들을 파악하기 위해 노력했다. 베링은 그들의 전술을 본받았다.

"거의 100명에 가까운 직원들에게 각자 회사의 장점과 개선할 점, 기회로 바꿀 수 있다고 생각하는 점을 한 페이지에 적어달라고 부탁했습니다. 그런 다음 불과 20분이었지만 그들과 개별 대화를 나누었죠. 그렇게 단순한 정보 교환을 통해 앞으로 직면할 상황을 파악할 수 있어서 무척 인상적이었습니다." 그는 개별 대화를 통해서 사업가의 포부를 안고 회사를 움직일 준비가 된 직원들을 발견했다. 그렇지 않은 직원들은 대체됐다.

단시간에 회사의 주된 목표를 전달할 수 있었다. 아메리카 라티나 로지스티카ALL의 전 직원은 국영 기업에서 흔히 볼 수 없는 '목표'와 '통제' 같은 단어들을 재빨리 수용했다. 베링은 매달 직원들에게 쓰는 편지에서 긴박함과 비용을 통제해야 할 필요성을 강조했다. 고위 직원 300명의 성과를 알리는 공고가 사무실 벽에 나붙었다. 전문가에 대한 공개 평가에서 베링도 예외는 아니었다. 중역실은 개방됐고 중역들은 한 방에서 일했다. 베링은 본보기로써 길을 이끌었으며 시쿠피라와 파트너들이 수립한 오래된 공식이 다시금 효과를 거두었다. 4년 만에 현금 창출이 18배 증가하면서 회사는 수익을 거두기 시작했다. 베링이 아메리카 라티나 로지스티카ALL를 맡은 지 2년 만에 회사가 주창했던 능력주의 원칙에 따라 목표를 달성한 직원들에게 500만 헤알의 보너스가 지급됐다. 2004년 12월 회사를 떠나기 전, 베링은 자신의 마지막이자 어쩌면 가장 중요한 임무인 후계자를 선택해 키우는 일을 마무리했다. 1998년에 입사한 리우 출신의 경제학자 베르나르두 이스Bernardo Hees가 선택됐다.

베링은 다음과 같이 밝혔다. "텔레스는 우리가 하는 일을 설명할 때 '한 가지 재능을 가진 조랑말'이라는 표현을 즐겨 사용하죠. 우리에게는 오직 '한 가지 재능'이 있다. 이를 훌륭한 인재와 경영 시스템에 투입해 회사의 성과를 개선하는 겁니다." 한 가지 재능을 가진 조랑말 스타일에는 한계가 있다. 베링 같은 정상급 전문가를 장기 프로젝트에 투입할 수 있을 때만 효과적이기 때문이다. 레만은 GP로 옮기자마자 곧바로 이 한계를 발견했다. 훗날 GP 인베스치멘투스의 공동 대표가 되는 애널리스트 본크리스티아누는 이렇게 회상했다. "그(레만)는 우리의 가장 소중한 자산은 시간인데 동시에 여러 가지 일에 손을 대는 건 잘못된 시간 관리 방식이라고 말했죠."

다시 말해 레만은 초점이 사라지고 있다고 느꼈다. 그가 무엇보다 철저하게 따르는 원칙은 초점이었다. 세계 10대 테니스 선수가 될 수 없다는 사실을 깨닫는 순간 프로 테니스를 포기했을 때도 마찬가지였다. 세 사람의 한 측근은 다음과 같이 지적했다. "사모 펀드 사업주기는 레만의 사고방식과는 맞지 않았습니다. 만일 당신이 펀드에 돈을 투자한다면 한두 건의 투자에만 집중하겠다는 투자가를 찾지는 않겠죠. 설령 당신이 원한다고 해도 20년 동안 한 회사에 남을 수 없어요. 이 분야의 원리가 그렇습니다. 사모 펀드 분야는 방대하지만 조르지 파울루와 파트너들의 가치관과는 어울리지 않죠."

1990년대 GP의 초창기부터 이런 사실이 확연하게 드러났다. GP는 규모, 원천, 분야, 후계자 구도와 상관없이 e-비즈니스 신생기업부터 텔레커뮤니케이션 운영 기업에 이르기까지 다양한 회사를 신속하게 매입했다. 일례로 인터넷 광란이 최고조에 올랐던 1999년 등장한 수부마리누Submarino 사이트가 있었다. 본크리스티아누는 온라인 서점 북넷Booknet의 창업자인 기업가 잭 런던Jack London과 사이트의 매입 계약을 맺었다. 당시 북넷은 직원이 고작 10여 명에 불과한 신생 기업에 지나지 않았다. 34일 후 본크리스티아누는 미화 500만 달러에 그 회사를 매입했다.

GP는 비슷한 시기에 비슷한 속도로 다른 3건의 인터넷 사업 투자(온라인 경매 사이트 로카우, 자동차 포털 웹모터스, 스케줄 리마인더 사이트 엘레판치)를 진행했다. 그러나 사실상 그 투자 펀드가 큰 희망을 걸었던 회사는 아마존에서 영감을 얻은 소매 업체 북넷이었다. 본크리스티아누는 파트너로 몸담았던 GP의 일상 업무를 그만두고 수부마리누라고 개명한 이 신생기업의 CEO로 부임해 2년 동안 근무했다. 유통 센터를 세우고 다른 남아메리카 국가에 진출해서 서브마리누를 브라질에서 가장 효율적인 인터넷 판매 회사로 탈바꿈시켰다.

2008년 11월 수부마리누와 (1999년 독자적인 전자제품 소매 업체로 설립돼 로자스 아메리카나스가 운영하던) 아메리카나스 닷컴은 두 회사가 합병해 브라질 최대 온라인 소매 업체 B2W를 출범할 예정이라고 발표했다. 거래가 완료됐을 때 GP는 수부마리누에서 완전히 손을 뗐다.

투자수익률 면에서 수부마리누는 성공 사례였다. 과거 북넷에 투자했던 자금이 3배로 증가했다. 그러나 유명한 온라인 소매 업체를 탄탄한 기업으로 변화시키기 위해 GP가 기울인 노력에 비하면 아쉬운 결과였다. 서브마리우에서 얻은 경험으로 GP는 첫 번째 교훈을 얻었다. 신생기업에는 더 이상 투자하지 말 것.

1998년 브라질의 텔레커뮤니케이션 민영화 경매에 참여하려던 노력 또한 기대에 미치지 못한 것으로 보였다. GP는 텔레노르치 레스치(Telenorte Leste, 훗날 텔레마르Telemar와 오이Oi로 바뀐다)를 34억 헤알로 매입한 컨소시엄의 일원이었다. 이 거래는 처음부터 논란거리였다. GP의 파트너들(안드라지 구티에레스Andrade Gutierrez와 이네파르Inepar, 제레이사티Jereissati 가문의 라 폰테La Fonte 그룹, 사업가 안토니우 지아스 레이치Antonio Dias Leite 소유인 마칼Macal, 그리고 프레비Previ 연금 펀드의 설립자들) 가운데 텔레커뮤니케이션 분야에 경험이 있는 사람은 아무도 없었다.

시장에서는 벌써부터 컨소시엄이 그 회사를 성공시키지 못할 것이라고 우려하고 있었다. 이해관계와 문화가 너무나 달라서 텔레마르 파트너들 사이의 분위기는 아무리 에둘러 말해도 적대적이었다. 이사회는 툭하면 전쟁터로 변했다. 이사회 임원은 20명이 넘었다. 그 가운데 두 사람은 시쿠피라와 당시 사모 펀드 분야로의 진출을 앞두고 로자스 아메리카나스 CEO에서 물러난 람브라뉴였다.

2000년 8월 람브라뉴는 텔레마르 이사회의 의장이 됐다. 이로써 GP는 목표와 성과 지향적인 능력주의를 토대로 회사를 경영할 수 있는 기회를 얻었다. 그러나 GP의 지분이 10퍼센트에 이르지 못할 경우에는 다른 주주들의 반대를 극복할 수 없음을 깨달았다. 텔레마르의 혼란스러운 관리 체계는 GP와는 사뭇 달랐다.

GP는 민영화가 되고 10년이 지난 2008년 텔레마르의 지분을 매각했다. 이 거래는 그다지 성공적이지 않았다. 만일 GP가 초기 자금 3,500만 달러를 고정 수입 펀드에 투자했더라면 더 높은 수익을 거두었을 것이다. GP는 두 번째 교훈을 얻었다. 자사 문화를 자유롭게 적용할 수 없는 기업에는 더 이상 관여하지 말 것.

이 초창기에 아르텍스만큼 골머리를 썩였던 사례는 없었다. GP는 침대보, 식탁보, 목욕 용품을 제조하는 아르텍스를 1993년에 인수했다. 산타카타리나 외곽 블루메나우에 본사를 둔 이 가족 경영 회사는 4년 동안 내리 적자를 기록했다. GP는 상황을 정리하기 위해 브라스모토르의 전 중역 이벤스 프레이타그Ivens Freitag를 영입했다.

거래가 체결되고 3년이 지나도 아르텍스의 성과가 여전히 지지부진하자 GP는 이 분야의 최대 기업인 코테미나스와 제휴하기로 결정했다. 거래를 성사시키기 위해 토알리아라는 지주회사를 창립하고 아르텍스 경영권을 코테미나스에게 넘길 계획이었다. 2001

년 말까지 코네미나스의 주식과 지주 회사 지분의 50퍼센트를 스왑하기로 돼 있었다.

GP가 보유한 토알리아의 지분을 코테미나스에게 매각하기 직전에 두 회사의 관계가 틀어졌다. 오해의 요인은 확실히 돈이었다. GP는 이 거래에서 코테미나스 주식 8,000만 헤알을 받을 것이라고 예상했으나 한 푼도 건지지 못할 것임을 발견했기 때문이다.

GP는 코테미나스가 토알리아를 의도적으로 부실하게 관리해서 회사 가치를 산정하는 과정에 이용하는 수치들을 낮추었다고 주장했다. 코테미나스 CEO 조주에 크리스티아누 고메스 다 시우바Josué Christiano Gomes da Silva는 주주 합의서에 담긴 계산 공식은 GP가 직접 만든 것이니 상황을 그렇게 몰고 간 당사자는 결국 GP라고 응수했다. 사건은 법정싸움으로 번졌고 진퇴양난에 빠진 GP는 2001년 역사상 처음으로 파트너와의 분쟁을 공개하기로 결정했다.

이듬해 GP가 전쟁을 포기하고 손실을 떠안으면서 문제가 해소됐다. 투자를 포기한다는 결정을 내린 것은 코테미나스의 소유주 주제 알렌카르 고메스 다 시우바José Alencar Gomes da Silva(조주에의 아버지)가 브라질의 부통령으로 선출됐다는 사실과 무관하지 않았다.

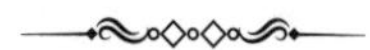

1999년 브라마를 매입했을 때 레만, 텔레스, 시쿠피라는 자신들이 투자한 다른 기업들을 재평가해야 한다고 판단했다. 이 양조 회사에 확장을 위한 최고의 기회가 있다는 사실이 갈수록 뚜렷해졌다. 가능성이 적은 사업에 시간과 에너지를 투자하는 것은 전적으로 시간 낭비였다. 이와 동시에 GP 인베스치멘투스의 신세대 파트너들이 지분을 늘리면서 세력을 넓히기 시작했다. 완벽한 조합처럼 보였다.

레만과 파트너들은 정상에 있는 사람들이 아랫사람들의 부상을 막아야 한다고 생각했으나 그것은 능력주의 원칙에 완전히 위배되는 일이었다. 그들도 규칙에서 예외가 될 수는 없었다. 람브라뉴에 따르면 "그들은 필요할 때 상황을 포기하는 보기 드문 능력을 가지고 있었다."

2001년부터 1세대에서 2세대로 지휘권이 이전됐다. 이런 변화로 가장 큰 영향을 받은 노장파 파트너는 회사 설립 후에 운영에 직접 관여했던 시쿠피라와 톰슨이었다. GP의 전 파트너 카를로스 메데이로스는 다음과 같이 말했다. "조르지 파울루와 마르셀이 참석한 월요일 회의가 있었다. 이 회의에서 우리는 모든 회사에 대해 의논을 했습니다. 나머지 회의는 모두 베투의 몫이었죠." 메데이로스는 2012년 1월 GP 경영진을 떠나서 BR 몰스의 CEO로 부임했다. BR 몰스는 2006년부터 2010년까지 GP의 지휘 아래 브라질 최대 쇼핑몰로 변모한 회사였다.

계속해서 GP를 지휘하던 설립자들은 본크리스티아누와 람브라뉴에게 회사 일상 업무를 공공으로 관리할 책임을 맡기기로 결정했다. 권력을 나누는 일은 대개 간단하지 않다. 본크리스티아누와 람브라뉴는 기질이 사뭇 달랐다. 그래서 GP 설립자들의 공식이 과연 효과적일지 의심하는 이들이 있었다.

본크리스티아누는 외교적인 스타일과 국제 금융 사회에 지인이 많은 인재로 알려졌다. 몇 년 전에는 세계경제포럼에서 선정하는 '미래 100대 리더'로 뽑혔다. 그는 침착한 성격이어서 토의를 하는 중에 언성을 높이거나 흥분하는 법이 거의 없었다. 마라톤 주자이며 이탈리아 남부 카프리에 지은 별장에서 아내와 아들과 함께 머물곤 한다.

반면 리우 출신인 람브라뉴는 대화를 나눌 때면 대개 상대방을 위협적으로 대한다. 거친 입담의 소유자이며 그의 중후한 목소리는 멀리에서도 잘 들린다. 본인이 투자한 회사의 업무를 정확하게 파악하고 좋은 기회를 놓치는 일이 없도록 열심히 노력한다. 대학 시절에 사귄 여자 친구와 결혼해서 두 자녀를 두었고 그림에 취미가 있어 현대 브라질 화가 작품을 수집했다.

람브라뉴와 본크리스티아누 두 사람은 기질은 서로 달랐지만 시쿠피라나 파트너들과 똑같은 경영 원칙을 따랐다. 그들이 훌륭한 성과를 거둔 것은 이 근본적인 유사성 덕분이었다. GP의 지휘를 맡은 다음 2년이 지났을 때 두 사람은 창업자들에게 주식 구성을 재평가하라고 요구했다.

본크리스티아누는 "우리 두 사람과 회사에 전적으로 헌신하는 다른 직원들이 회사의 절반을 매입하고 4년 내에 대가를 지불하는 방안을 제시했다."라고 전했다. 레만, 텔레스, 시쿠피라와 톰슨은 두 사람의 제안에 동의했다. 그들은 회사의 주식 가치를 토대로 지불해야 할 액수를 계산했다. 1년 내에 부채를 변제했고 최연소 파트너들이 설립자들의 나머지 주식을 매입했다. 톰슨은 한동안 이사회에 남았으나 결국 경영진과의 공식적인 관계를 완전히 끊었다.

GP는 본크리스티아누와 람브라뉴의 지휘 아래에 최대의 성공을 거두었고 남아메리카 최대 사모 펀드 기업으로 탄탄히 자리를 잡았다. 마라냥주의 에너지 기업 세마르처럼 그들이 투자했던 기업은 초기 투자 자본의 35배라는 놀라운 성과를 거두었다. 가란치아가 1980~1990년대에 가장 선망을 받던 투자 은행이었듯이 GP는 2000년부터 10년 동안 브라질에서 가장 칭송받는 제삼자 자원 관리자였다. 지금껏 미화 50억 달러가 넘는 자금을 투자해 51개 기업을 인수하고 레만, 텔레스, 시쿠피라가 가란치아 시절에 수립했던 사업 원칙을 확대했다.

텔레스는 2008년 상파울루에서 했던 한 연설에서 "이 신세대는 적극적인 태도와 문화 면에서 창업자들보다 더욱 먼 곳까지 세력을 넓히고 있다."라고 표현했다. GP가 사실상 브라질 사모 펀드 분야에서 독주하며 성장에 박차를 가하던 시기는 이제 과거사가 됐다. 첫째, 경쟁이 치열해짐에 따라 칼라일, 어드벤트, 제너럴 애틀랜틱 같은 국제 펀드와 빈치, 가베아, BTG 팍추알, 안드레 에스테비스 같은 국내 펀드가 브라질에서 세력을 넓혔다. 그런 한편 GP는 연달아 투자에 실패했다. 펀드에 투자한 돈을 활용할 목적으로 동시에 여러 거래를 체결했으나 인수 기업을 맡을 만한 파트너를 쉽게 찾지 못한 경우도 있었다. 이처럼 몇 차례 참담한 실패를 겪으면서 회사의 평판에 조금씩 금이 가기 시작했다.

2008년 인수한 치아 임플란트 회사 임브라에서 바로 이런 일이 일어났다. GP가 미화 1억 4,000만 달러를 투입했음에도 사업을 회생시키기에 역부족이었다. GP는 결국 매입한 지 2년 만에 임브라를 포기하고 아르베이트라는 이름도 낯선 그룹에 1달러라는 상징적인 가격으로 매각했다. 아르베이트는 곧바로 매입한 회사의 파산 보호 신청을 제출했다. 이 일로 GP는 이미지에 상당히 큰 타격을 입었다. 이 분야의 한 경영자는 다음과 같이 지적했다. "GP가 2004년부터 승승장구하면서 직원들이 오만해졌죠. 마치 경쟁자가 없는 천하무적인 것처럼 행동했습니다. 하지만 결국에는 그들 역시 실수를 저지를 수 있음을 최악의 방식으로 배웠죠."

그 실패가 경영진에게 경종을 울렸다. 본크리스티아누는 다음과 같이 시인했다. "그건 바람직한 경고였죠. 우리는 새롭게 출발했고 실수를 피하기 위해 엄격함과 규율, 신중함과 초점, 그리고 침착함을 강화했습니다." 하지만 소동은 거기에서 끝나지 않았다. 2013년 2월 GP가 운영하던 유제품 회사 LBR이 브라질 법에 따라 법적 개편 신청을 제출했다. 2001년 레이치봉과 봉 고스투의 합병, 그리고 브라질 개발 은행 BNDES의 대대적인 재정 지원을 바탕으로 설립된 회사였다. 설립 초기에 LBR은 유제품 분야에서 '전국 챔피언'으로 등극하겠다는 목표를 세웠으나 결국 실패로 끝나고 말았다.

Dream Big
13

브라마 대 안타르치카의 싸움은 경영 방식 전쟁이다

: 신속하게 결정을 내리고 능력주의와 형식 탈피를 중시한다

브라질 자본주의 역사상 1990년대 브라마와 안타르치카의 싸움보다 더 치열했던 것은 없었다. 국내 맥주 시장의 두 거물은 리더 자리를 놓고 공공연히 격렬하게 싸웠다. 이는 단순히 두 제품의 전쟁이 아니었다. 그것은 경영 방식의 전쟁이었다. 가란치아 팀이 이끌던 브라마는 형식에 얽매이지 않는 직장, 능력주의, 그리고 더 나은 성과를 향한 끊임없는 추구를 강조하는 원칙을 따랐다. 제헤네르 재단이 지휘하는 안타르치카는 반대였다. 이 회사의 경영진은 정장을 차려 입고 합의에 따라 결정을 내리는 노장파로 구성돼 있었다. 1990년대 두 회사의 시장점유율은 약 30퍼센트였다. 각 회사가 상대방의 성장에 주된 걸림돌이었다.

텔레스는 훗날 이 시기를 언급하며 "두 회사는 밤낮으로 경쟁하며 상대방이 시장을 넓히지 못하도록 서로의 기를 꺾었다."라고 말

했다. 브라마가 안타르치카에게 시장을 빼앗기는 일은 상상조차 할 수 없었다. 브라마 사무실에선 "펭귄이 있어야 할 곳은 냉장고 안"이라는 말이 떠돌았다. 이는 안타르치카 상표에 담긴 펭귄의 모습을 비꼬아서 하는 말이었다. 경쟁자를 제거할 목적으로 중화기가 동원됐다. 1990년 조용히 전투가 시작됐다. 브라마는 생산과 유통 과정의 효율성과 속도를 높이기 위해 광고 회사 피셔와 주스투스의 회장 에두아르두 피셔Eduardo Fischer를 고용했다.

당시 30대 초반이던 피셔는 이른바 '맥주 전쟁'을 시작했다. 그는 조사를 실시해 브라질리아 사람들이 바에서 맥주를 주문하는 방식을 파악했다. 고객의 반응을 녹화한 다음 피셔가 녹화 자료를 연구했다. 그 결과 인터뷰 대상자 가운데 다수의 사람들이 검지를 들어 올려서 웨이터에게 '시원한 맥주 한 병 더' 달라는 뜻을 전달한다는 사실을 발견했다. 단순하고 직접적인 몸짓이었다. 이런 조사 결과에서 피셔는 자사의 새로운 고객을 위한 슬로건을 떠올렸다. 브라마는 이제 '넘버 원'이 됐다.

이 슬로건을 활용해 다양한 이니셔티브를 실행했다. 1991년에는 리우 카니발에서 브라마 VIP 라운지를 만들었다. 리우 카니발은 삼바드롬에서 호화롭고 안락하게 카니발의 학교들이 펼치는 퍼레이드를 관람할 수 있는 매혹적인 사람들, 예술가들, 정치인들, 그리고 사업가들이 사랑하는 축제였다. 비장의 카드는 모든 게스트들이 브라마 로고가 찍힌 티셔츠를 입어야 한다는 규정이었다. 이 규정 덕분에 신문과 잡지에 사진이 실리거나 텔레비전 방송과 인터뷰를 했던 모든 유명 인사가 결국 (본의 아니게 그리고 무료로) 브라마를 광고하게 되는 일이 벌어졌다. 브라마 라운지는 카니발의 명소가 됐다. 라운지 초대장은 사람들에게 최고의 인기상품이었다. 입장할 자격에 미달인 사람들은 아무리 회사 소유주들과 절친한 관계라 해도 자동적으로 제외됐다. 일례로 레만의 조카이자 테니스 파트너였던 로버트 쿠퍼Robert Cooper는 숙부에게 라운지에 들어갈 수 있겠냐고 물었다. 숙부의 답변은 유쾌했지만 정곡을 찔렀다.

"이것은 비즈니스란다. 초대장은 돈 버는 데 도움이 되는 사람, 유명인, 아름다운 여인을 위한 것이지. 자네는 어떤 부류에 속하나?" 결국 쿠퍼는 텔레비전으로 삼바 퍼레이드를 시청해야 했다.

피셔의 캠페인은 1994년 월드컵 기간 동안 절정에 다다랐다. 브라마는 브라질 팀의 후원사가 아니었다. 그들은 월드컵을 중계하는 글로부와 반데이란치스 방송사가 카이저와 안타르치카와 각각 계약을 맺었기 때문에 후원자 자격을 매입하지 않았다. 그렇지만 경기 전에 열리는 친선 경기에서 기습 마케팅 캠페인을 실시해 팬들의 관심을 독차지한 브랜드는 브라마였다. '넘버 원'의 이미지를 보여주는 관객들에게 광고 도구를 나눠주는 전략 덕분이었다. 잡지 『베자』의 한 기사에서는 4월에 브라질이 파리 생제르맹 팀과의 경기에서 펼친 게릴라 전술의 성과를 특집으로 다루었다. 방송 도중 후원사인 카이저의 노출 시간이 단 1분 41초였던 반면 브라마는 무려 34분 46초 동안 등장했다.

피셔는 다음과 같이 주장했다. "검지는 누구에게나 있지만 브라질에 등장한 광고 캠페인 가운데 가장 공격적이었습니다. 가장 야심만만하고, 가장 폭넓은 지지를 얻고, 가장 큰 논란을 일으켰죠."

안타르치카는 경쟁업체의 부상을 막기 위해 갖은 노력을 다했지만 사실 그것은 일방적인 싸움이었다. 안타르치카의 접근 방식은 느리고 신중했다. 당시 안타르치카 담당했던 DM9 사의 광고 이사 니잔 구아나이스Nizan Guanaes는 다음과 같이 전했다.

"그들(텔레스와 그의 파트너들)과 처음 맞닥뜨리고 나서, 마치 관장제를 맞은 다음 뒤에서 공격을 받은 기분이었다. 목덜미에서 그들의 숨결을 느낄 수 있을 정도였다. 그들과의 경쟁은 무척 힘겨웠다. 우격다짐이나 다름없었다. 왜 그랬을까? 이 사내들에게는 기술, 과학, 원칙이 있었다. 그들은 이미 사람들을 유치하고 발전시키고 최고의 두뇌들을 믿는 능력을 갖추었다. 마르셀은 줄곧 주도권을 잡고 그곳에 있었다. 그들은 안타르치카와 달리 매우 신속하게 결정을 내렸다."

리우 카니발에서 VIP 라운지를 조직한 작전과 팬들이 경기장에서 검지를 치켜 올리게 한 작전은 주효했다. 브라마가 1991년 주앙 질베르투를 후원했듯이 브라질 대중음악 운동(이른바 MPB)의 스타들이 출연하는 초대형 쇼를 후원한 작전 또한 주효했다. 그러나 모든 이니셔티브로도 안타르치카를 쓰러뜨리기에는 충분치 않았다.

브라마의 전 이사 마짐 호드리게스는 다음과 같이 회상했다. "조르지 파울루는 경쟁자를 물리치는 방법은 현금뿐이라고 말했죠. 회사에는 최고의 마케팅, 최고의 제품, 최고의 인재가 필요합니다. 하지만 이 모든 것이 아무리 훌륭해도 경쟁자를 제거하고 싶다면 현금을 빼앗아야 하죠. 돈이 떨어졌을 때 그때는 끝장인 겁니다." 더욱 치열한 싸움을 해야 했다.

1990년대 후반 브라마는 (주나 시 단위가 아니라 수천에 이르는 자사의 판매 장소를 단위로) 전 고객의 데이터를 분석할 수 있는 판매 시스템을 체계화했다. 그러면 어떤 바나 슈퍼마켓의 판매량과 수익률도 정확히 분석할 수 있을 터였다. 호드리게스는 이 계획의 효과를 이렇게 설명했다.

"우리는 핵폭탄 투하와 천문학적인 돈을 투입하는 방법은 그만두고 과녁의 중심을 정확히 겨냥했다. 판매원들은 각 고객의 모든 것(그들의 판매량과 재고량)을 파악했다. 판매원을 20~30퍼센트 증원해야 해서 초기에는 비용이 더 많이 들었지만 그 결과는 실로 놀라웠다. 그전까지는 판매원이 바에 직접 가서 주인에게 당일에 필요한 양을 물었다. 그런 시절은 이제 막을 내렸다. 판매원은 이제 고객에게 필요한 양과 회사를 위해 남겨야 하는 수익률을 정확히 알고 있었다. 할인율과 지급 조건을 자유롭게 협상하게 되자 목표 달성을 위해 더욱 매진할 수 있었다."

당시 브라마의 판매 담당 이사였던 카를로스 브리투가 시스템 운영의 책임을 맡았다. 브리투는 회사에서 떠오르는 별이었다. 브리투가 레만과 파트너들의 문화를 처음 접한 것은 훨씬 이전의 일이었다.

브리투는 리우의 중상층 가족에서 태어났으며 콜레지우 산투 이나시우를 졸업했다. 그런 다음 리우데자네이루 연방대학교에서 공학을 공부했다. 졸업 후 첫 직장으로 메르세데스 벤츠를 택했다. 단기간에 상사들의 눈에 띈 그는 본사로 자리를 옮겼고 십대 시절 배웠던 독일어 실력을 발휘했다. 유창한 영어만으로는 아들의 경력을 급부상시키기에 충분하지 않다고 믿었던 어머니 덕분이었다. 훗날 메르세데스를 떠나서 셸 로봇 공학 분야의 브라질 자회사에 입사했다. 이 새로운 직장에서 두 친구로부터 외국에서 MBA 과정을 이수하라는 권고를 받았다. 친구들의 권고에 따라 미국에서 가장 권위 있는 경영대학원이자 당시 세계에서 최고로 인정받던 스탠퍼드와 와튼에 지원했다. 이 학교에서 브라질 학생은 브리투뿐이었다. 그런데 한 가지 문제가 있었다. 학비를 댈 돈이 없었던 것이다. 후원자를 찾아야 했다.

가장 먼저 셸에서 대출을 받아보려 했으나 뜻대로 되지 않았다. 회사에서는 예전에 그런 특권을 제공했지만 과정을 마친 후에 직원들이 돌아오지 않아서 정책을 중단했다고 설명했다. 대안이 필요했던 브리투에게 마침 레만의 이름이 떠올랐다.

비록 레만과 개인적인 친분은 없었다. 하지만 브리투는 레만이 교육의 절실한 신봉자이며 가란치아 직원들에게 유학 자금을 지원했다는 사실을 알고 있었다. 은행 직원이 아니어도 도와줄지 궁금했다. 브리투가 리우의 한 중개 회사에서 근무하는 지인을 통해 레만의 연락처를 구해 연락했다. 그리고 그 은행가에게 한 시간 정도 시간을 내겠다는 약속을 받아냈다.

브리투는 양복에 넥타이에 반짝반짝하게 광을 낸 구두 등 정장을 차려 입고 면담 장소에 도착했다. 가란치아 스타일과는 사뭇 달랐다. 이력서를 지참했으나 레만은 필요 없다고 말했다. 레만은 젊은 공학도와 이야기를 나누는 편이 더 좋았다. 훗날 셸에게 브리투가 정말로 유능한 인재라고 보장해주었다. 레만은 브리투에게 학업과 장래 계획에 대해 물었다. 한 시간이 다 되자 두 사람은 작별 인사를 나누었다. 브리투는 레만과 다시 만날 수 있을지 확신이 서지 않았다. 며칠 후 셸에서 일하고 있던 브리투에게 전화 한 통이 걸려왔다. 레만의 전화였다.

레만: "브리투, 셸에 근무하는 지인 몇 사람과 이야기를 나누었는데 당신이 일을 잘한다고 말하더군요. 이쪽으로 오십시오. 제가 장학금으로 첫 해 학비를 내드리겠소."

브리투: "조르지, 제가 이 돈을 어떻게 다 갚아야 할까요? 전 이만큼의 돈(당시 미화 2만 2,000달러)이 없습니다."

레만: "그 얘긴 나중에 합시다. 세 가지만 약속해주시오. 첫째, 내게 소식을 계속 전하는 겁니다. 진행 상황을 알고 싶소. 또 금융에 관한 흥미로운 기사가 있으면 보내주시오. 둘째, 내가 지금 당신을 돕듯이 앞으로 누군가를 도울 기회가 오면 반드시 도와야 합니다. 셋째, 과정을 끝내면 다른 일자리 제의를 수락하기 전에 우리와 의논해주시오."

브리투는 다음날 장학금의 세부사항을 처리하러 가란치아로 향했다. 레만은 법무 당당 직원에게 전화로 대출 계약서를 가져오라고 요청했다.

브리투는 다음과 같이 기억하고 있었다. "계약서에는 내가 공부를 해야 하며 과정을 포기하면 돈을 돌려주어야 한다는 사실만 명시돼 있었다." 브리투는 스탠퍼드로 떠나기에 앞서 셸에서 사직하고 가란치아에서 2주를 보냈다. 가란치아는 지금껏 알던 곳과는 사뭇 다른 세계였다. 그는 (속도가 느리고, 특히 자회사 직원에게는 계층적인) 대기업에 익숙했는데 이제 신속하게 결정을 내리고 능력주의와 형식 탈피를 중시하는 직장에 속하게 됐다. 텔레스와 시쿠피라를 만났으며 그곳의 모든 것이 마음에 들었다.

브리투는 레만과의 약속을 모두 지켰다. 매달 편지로 자신이 하는 일과 학업과 시험 결과를 자세히 전했다. 그때마다 대부분 그 은행가의 관심을 끌 만한 학술적인 기사의 사본을 동봉했다. 브리투는 "레만이 답장은 하지 않았지만 편지를 받은 후에는 항상 전화를 걸었다."라고 말했다.

브리투는 MBA를 마쳤을 때 예전에 여름 동안 인턴으로 일했던 매킨지 자문 회사로부터 일자리를 제의받았다. 그들이 제시한 첫해 연봉은 미화 9만 달러였다. 브리투는 이미 합의한 대로 일자리 제안을 수락하기 전에 레만에게 전화를 걸었다. 레만은 그를 고용해서 가란치아에 근무시키거나, 아니면 확실히 밝히지 않았지만 이미 결정된 대규모 프로젝트에 투입하고 싶다는 뜻을 전했다. 금전적인 면만 보면 어느 쪽을 선택할지 망설일 이유가 없었지만 (세계에서 입사 경쟁률이 가장 높은 곳으로 손꼽히는 매켄지에서 제안한 액수가 거의 4배나 많았다) 브리투는 브라질로 돌아가고 싶었다. 레만과 페르난도 프라두(브리투와 연봉을 협상한 다른 파트너)는 이사 비용으로 5,000달러를 추가로 지급하는 데 동의했다.

브리투는 가란치아가 브라마를 매입할 때까지 몇 달 동안 가란치아에서 근무했다. 텔레스, 호드리게스, 나시멘투와 더불어 브리투는 인수가 끝난 후에 양조 회사를 지휘할 4인조의 일원이었다. 준비할 겨를도 없이 여러 가지 일에 투입됐다. 1990년대에 상파울루에 위치한 아구도스 공장의 관리자로 승진한 적이 있었다. 브리투는 텔레스에게 맥주 생산 과정에 대해서는 아는 바가 전혀 없다고 털어놓았다.

텔레스의 대답은 이러했다. "그런 건 신경 쓰지 마시오. 당신에게 마스터 브루어를 맡기진 않을 테니. 나도 거기에 대해서는 아무것도 모릅니다. 그냥 가서 주변에 좋은 사람들을 모으십시오. 그러면 해결될 겁니다." 브리투는 텔레스의 지시에 따라 상파울루 외곽으로 이사했다. 그의 '초대'를 거절할 수 없다는 사실을 알았다. 가란치아는 무슨 수를 써서라도 브라마를 인수해야 했다.

레만이 브리투의 학업을 후원한 일은 비영리 재단 푼다상 에스투다르(스터디 재단)의 모태가 됐다. 브리투는 1991년 일류 학교의 젊은이들의 학업을 경제적으로 지원하기 위해 레만이 설립한 이 재단을 통해 자신의 마지막 약속(일류 학교에서 공부하는 유능한 젊은이들을 재정적으로 돕는 일)을 지켰다. 브리투는 20년이 넘는 재단의 역사에서 주요 기부자로 활약했다.

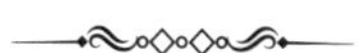

브리투가 수립한 지능형 시스템 덕분에 판매가 증가한 것은 반가운 소식이었다. 하지만 그런 인센티브가 있었음에도 브라마의 수입은 줄곧 하향세를 면치 못했다. 1998년 초 호드리게스는 개인 보너스를 놓치고서 목표 달성이 얼마나 어려운지 깨달았다. 총 수입이 아니라 경비가 문제였다. 그는 고객 계정을 면밀히 검토해 차량, 출장, 식대 같은 품목에 얼마나 많은 돈이 낭비되고 있는지를 확인하고 큰 충격을 받았다. 경비를 조속히 줄여야 했다.

호드리게스와 텔레스는 빈센테 팔코니 교수와 아르헨티나 출신의 전 매킨지 컨설턴트이자 브라마에 파견한 GP 인베스치멘투스 전 파트너 구스타부 피에리니Gustavo Pierini에게 전화를 걸었다. 피에리니는 바로 얼마 전 그라두스라는 컨설팅 회사를 설립한 상태였다.

팔코니는 다음과 같이 지적했다. "당시 내부 비용 절감 프로그램을 수립하는 방법과 클라우지우 갈레치(Cláudio Galeazzi, 몇 년 전 로자스 아메리카나스의 개편을 진행했던 중역)에게 전화를 거는 방법 가운데 어느 편이 더 좋을지를 두고 갈등이 있었습니다."

긴 대화 끝에 텔레스와 호드리게스는 내부적인 해결책을 선택했다. 피에리니와 팔코니는 해외의 유명한 비용 절감 프로그램에서 영감을 얻어 브라마의 상황에 맞는 단순한 형태를 수립했다. 이로부터 포르투갈어 머리글자를 따서 OBZ라고 알려진 제로베이스 예산Zero Base Budget이 탄생했다. 회사의 모든 경비의 연간 수정 상황을 완벽하게 예측하는 파격적인 비용 통제 프로그램이었다. 그때부터 모든 비용(출장비부터 휴대폰 이용, IT 자료 구입에 이르기까지)은 새로운 규칙에 따라야 했다. 리우데자네이루 외곽 헤젠지의 아카데미아 밀리타르 다스 아굴랴스 네그라스Academia Militar das Agulhas Negras* 에서 열린 프로그램 착수 행사에 회사의 모든 중역들을 불러들였다. 사관학교를 선택한 것은 우연이 아니었다.

팔코니는 다음과 같이 그때를 회상했다. "그건 게임이 얼마나 심각해질지를 보여주기 위해서였습니다. 물러설 수 없다는 뜻이었죠." 호드리게스는 프로그램의 규칙, 결과를 발표할 회의의 일정, 비용 통제에 모든 사람들이 직접 참여해야 하는 중요성을 포함해 프로그램의 운영 방식을 설명하고 1999년 1월 1일부터 프로그램을 실행할 예정임을 밝혔다. 이렇게 모든 준비를 마쳤음에도 프로그램의 출발은 순조롭지 않았다. 팔코니는 당시 상황을 다음과 같이 회상했다.

---

* 검은 봉우리 사관학교라는 의미-옮긴이

"마짐은 우리에게 2월 회의에서 문제가 있다고 말했다. 리우데자네이루의 이사가 한 가지 추천사항(임대 자동차를 열일곱 대에서 다섯 대로 줄일 것)을 따르지 않았다. 명백한 규칙 위반이었다. 사람들은 목표가 달성되지 않는다는 사실에 익숙해진 탓에 일종의 냉소주의에 빠져 있었다. 호드리게스는 이 사례와 함께 관리자 다섯 명이 목표를 세우지 않고 보고서 작성을 거부하고 있다고 전했다.

그리고는 이런 사람들을 어떻게 처리해야 하겠냐고 물었다. 이미 그들에게 구두와 규칙을 담은 문서로 경고를 내렸지만 따르려 하지 않았다. 남은 일은 오직 한 가지뿐이었다. 그들을 제거하는 것이었다. 문화를 바꾸고 싶은데 저항에 부딪친다면 안타까운 일이다. 다섯 명은 그날 당장 해고됐다. 지역의 이사는 다음 달에 은퇴할 예정이었기에 처벌을 면했다. 그것은 중요한 결정이었고, 이로써 회사 사정이 달라졌다는 사실을 확실히 보여주었다. 3월부터 모든 목표가 성취됐다. 회사의 역사를 바꾼 행동의 문화가 창조됐다."

호드리게스가 옳았다. 1998년에는 가란치아가 브라마를 인수한 이후 최초로 보너스가 지급되지 않았다. 회사는 수익을 거두었지만 목표는 성취되지 않았다. 전통적으로 보너스가 지급되는 이듬해 3월에 보너스를 받은 직원은 단 한 명도 없었다. 호드리게스와 텔레스도 예외가 아니었다. 능력주의 원칙은 변질될 수 없었다. 훌륭한 성과를 거두고 최대 18번의 추가 급여를 받는데 익숙했던 사람들은 열심히 일해도 성과가 평범할 경우에는 감봉된다는 사실을 받아들여야 했다. 보너스를 받지 못하자 직원들은 제로베이스 예산 프로그램을 택해 비용을 줄이는데 더욱 매진했다.

Dream Big

14

브라질 맥주 시장 대표 주자를 대담하게 인수합병하다

: 양조 회사 암베비의 탄생으로 대중이 얻을 혜택을 홍보하다

제대로 기름을 칠한 브라마의 기계가 안타르치카를 물리치기 시작했다. 상파울루에 본사를 둔 이 양조 회사의 수익은 1995년 1억 6,100만 헤알에 달했지만 1998년 3분의 1(6,400만 헤알)로 떨어졌다. 주요 브랜드인 안타르치카의 시장점유율은 22퍼센트를 기록한 반면 브라마와 스콜은 합쳐서 49퍼센트에 이르렀다. 시장 경쟁에서 브라질의 양대 양조 회사의 판매와 유통은 브라마가 충분한 격차를 두고 이기고 있었다. 텔레스와 그의 팀이 게임을 끝낼 때가 됐다.

1999년 5월 초 어느 금요일 밤에 브라질 맥주 시장의 대표 주자를 바꾸고 국내 굴지의 기업을 창조하는 거래의 구조가 가닥을 잡기 시작했다. 텔레스와 호드리게스는 여전히 브라마 본사에서 일하고 있었다. 그들은 회사의 장래에 대해 이야기했다.

호드리게스: "마르셀, 우리가 안타르치카를 사들일까요?"

텔레스: "제정신입니까, 마짐?"

호드리게스: "저쪽은 연료가 떨어졌어요. 곤경에 빠졌습니다."

텔레스: "그걸 어떻게 아시오?"

호드리게스: "어떻게 아는지는 말하지 않을 겁니다. 하지만 전 압니다."

텔레스: "그래야 할까요? 음, 그들에게 말해도 해가 될 것은 없겠죠. 내가 내일 안타르치카의 CEO 빅토리우에게 전화를 걸겠소."

빅토리우 데 마르치Victório De Marchi는 1998년 안타르치카의 CEO가 됐다. 이사회에서 매주 회사의 지휘자를 갈아치우는 황당한 시기가 지난 후다. 비록 서로의 경쟁 회사를 이끌고 있었지만 데 마르치와 텔레스는 이따금 만나 시장에 대해 이야기를 나누었다. 그래서 데 마르치는 주말에 전화를 걸어서 다음 월요일에 점심을 먹자는 텔레스의 초대에 그리 놀라지 않았다.

두 사람은 공공장소를 선택했다. 상파울루 자르징스 구역에 있는 제루 레스토랑이었다. 식사를 하는 동안 텔레스는 사업 이야기를 꺼냈다. "빅토리우, 우리가 합칠 때가 되지 않았소? 세상이 세계화되고 있습니다. 그 사람들이 이곳으로 진출하고 있소." 그가 말하는 '그 사람들'이란 주로 안타르치카의 지분 5퍼센트를 보유한 미국 회사 앤호이저-부시와 브라마가 브라질에 제품을 유통하기 위해 파트너십을 맺은 밀러였다. 남아프리카 공화국의 SAB와 네덜란드의 하이네켄 같은 다른 거물들 또한 브라질 소비자에게 눈독을 들이고 있었다.

사실 브라마가 안타르치카에게 이런 종류의 제안을 내놓은 것은 그때가 처음이 아니었다. 호드리게스는 1998년 말 데 마르치에게 이 문제를 거론했지만 안타르치카는 받아들이지 않기로 결정했다. 그러나 그동안 안타르치카의 상황이 악화됐다. 데 마르치는 이번에는 텔레스의 제안에 마음을 열고 이사회에서 의논해보겠다고 대답했다. 그리고 다음 날 텔레스에게 전화를 걸어서 이사회가 제안에 대해 의논할 준비가 됐다고 전했다.

안타르치카에 접근하기 몇 달 전에 브라마는 콜롬비아의 양조회사 바바리아를 매입할 뻔했다. 양측이 가격에 합의하지 못하는 바람에 협상은 결렬됐다. 긴 협상 끝에 브라마는 콜롬비아 회사에 미화 18억 달러를 제시했다(계약할 때 미화 5,000만 달러를 건네고 나머지는 회사의 현금이 들어오는 대로 지급하는 조건이었다). 그러나 바바리아 사람들은 더 많은 것(미화 22억 달러와 지불 기간 단축)을 원했다. 텔레스는 처음에는 이 거래를 성사시키고 싶었으나 반대 제안을 받고서 파트너들과 호드리게스와 다시 의논했다. 그런 지불 조건이라면 브라마가 현금 압박을 받을 가능성이 있으며 가격도 지나치게 높다고 결론을 내렸다. 물론 당시 텔레스는 몹시 속이 상했지만 결국 그렇게 결정한 것은 오히려 행운이었다. 만일 바바리아를 매입했더라면 브라마는 안타르치카를 인수할 위치를 확보하지 못했을 것이다.

텔레스는 안타르치카 이사회로부터 허가받은 후 BMA 회사의 파트너인 변호사 파울루 아라가웅Paulo Aragão에게 연락해서 입찰가를 정하도록 도와달라고 말했다. 아라가웅은 명확한 추론을 근거로 해서 약간 교장 선생님 같은 분위기로 말하는 사람인데 지난 몇 년 동안 텔레스나 파트너들과 점점 가까워졌다. 1980년대에 시쿠피라가 로자스 아메리카나스에서 변동 보상 프로그램을 수립할 때도 옆에서 도왔다. 1990년대에 들어 GP 인베스치멘투스의 파트너가 됐고 브라마를 세계로 뻗어가는 회사로 변모시키려는 세 파트너의 계획을 알게 됐다. 1994년 시쿠피라, 톰슨과 함께 미국을 방문하던 중에 스카덴, 아르프스, 슬레이트, 세계에서 가장 권위 있는 법률 회사로 손꼽히는 미거 앤드 플롬의 변호사들과 회의를 주선했다. 회의가 시작되자마자 시쿠피라는 미국인들에게 어떻게 하면 앤호이저-부시를 매입할 수 있느냐고 물었다. 예상한 대로 미국 변호사들은 깜짝 놀랐다. 아라가웅은 흐뭇하게 그때를 회상했다. "마치 우리가 성 베드로 성당을 사고 싶다고 말한 듯한 분위기였습니다." 미국인들은 정중하게 반응한 다음 곧바로 주제를 바꾸었다.

이 일이 있고 5년이 지난 후에 터무니없어 보이던 시쿠피라의 소망이 현실로 이루어지기 시작했다. 브라마를 세계 최대 양조 회사로 탈바꿈시키는 첫 번째 단계는 안타르치카 매입 계획, 즉 드림 프로젝트였다. 브라마의 지휘자들은 목적 달성을 위해 일련의 장애물을 극복해야 했다. 첫 번째 장애물은 안타르치카 주주들에게 회사를 매각하도록 설득하는 일이었다. 브라마는 양측의 이해관계를 충족시킬 액수를 제공해야 하는 것은 물론이고 어떤 식으로 거래를 완수할 것인지를 상대방의 관점에서 고려해야 할 터였다. 인수가 아니라 '합병'이라고 발표해야 할 것이며 실제로 그랬다. 오늘날까지 암베비 직원 가운데 그 거래를 인수라고 표현하는 사람은 아무도 없다.

새로운 지휘자들은 슈퍼 양조 회사가 탄생해서 시장을 독점하지는 않을 것임을 규제 기관에 입증해야 했다. 그리고 마지막으로 두 양조 회사의 직원들은 이제 전쟁이 끝났음을 깨달아야 했다. 두 회사의 치열한 관계 때문에 브라마 직원들은 그때까지 집에서조차도 안타르치카 제품을 마시는 일을 금하고 있었다. 아라가웅은 "라이벌인 상파울루와 코린치앙스의 축구팀이 단일팀으로 합류하는 것과 같았다."라고 표현했다.

협상 과정은 신속하게 진행됐고 소수 사람들만 참여했다. 거의 모든 회의가 GP 인베스치멘투스에서 열렸다. 브라마 측에서는 협상가인 톰슨, 합의와 관련된 법률문제를 책임지는 아라가웅, 브라마의 유통 이사 미구엘, 유능한 계획 관리자 카스트루 네비스 등 네 명의 핵심 인물이 참석했다. 미구엘과 네비스는 안타르치카 업무의 세부사항을 파악하고 브라마와의 시너지 효과를 평가하고자 선택된 사람들이었다. 브라마의 CEO 호드리게스는 협상 과정에 참여하지 않았다. 텔레스는 협상 기간 동안 일상 업무를 정상화하는 일에 주력했다.

카스트루 네비스는 당시 32세로 최연소 팀원이었다. 리우 출신인 그는 13세 되던 해에 승부욕이 대단한 테니스 선수였던 레만의 이름을 처음으로 접했다. 당시 레만은 어떤 청소년 대회를 후원하고 있었다. 이 대회의 우승자에게는 미국의 오렌지 볼에 참가할 기회가 주어졌다. 네비스는 다음과 같이 회상했다. "나는 그가 어떤 사람인지 확실히 몰랐지만 한 사람이 그런 대회를 지원하는 게 대단해 보였습니다."

몇 년 후 리우데자네이루의 PUC 대학교를 졸업한 카스트루 네비스는 레만에게 연락해서 테니스 대회 지원과는 다른 종류의 후원을 요청했다. 그는 시카고 일리노이 대학교 MBA 과정의 입학 허가를 받았으나 등록금을 낼 여유가 없었다. 이 젊은이가 마음에 들었던 레만은 그를 에스투다르 재단의 첫 번째 수혜자로 선정해 미화 2만 달러를 지급했다. 1996년 카스트루 네베스는 브라마로부터 입사 제의를 받았다. 그는 회사에 고용되기 전에 가진 최종 면접에서 1994년 밀러와 제휴한 이후 브라마가 매각될 수 있다는 소문에 대해 텔레스에게 물었다.

텔레스는 다음과 같이 설명했다. "매각에 대해서는 전혀 관심이 없습니다. 이 회사를 방금 사들였는데 초장기적인 투자로 보고 있죠. 내 생각에 CEO라는 직책에는 시간제한이 있습니다. 나는 이 자리에서 6년을 지냈고 다시 4년 동안 남아야 합니다. 내가 떠나고 난 뒤에는 다른 사람과 새로운 아이디어가 들어설 자리가 생기겠죠. 우리가 앤호이저-부시의 주요 브랜드인 버드와이저를 매입하지 않는다면 말입니다." 카스트루 네비스는 내심 그것이 약간 지나친 야심이라고 생각했다. 하지만 적어도 이 회사에서 성장할 기회가 있다고 판단하고 제안을 받아들이기로 결심했다. 그것이 2008년 마침내 CEO 자리에 오르게 되는 행로의 출발점이 됐다.

1999년 1월 1일 드림 프로젝트가 출범하고 45일이 지난 후에 브라마와 안타르치카는 아메리칸 베버리지 컴퍼니, 즉 암베비의 탄생을 발표했다. 원래 예정된 발표 날짜는 7월 7일이었으나 시기를 앞당겨야 했다. 주식시장의 이례적인 거래가 진행되는 동안 브라마의 주가가 상승하기 시작했기 때문이다. 한 기자가 6월 28일 안타르치카에 전화를 걸어 안타르치카가 경쟁회사인 브라마에게 매각된다는 소문이 사실이냐고 물었다. 안타르치카 홍보실은 '소문'을 부인했으나 브리투가 아주 초보적인 실수를 저지르는 바람에 위태로운 상황이 벌어질 뻔했다.

브라마는 시장에 중대 발표를 하기 72시간 전에 카데라고 알려진 독점 금지 규제기관에 미리 통지해야 했다. 브리투가 책임지고 팩스로 서류를 보내야 했는데 어쩌다가 잘못된 번호로 전송하고 말았다. 그는 자신이 실수했다는 사실을 깨닫는 순간 정신없이 움직였다. 팩스를 받은 쪽에서 그때까지만 해도 비밀이었던 정보를 공개하는 바람에 회사가 손해를 보는 일이 없도록 막아야 했기 때문이다. 다행히도 결과는 성공적이었다. 협상이 막바지에 이르렀을 때 변호사, 은행가, 브라마의 주요 대표, 그리고 홍보 대리인 (거래를 발표할 방법을 체계화하기 위해 고용된) 마우루 살리스Mauro Salles는 GP 본사에 설치된 전략 회의실을 거의 떠나지 않았다.

텔레스와 시쿠피라는 팀을 주도면밀하게 조정했다. 레만은 미국에서 전화로 상황을 파악했다. 최종 합의에서는 주식 스왑을 결정했다(레만, 텔레스, 시쿠피라 세 사람과 제레네르 재단 측은 새로운 회사의 총 자본 가운데 각각 18.77퍼센트와 10.44퍼센트를 차지할 예정이었다). 양측은 새로운 양조 회사의 이사회 임원을 절반씩 지명하기로 돼 있었다. 두 회사는 12명이 채 안 되는 사람들이 참석한 가운데 합의서에 서명을 했으며 떠들썩한 파티는 열지 않았다. 톰슨은 다음과 같이 말했다. "우리는 축하하는 일에 그다지 익숙하지 못합니다. 그냥 축배만 들고 잠자리에 들었죠." 두 브라질 회사가 체결한 최대 규모의 거래는 그렇게 마무리됐다.

이제 거래를 발표하는 일만 남았다. 안타르치카 본사에서 기자회견을 소집했다. 두 대변인 텔레스와 데 마르치(두 사람은 페르난두 카르도주 대통령에게 거래를 알리기 위해 그 전날 브라질리아에 와 있었다)가 기자들과 이야기를 나누었다. 텔레스는 최대한 외교적인 태도를 취하면서 인터뷰를 하고 자신은 데 마르치에 이어 2인자처럼 보이려고 노력했다. 텔레스와 데 마르치는 새 회사 이사회의 공동 회장을 맡을 예정이었다. 암베비의 탄생으로 브라질은 바야흐로 해외 시장에서 급속도로 부상하는 대규모 통합의 흐름에 동참하게 됐다. 새 회사는 몇 가지 인상적인 수치(연간 총 수입 100억 헤알, 종업원 1만 7,000명, 맥주 시장점유율 73퍼센트, 소프트드링크 시장점유율 19퍼센트)를 바탕으로 세계 5대 맥주 제조업체가 될 것이었다.

4년 동안 경쟁 관계에 있던 두 회사가 예상 밖의 결합을 하면서 암베비가 탄생했다. 두 회사의 차이는 기자 회견에서 참석한 두 대변인의 옷차림에서조차 확연히 드러났다. 기자들이 친근하게 이름으로 부르는 텔레스는 청바지, 데님 셔츠, 재킷과 캐주얼 슈즈 차림이었다. 대개 '빅토리우 박사'라고 불리는 데 마르치는 여느 때와 다름없는 차림새(정장, 셔츠, 넥타이)였다. 이런 시각적인 차이는 브라마와 안타르치카 직원들이 업무 통합 작업을 진행하면서 겪을 일에 비하면 새 회사가 직면한 문제 가운데 가장 사소한 것이었다. 이후 이른바 '합병'으로 말미암아 문화 충격, 해고, 성과 압박, 그밖에도 예상 가능한 실질적인 문제가 하나도 빠짐없이 발생하게 되지만 어느 편이 승리할지는 불을 보듯 뻔했다.

첫 번째 전투(안타르치카와 거래를 체결하는 일)에서 승리를 거두었다. 이제 소비자보호단체의 승인을 받아야 한다. 무엇보다 규제기관 카데에게 새 회사의 시장점유율이 70퍼센트가 넘지만 독점이 아니라거나, 아니면 소비자에게 악영향을 미치는 일은 없을 것이라고 설득하는 일이 여간 어렵지 않았다. 암베비의 대표 중재자는 정부와 거래하는 일에는 이미 익숙하고 침착한 성격과 중후한 목소리를 가진 경제학자 데 마르치였다.

데 마르치는 사실상 거래가 발표될 때부터 정부의 승인을 받기까지 9개월 동안 연방 수도에 살다시피 했다. 의원이나 정부 기술자들과 회의를 하면서 거래의 세부 사항을 설명하느라 쉴 틈이 없었다. 데 마르치는 "두 회사가 합병하면 시장점유율이 상당히 높아지기 때문에 관계 당국과 카데에게 특별히 합병에서 발생하는 장점을 보여주고자 각고의 노력을 했다."라고 전했다.

데 마르치는 세르지우 베르무지스Sérgio Bermudes, 아리오스발두 마토스 필류Ariosvaldo Mattos Filho, 아라가웅 등 유명 변호사를 포함해 거의 서른 명에 이르는 팀을 구성해 설득력 있는 논점을 종합할 임무를 맡겼다. 합병을 발표하기 전까지 두 양조 회사의 시너지 효과를 분석했던 카스트루 네비스는 런던과 벨기에, 미국을 오가며 합병 및 인수 전문가들의 자문을 구했다.

카스트루 네비스는 다음과 같이 밝혔다. 나는 "매우 복잡한 과정이 될 거라는 우리 측 변호사의 말을 듣고 독점 금지 법안의 세계 최고 전문가들과 의논해야겠다고 판단했습니다."

암베비 중역들의 생활은 카이저의 반응 때문에 특히 고달파졌다. 그 당시 코카콜라 제조업체가 지휘하던 카이저는 브라질의 3대 양조 회사였다. 카이저 대표 움베르트 판돌푸Humberto Pandolpho는 합병 거래를 공개적으로 반대하며 새로운 경쟁자의 계획을 방해하기 위해 시간과 돈을 아끼지 않았다. 카이저는 그의 지휘에 따라 맥주 시장의 대변동을 예측하는 서류를 작성했다. 연구를 의뢰해서 암베비가 탄생함으로써 8,000명이 일자리를 잃고 총 수입이 감소하고 소비자 가격이 높아질 것이라고 주장했다. 이 자료를 의원들과 여론 형성가들에게 배포했다. 그뿐만 아니라 법률 분야에서도 발빠르게 움직여 브라질의 여러 도시에서 30건 이상의 소송을 제기했다. 카이저가 소란을 피우는 동안 암베비는 묵묵히 괴로워할 수밖에 없었다. 알려진 바에 따르면 정부로부터 이 문제를 법정으로 확대시키지 말라는 경고를 받았기 때문이다.

상황은 갈수록 악화됐다. 발표 후 2개월이 지나 카이저와의 싸움이 최고조에 달했던 1999년 9월 텔레스가 몸져눕는 바람에 거의 한 달 동안 일선에서 물러나야 했다. 텔레스가 와병한 것은 그때가 처음이 아니었다. 1985년 가란치아에서 근무하던 시기에 대장염 진단을 받고 응급 수술을 받은 적이 있었는데 14년이 지난 후에 같은 증상이 재발했다. 그는 며칠 동안 휴식을 취하면서 안타르치카를 매입하는 일로 생긴 긴장을 풀고 미구엘에게 한 약속(거래가 마무리되면 파나마에서 며칠 간 낚시를 하겠다)을 지켰다. 아울러 암베비를 탄생시키는 과정에서 몸무게가 몇 파운드 늘었던 터라 짧으나마 휴가 동안 다이어트를 할 참이었다.

텔레스는 낚시 친구들과 함께 요트 센세이션호를 타고 중앙아메리카를 항해하던 중에 복부에 통증을 느꼈다. 도저히 참을 수 없을 정도로 아파서 진찰을 받기 위해 미국으로 향했다. 미국의 전문의가 통증을 유발한 원인을 찾아낼 때까지 2주 동안 입원해 있었다. 병명은 포르폴린 증이었다. 일종의 혈액 진행성 중독인데 진단이 어려운 희귀 질병이었다. 몇 년 전 응급 수술을 받아야 했던 대장염(다이어트와 글루코스 수치의 저하가 겹치면서 간이 망가지고 혈액이 오염됐다) 역시 포르폴린 증이 원인이었던 것으로 나타났다. 다행히 정확한 진단이 내려지면 약 처방으로 치유할 수 있는 질병이어서 텔레스는 빠른 속도로 회복했다.

암베비의 지휘자가 활동하지 못한 동안에도 카이저는 언론 공격을 멈추지 않았다. 그러나 텔레스가 귀환함과 동시에 반격이 시작됐다. 새로운 양조 회사는 대중들에게 암베비의 탄생으로 발생하는 혜택들을 납득시키고자 광고 캠페인을 시작했다. 아울러 브라질 시민권을 획득한 콜롬비아인으로 회사의 마케팅 이사였던 후앙 베르가라Juan Vergara는 암베비의 전략 기획실에서 암베비 대표들이 연락을 취해야 할 이름을 스프레드시트로 작성했다. 기자, 당국, 그리고 다른 여론 형성가들이 포함된 그 목록은 매일 업데이트됐다. 베르가라는 합의에 찬성하는 사람은 누구이고 어떻게 반대하는 사람들의 생각을 바꾸어야 할지 알고 싶었다.

법무부 기관인 경제법국이 1999년 11월 브랜드, 공장, 유통 과정을 포함해 스콜의 자산을 모두 매각할 것을 추천함에 따라 논란은 더욱 심해졌다. 독점 금지 규제 기관인 카데에서 이 추천을 따른다면 합병은 암베비에게 아무런 의미가 없을 것이었다. 주요 브랜드를 잃게 되는 '대가'를 치러야 한다면 두 회사를 합쳐봐야 무슨 소용이 있겠는가?

텔레스와 그의 팀은 '모 아니면 도'의 공격을 택했다. 가장 적극적인 한 가지 대처 방법으로 미국 언론에다 카이저의 지분 10퍼센트를 보유한 코카콜라를 비난하기 시작했다(물론 카이저의 통수권은 브라질 제조업체에 있었지만 애틀랜타의 코카콜라 본사 역시 소량의 지분을 소유하고 있었다). 텔레스가 직접 불을 지폈다. 그는 2000년 초반 발표된 한 보고서에서 『뉴욕 타임스』가 "카이저는 사실상 골리앗이었음에도 카이저를 다윗처럼 보이게 만들려고 애쓰고 있다."라고 지적했다. 아울러 코카콜라 제조 시스템이 카이저 맥주의 유통을 지휘했으니 두 회사를 분리해서 생각할 수 없다고 주장했다. "코카콜라가 없다면 카이저는 사라질 것이다." 세계 최대의 소프트드링크 제조업체는 회사 이름이 맥주 회사와 함께 거론되자 이미지에 큰 타격을 입었다. 이 때문에 카이저는 며칠 동안 잠시 공격을 멈추었다.

카데는 몇 달 동안 논의한 끝에 2000년 3월 29일에 암베비의 운명을 발표하기로 결정했다. 그때까지만 해도 거래가 승인될지, 만일 승인된다면 어떤 제한 조건이 부가될지는 알 수 없었다. 마침내 결정의 날이 왔을 때 카이저는 상파울루 외곽 상 주제 두스 캄포스에 있는 지역 연방의 한 법원에서 판결을 유예하라는 명령을 발행했다. 카데가 이 명령에 따를 경우 곧장 법원에서 그 규제기관의 팩스로 서류가 발송되어야 했다.

그런데 카이저 CEO 판돌푸가 한 가지 문제가 있다고 주장하고 나섰다. 카데의 팩스 기계가 작동하지 않는다는 것이었다. 판돌푸는 계속해서 암베비에게 혜택을 주기 위해 고의로 팩스 기계의 스위치를 꺼놓았다고 말했다. 카데는 작동하고 있는 팩스의 모습을 사진으로 찍어서 사건을 취재하던 기자들에게 보여주며 자신들을 변호했다. 팩스 기계를 '호위'해서 아무도 작업을 방해하지 않는다는 사실을 입증하기 위해 연방 경찰이 소환됐다. 상황을 가까이서 지켜본 한 사람은 기계가 완벽하게 작동하고 있었다고 전했으나 사실 몇 시간 동안 기계가 수신한 것은 검은 종이뿐이었다. 그것은 카데의 전화선을 점령해서 명령서가 도착하지 못하도록 막을 목적으로 브라마의 본사에서 직접 보낸 카본지였다.

결국 거의 9개월 동안 분석한 끝에 정부는 몇 가지 제한 조건을 덧붙여서 암베비의 창립을 승인했다. 가장 중요한 제한 조건은 (안타르치카의 소유인) 바바리아 브랜드와 5개 공장을 한 매입자에게 매각하는 것이었다. 그러나 이 정도의 제한은 새로운 슈퍼 양조 회사의 지휘자가 된 레만, 텔레스, 시쿠피라의 기를 조금도 꺾지 못했다.

Dream Big

15

새 회사는 기회를 제공하고 대담한 꿈 개념을 알렸다

: 새 회사에서 목표 초과 달성한 사람은 남다른 보상을 받는다

안타르치카를 매입하는 일과 브라마를 과거 경쟁업체와 한 회사로 합치는 일은 별개였다. 두 양조 회사의 생산 공정, 판매, 마케팅, 그리고 인력 자원이 각기 달랐다. 그렇기 때문에 조심스럽게 통합을 진행해야 했다. 텔레스는 이 작업의 감독자로 아딜손 미구엘을 선택했다. 미구엘은 그의 팀과 함께 안타르치카 운영 방식의 세부 사항을 분석하고 주요 중역들을 철저하게 조사했다. 조사 결과는 낯설지 않았다.

"안타르치카는 과거의 브라마와 정확히 똑같았다. 똑같은 문화, 나이가 지긋한 똑같은 전문가들, 똑같은 전통주의, 결정을 내리는 사람과 돈을 버는 사람은 전혀 없었다. 나는 마르셀에게 브라마를 매입할 때와 똑같은 처방을 사용해 그때 실행했던 모든 일을 반복해야 한다고 말했다. 합병 직후에 회사에 남은 안타르치카의 직원

이 많았다. 하지만 그들은 점차 리듬에 적응하지 못한 채 회사를 떠났다.

암베비 스타일에 익숙하지 않은 사람들은 그것을 이상하게 여겼다. 이와 같은 회사에 들어와서 예컨대 단기간에 품격 있는 삶을 얻을 것이라고 생각하는 사람들은 고전할 것이다. 십중팔구 과거에 비해 가족과 지내는 시간이 줄어들겠지만 그런 반면 또 다른 종류의 혜택을 얻을 것이다. 당신들은 미래를 준비할 수 있을 것이다. 돈을 많이 벌 것이고 인생이 달라질 것이다. 회사의 스타일을 선택한 사람들에게 바로 그런 일이 일어났다. 모든 사람이 이 회사에서 거금을 벌었다."

안타르치카 중역들은 대체로 암베비에서 부자가 되지 못했다. 시간이 지나면서 새 회사의 고위층에 남은 안타르치카의 전 직원은 점점 줄어들었다. 예견했듯이 브라마 문화가 지배적이었다. 새 회사는 세력을 넓히고 새로운 기회를 제공했으며 텔레스와 파트너들이 지겹도록 되풀이했던 '큰 꿈'이라는 개념을 이해하기 시작했다. 과거의 브라마에 전도됐던 능력주의가 새로운 경지에 이르렀다. 회사의 경쟁력이 되살아났다. 모든 사람이 파격적인 보너스, 확장에 따르는 승진, 그리고 무엇보다 성장 기회가 무한해 보이는 파트너가 될 가능성을 기대하고 있었다.

2000년 12월 잡지 『이자미』의 한 기사에서 새로운 팀의 높은 정신 상태를 '입에 칼을 문 것 같았다.' 혹은 '눈이 불타오르는 것 같았다.'라고 강조했다. 많은 직원이 주말에도 쉬지 않고 하루에 10시간이 넘도록 일했고 목표를 성취하기 위해서라면 다른 도시나 다른 나라로 이주하는 일도 불사했다. 그러나 당시 보너스 시스템의 구성 방식에 따르면 받을 자격이 있는 직원 가운데 실제로 받은 사람은 절반에 지나지 않았다. 누군가 얻으려면 누군가 잃어야 한다는 사실이 명확해졌다.

가란치아에서 그랬듯이 농담과 장난조차 상당히 적대적이었다. 회사에서 50명의 최고 인재에게 제공했던 내부 MBA 과정의 한 가지 관습은 멍청한 말을 내뱉은 동료에게 펠트 천으로 된 토마토를 던지는 것이었다. 실없는 소리를 가장 많이 하고 토마토를 가장 많이 받은 사람은 놀림을 받았다. 호드리게스는 다음과 같이 말했다. "당시 회사에는 정신력, 노력, 그리고 새로운 사람들이 필요했습니다. 너무 심했나요? 그렇습니다. 그건 인정합니다. 하지만 보상 방식 또한 최고였죠."

암베비는 몇 년 동안 직원들에 대한 정신적 폭력 사례로 법정으로부터 몇 차례 벌금 선고를 받았다. 이를 테면 노동 대법원은 2012년 초 전 판매 직원에게 10만 헤알을 벌금으로 지급하라고 명령했다. 목표를 성취하지 못했다고 동료들에게 공개적으로 모욕을 당한 직원이었다. 어쨌든 목표를 초과 달성한 사람들은 남다른 보상을 받았다. 이 양조 회사의 정식 급여는 항상 시장에 비해 약간 적었지만 매년 최대 열여덟 번까지 지급되는 변동 보상으로 이를 상쇄하고도 남았다. 이 제도는 몇 년 동안 여러 차례 조정됐으나 기본 원칙은 변하지 않았다. 일반적으로 직원들은 보너스로 회사 주식을 매입했다. 그러나 단기간에 주식을 상환할 수 없는 어떤 '장애물'이 항상 존재했기 때문에 더욱 그럴 수밖에 없었다. 현행 관행에 따르면 보너스 전액으로 회사 주식을 매입하는 직원들에게는 매입한 주식의 10퍼센트를 더 얻을 수 있었다.

문제는 이 프리미엄을 5년이 지나야만 상환할 수 있다는 규정이었다. 이 기간을 채우지 못한 채 회사를 떠나는 사람은 추가로 받은 주식을 포기해야 했다. 예전 파트너 한 사람은 "보너스로 주식을 매입해야 한다는 규정은 어디에도 없었지만 모든 사람이 회사에서 그러기를 기대한다는 걸 알고 있죠. 직원이 주식을 매입한다는 건 회사의 미래를 믿는다는 증거인 겁니다."

해마다 수익이 증가했다. (보너스가 지급되지 않았던 1998년에도 성과는 긍정적이었다.) 국내 시장의 70퍼센트를 장악한 회사는 국외에서 새로운 기회를 찾아야 했다. 남아메리카 전역에 확장세를 강화하는 것이 확실한 진로처럼 보였다. 브라마가 베네수엘라에서 소규모 영업장을 개점했던 1994년 이후 국제무대로 계속 확장했으며 이제 과정의 속도를 높일 때가 됐다. 2001년 암베비는 파라과이의 세르베세리아 나시오날을 매입했다. 2002년 아르헨티나 양조 회사 퀼메스의 36퍼센트를 인수하며 한 걸음 더 전진했다. 이 아르헨티나의 경쟁 회사를 매입한 일은 논란에 휩싸였다. 당시 퀼메스의 한 주주는 보유분이 15퍼센트에 이르는 네덜란드 회사 하이네켄이었다.

안정된 유럽 시장에 집중됐던 하이네켄에게 다른 지역으로의 확장은 필수적이었고, 싸워보지도 않고 퀼메스를 넘겨주는 것은 계획에 없던 일이었다. 네덜란드인들은 암베비가 아르헨티나 양조 회사의 일부를 매입하지 못하도록 막아달라고 파리 국제 상업회의소에 의뢰했지만 실패하고 말았다. 결국 암베비는 퀼메스를 매입했다. 몇 달 후에는 그 네덜란드 회사가 보유했던 지분 15퍼센트까지 사들였다.

콜로라도주 볼더 시는 사방이 산이고 주민은 10만 명이 넘는다. 10년이 넘도록 암베비의 중역들과 지휘자들은 비즈니스의 고전 『성공하는 기업들의 8가지 습관』과 『좋은 기업을 넘어 위대한 기업으로』를 쓴 작가이자 레만의 오랜 지인인 짐 콜린스가 함께 하는 워크숍에 참석하기 위해 이 조용한 도시로 향했다. 이 워크숍에서 콜린스는 레만이 그의 팀과 더불어 주관한 여러 회의에서 질문을 제시하고 참가자들이 자기만의 결론에 도달하도록 돕는 소크라테스 방식을 이용한다. 2002년 12월 열린 워크숍에서 콜린스의 한 가지 질문은 텔레스를 특히 혼란스럽게 만들었다. 그 대가는 참가자들에게 "암베비의 주된 문제는 무엇인가?"라고 물었다.

텔레스는 몇 분 동안 생각한 끝에 다음과 같이 대답했다.

"중대한 문제는 우수한 인재들과 새로운 이사회를 얻었지만, 나는 우리가 키우고 있는 훌륭한 인재들을 잃고 싶지 않다는 점입니다." 텔레스는 창조를 위해 많은 시간을 바친 야심만만한 젊은이들이 성공의 기회가 등장할 때까지 그리 오래 기다리지 않으리라는 사실을 깨달았다. 선택을 피할 수 없었다. 한 번의 큰 도약으로 회사를 성장시킴으로써 더 많은 사람이 부상할 기회를 제공할 것인가, 아니면 최고 전문가 몇 사람을 잃을 것인가? 암베비는 남아메리카의 기업들을 인수하는 일보다 더 규모가 크고 빠른 조치를 취해야 했다. 텔레스는 오랜 한 지인과 만날 때가 왔다고 생각했다. 그의 지인 알렉상드르 반담Alexandre van Damme은 스텔라 아르투아와 벡스 브랜드의 생산업체인 벨기에 인터브루를 지휘하는 한 가문의 일원이었다.

두 사람은 1995년 뉴욕의 라자드 은행 사무실에서 처음 서로를 알게 됐다. 당시 브라마와 인터브루는 모두 멀리서 앤호이저-부시에게 '수작을 걸고' 있었다. 그때는 누구도 그 미국의 거대기업을 매입할 만한 처지가 못 됐다. 하지만 라자드 은행가들은 브라마와 인터브루의 지휘자들을 같은 방에 두어도 문제 될 것이 없으리라고 생각했다.

그날 대화에서 얻은 수확은 없었으나 텔레스와 반담은 계속 연락을 주고받았다. 그러다 2002년 초 두 사람이 모두 뉴욕을 방문했을 때 텔레스가 아침을 같이 먹자며 그 벨기에인을 호텔로 초대했다. 반담이 호텔에 도착했을 때 텔레스는 반담에게는 낯선 사람 두 명(레만과 시쿠피라)과 함께 자리에 참석했다. 그 자리에서 두 회사가 거래할 가능성을 의논한 것은 아니었다. 하지만 뉴욕에서 회동한 이후 레만은 반담과 더 가까워지기 위해 노력했다. 브라마 VIP 라운지로 반담을 초대해서 함께 리우 카니발의 삼바 스쿨을 관람했다. 이후에는 뉴욕 근처의 호화 해안 지대인 햄튼스에서 두 사람의 가족이 함께 여름을 보냈고 같은 해 중반에는 스위스 알프스에서 만났다. 성격상 반담은 언론에 노출되기를 꺼렸는데 세 암베비 지휘자들의 신중하고 현실적인 스타일이 마음에 들었다. 소중한 관계가 형성되고 있었다.

인터브루는 전환점에 서 있었다. 세계 3대 양조 회사였지만 단일 회사라고 할 수 없었다. 동부 유럽, 아시아, 캐나다에서 연달아 인수가 성사된 후부터 동일한 문화가 없는 '회사들의 연합'이 된 것처럼 보였다. 투자가들과 분석가들은 인터브루가 상당한 대가를 치르고 세계적으로 여러 회사를 인수했으나 통합하는 데는 실패했다고 느꼈다.

이런 사태가 벌어진 것은 주로 세 가족이 경영에 개입했기 때문이다. 인터브루는 14세기에 창립돼 반담, 메비우스, 스포엘베르슈 가문의 지휘를 받았다. 이들 가문의 구성원은 500여 명에 이르렀다. 이 가운데 다수가 귀족 칭호를 가지고 있었다. 남작, 백작, 후작이 꿩 사냥을 하면서 소일하는 귀족 가문에서 흔히 그렇듯이 그들은 비싼 습관에 길들여져 있었다. 이 회사의 규칙은 풍요로움이었다. 호화 호텔에서 중역 회의와 이사회 회의가 열렸으며 흔히 샴페인이 제공됐다. 조정해야 할 이해관계가 무척 많다 보니 CEO라는 직책은 일종의 전기의자로 전락했다. 20년이 채 안 되는 기간에 CEO를 맡은 사람이 다섯 명이었다.

프로젝트를 위한 시나리오는 완벽했다. 레만은 2003년 반담과 만난 자리에서 두 회사가 합칠 가능성을 타진했다. 그 무렵에는 사실상 같은 편이나 다름없었던 반담은 거래 형식, 주주 구성, 혹은 거버넌스에 관한 세부사항을 살펴보지 않았음에도 제안이 마음에 들었다.

양측은 협상을 진행할 믿을만한 사람을 지명했다. 브라질 측에서는 톰슨을 선택했다. 벨기에 측에서는 라자드 은행의 네덜란드 파트너이자 인터브루 이사회 임원인 렘메르트 란Remmert Laan을 선택했다. 레만과 반담이 대화를 나누고 몇 주가 지난 후에, 파리 포부르 상토노레 거리에 위치한 전통적인 오성 호텔 르 브리스톨의 한 회의실에서 톰슨과 란이 만났다. 호텔은 유난스럽지 않았고, 라자드 사무실로부터 500미터도 떨어지지 않아서 회의 장소로는 현실적이고 무난했다. 두 사람은 이 호텔에서 한 달에 한 번씩 네 차례 만났고 만나지 않을 때는 전화로 여러 차례 이야기를 나누었다. 하지만 거래는 성사되지 않았다.

현금이 아니라 주식 스왑을 통한 거래를 제안했기 때문에 암베비 소유주들이 새 회사의 지분을 얼마나 소유할지가 근본적인 문제였다. 이 지점에서 톰슨과 란의 기대치는 상당히 달랐다. 톰슨은 "첫 번째 대화를 나누었지만 합의에 이르지 못했다."라고 당시를 회상했다. 두 달 동안 두 사람은 대화를 나누지 않았다. 그런데 2003년 9월 란이 톰슨에게 전화를 걸어서 대화를 재개하자고 제안했다. 톰슨은 다시 르 브리스톨 호텔을 방문했다.

"우리는 두 장의 종이를 가지고 있었다. 한 장은 새 회사에서 우리가 차지할 주식의 가치와 관련된 문제에 대한 것이었다. 나머지 한 장은 거버넌스에 관한 것이었다. 새 이사회를 어떻게 구성할 것인가? 어떤 역할을 맡을 것인가? 그리고 우리가 벨기에 사람들과 설립한 지주회사를 어떻게 운영할 것인가? 우리는 회사 매각과 같은 몇 가지 사항은 만장일치로 결정할 수 있다는 사실을 확인했다.

거버넌스와 관련된 이 모든 문제가 무척 중요했다. 회사가 제대로 운영되지 않으면 회사의 일정 지분을 보유하고 있다고 해도 아무 의미가 없을 것이기 때문이었다. 우리는 이 두 장의 서류를 작성해서 주주들에게 전달한 다음 그들이 서로 더 친해져야 한다고 말했다. 조르지와 마르셀, 그리고 베투는 반담을 제외한 다른 가문의 구성원들은 몰랐다. 세 사람은 9월 말 반담, 필립 스포엘베르슈, 아르누 드 프레 드 칼스베르(멜비우스의 대표)와 만남을 가졌다. 이후 협상의 속도가 빨라졌다."

2003년 10월 첫째 주에 브뤼셀에 있는 스포엘베르슈의 집에서 회의를 마친 후에 톰슨과 란을 대동한 양조 회사의 세 리더는 계약의 대략적인 토대를 완성했다. 그런 다음에야 비로소 은행가들과 변호사들이 참여했다. 벨기에 측의 재정 고문은 라자드 프레레와 골드만삭스였다. 브라질 사람들은 (가란치아의 전 직원 주제 올림피우 페레이라가 근무하던) 뉴욕 시티뱅크와 미국에서 자란 아르헨티나 인으로 20년 이상 라자드에 근무하며 이름을 날린 루이스 리날디니Luis Rinaldini를 고용했다. 10월 15일 뉴욕의 크라배스, 스와인 앤 무어 법률 회사 본사에서 양조 회사의 은행가와 협상가들이 회의를 열면서 협상이 공식적으로 시작됐다. 회의에는 약 서른 명이 참석했다. 레만이 암베비의 세 지휘자를 대표했다.

울룽 칸투 법률 회사의 파트너 알로이지우 마란다 필류Aloysio Miranda Filho가 레만, 텔레스, 시쿠피라가 보유한 암베비 주식을 모은 지주회사 브라쿠의 자문을 맡았다(현재 이 역할을 맡고 있는 지주 회사는 BR 글로벌이다). 그때부터 콜레지우 산투 이나시우에서 페르난두 프라두와 마르셀루 바르바라 등 방쿠 가란치아의 파트너가 된 젊은이들과 함께 공부했던 미란다 필류가 이 거래에 전력을 다했다. 이 과정에 그의 직원 50명이 참여했다. 암베비의 법률 고문은 변호사 파울루 아라가웅이었다.

거래의 법률적인 요소는 재무 구조에 못지않게 복잡했다. 암베비의 주식은 상파울루와 뉴욕의 주식거래소에 상장되어 있던 반면 인터브루는 브뤼셀 주식거래소에 상장돼 있었다. 그러나 두 회사가 영업하는 나라가 각기 달라서 물류가 실질적인 문제로 등장했다.

아라가웅은 이렇게 회상했다. “우리는 파리, 뉴욕, 런던, 상파울루 등 세계 여러 도시를 전전하며 회의를 열었습니다. 마지막에는 16개국에서 온 변호사들이 참석했죠. 6개월 동안 협상하면서 8,500통의 이메일을 주고받았습니다."

크래바스가 국제 업무를 조정했다. 거기에다 모든 서류를 승인해야 하는 최종 변호사 한 사람이 더 있었다. 피터 노벨Peter Nobel이라는 스위스인이었다. 생갈 대학교 졸업생인 그는 스위스의 금융 분야를 규제하는 연방 위원회 임원이었다. 노벨은 레만의 오랜 지인이었으며 레만으로부터 전적인 신임을 받았다.

암베비 지휘자들은 브라질 정부의 반응이 걱정스러웠다. 브라마가 안타르치카를 매입할 때 몇 달씩 힘을 빼며 기다렸던 기억이 아직 생생한 그들로서는 미리미리 점검해서 앞으로 발생할 문제를 미연에 방지하는 것이 현명하다고 판단했다. 2004년 1월에 시쿠피라는 브라질리아를 방문해 수석장관 주제 지리세우José Dirceu를 만났다. 시쿠피라는 2000년 공공 분야 매니지먼트 프로젝트를 지원하는 NGO 브라바 재단을 설립하면서부터 여러 정부 대표들과 긴밀한 관계를 유지했다. 그는 지르세우에게 거래의 개요를 전달하고 연방 정부의 입장을 타진했다. 그리고 룰라의 오른팔인 그에게서 청신호를 받았다. 이제 모든 것은 벨기에 측에 달려 있었다.

모든 것을 자사에 유리하도록 협의했음에도 수많은 사람이 참여한 대규모 거래를 마무리하는 일은 지극히 복잡했다. 과정이 막바지에 이를 무렵에는 변호사, 은행가, 중역, 감사관, 마케팅 및 홍보 담당자 등 거래에 참여한 전문가가 거의 500명에 이르렀다. 수십 명의 이해관계를 조정해야 했기 때문에 벨기에 가문들과 브라쿠의 주주 합의서 문안이 골칫거리였다. 마침내 브라쿠 자문들은 두 양조 회사의 거래를 최종적으로 발표한 이후 합의서에 서명을 하자고 제안했다. 레만의 자문이었던 스위스 변호사 노벨은 이를 거부했다. 이해관계를 조율하지 않고 진행하는 것은 위험천만하다고 판단했기 때문이다. 미란다 필류는 합의를 얻어낼 목적으로 벨기에를 방문해서 각 가문의 대표들과 대화를 나누었다.

톰슨은 다음과 같이 회상했다. "거래가 여러 차례 거의 소강상태에 빠졌고 서명하기 전날까지 혼란스러웠습니다. 새벽 두 시에 어떤 은행의 한 사람이 이미 합의한 사항을 인정하지 못하겠다고 말하더군요. 결국 그건 아귀다툼으로 이어졌습니다."

한밤중에 수없이 왕래가 이어진 끝에 2004년 3월 2일 마침내 거래가 마무리됐다. 모든 것이 결정되는 순간 레만, 텔레스, 시쿠피라는 자리에 없었다. 미란다 필류가 텔레스에게 전화를 걸어 이제 서명만 남았다고 전했다. 벨기에 측에서 합의서에 서명해야 할 사람만도 100명이 넘었다. 텔레스는 기진맥진한 채 다음과 같이 말했다. "알루이시우, 당신이 변호사잖소. 나는 잠을 자러 가야 하니 당신이 연설을 하고 건배를 드십시오."

다음날 아침 레만, 텔레스, 시쿠피라는 각자 거래가 공식적으로 발표되기에 앞서 핵심 인물들에게 조언을 전했다. 시쿠피라는 멕시코 회사 모델로 주주들에게 전화를 걸었다. 취리히에 있던 레만은 초대형 투자가 워렌 버핏을 비롯한 친구들에게 전화를 걸었다. 텔레스는 앤호이저-부시 CEO인 오거스트 부시 4세에게 소식을 알렸다. 텔레스는 같은 날 밤 런던의 한 레스토랑에서 부시 4세와 저녁 식사를 하면서 새로운 세계의 거물이 탄생한 경위를 설명했다.

1999년 브라마가 안타르치카를 매입해 암베비를 창설했을 때 회사 주주와 중역들은 공개 조사를 받았다. 규제 기관, 정치가, 투자가, 소비자 보호 단체들이 하나같이 거래에 관심을 보였고 대부분 반대했다. 상황을 역전시키기 위해 여론 형성가들을 겨냥한 대대적인 홍보 활동을 펼쳐야 했다. 암베비와 인터브루의 파트너십을 발표했을 때 반향은 더욱 극적이었다. 이번의 반응은 세계적인 규모였다. 2004년 3월 3일 두 회사가 '합병'을 공식적으로 발표했을 때 나타난 일반적인 반응은 경악이었다. 앞으로 주식 스왑이 진행될 것이라는 소식이 며칠 전에 발표됐고 세부 사항은 아직 알려지지 않았다. 그런데 이 '세부 사항' 때문에 그 거래는 논란의 대상이 됐다.

규모 면에서 각각 세계 3대와 5대 양조 회사였던 인터브루와 암베비는 주식 스왑을 통해 새 회사를 설립했다. 이 회사는 맥주업계의 리더가 됐다(총 수입면에서는 앤호이저-부시가 여전히 앞서 있었다). 새 회사의 명칭은 처음에는 인터브루 암베비였다(발표가 끝나고 며칠이 지난 후에 인베브라는 이름이 채택됐다). 회사의 연간 총 수입은 미화 12억 달러에 육박했고 140개국에서 영업 중이었으며 세계 맥주 시장점유율은 14퍼센트였다. 어느 면을 보든 최고의 거물이었다. 그러나 투자가, 분석가, 기자의 머릿속에서 맴도는 문제는 '누가 책임자가 될 것인가?'였다. 브라질 기업이 포함된 거래 가운데 역사상 최대 규모인 암베비와 인터브루의 합병 구조는 불투명해 보였다.

암베비를 통솔하는 레만, 텔레스, 시쿠피라의 지주 회사 브라쿠는 브라질 양조 회사의 지분 52퍼센트를 벨기에 측에 매각하고 대신 인터브루의 주식 25퍼센트를 매입했다. 또한 앞으로 (암베비가 미화 15억 달러가량의 부채를 떠안고) 인터브루 소유인 캐나다 양조 회사 라바트를 통합할 예정이었다. 암베비는 앞으로도 자사 중역들을 보유하고 주식시장에 상장된 상태로 별도의 회사로 운영될 것이었다. 수치를 냉정하게 분석해보면 비록 레만, 텔레스, 시쿠피라가 새 회사에서 상당한 지분을 확보했어도 이제 그 브라질 양조 회사의 주인은 인터브루였다.

따라서 문제는 누가 대장인지가 명확히 드러나지 않는 인베브의 기업 거버넌스 규칙이었다. 20년 동안 유효한 주주 합의서에서 지휘권의 분담을 결정했다. 브라쿠를 대표하는 임원 네 명, 벨기에 측을 대표하는 임원 네 명, 그리고 독자적인 임원 여섯 명으로 이사회가 구성됐다. 2년 동안 인터브루를 운영했던 미국인 존 브록John Brock이 새 회사의 CEO로 선정됐다. 두 회사의 문화를 통합하고 영업 활동을 표준화하기 위해 최근 설립된 통합 위원회는 텔레스가 감독할 예정이었다. 새 회사의 본사는 인터브루의 본고장인 뢰벤에 세울 것이다.

자본 분배, CEO 선정, 본사의 위치를 보면 암베비가 매입된 것이 확실했다. 이른 아침 인터브루의 영국 홍보 기관인 브룬스윅이 유럽 전역에 이 거래를 발표하며 인수라고 묘사했을 때 이런 모양새가 더욱 뚜렷해졌다. 시차 때문에 브라질 기자들이 암베비 경영진의 발표를 듣기 위해 상파울루 힐튼 호텔에 모여들 무렵에는 벨기에에서 발표한 내용이 이미 세계 전역에 확산된 상태였다. 대혼란이 일어났다. 암베비가 브라질에서 고용한 커뮤니케이션 기관 마키나 다 노티시아는 몇 시간 만에 팀원을 12명에서 48명으로 증원했다(이 국제 홍보 기관은 미국 기업 에델먼 소속이었다).

한 해 전 호드리게스를 이어 암베비의 CEO로 부임한 브리투와 데 마르치가 기자 회견에서 대변인을 맡았다. 이 두 사람과 함께 은행가 페레이라와 변호사 아라가웅이 무대에 올랐다. 기자 회견을 지켜본 사람들은 그때 모든 것이 얼마나 혼란스러워보였는지 아직까지도 기억한다. 암베비 사람들은 갖은 애를 쓰며 자사가 매각된 것이 아니라고 주장했지만 기자들은 더욱 세게 밀어붙였다. 인터브루가 암베비의 최대 주주라면 어떻게 그렇게 주장할 수 있겠는가? 더군다나 몇 년 전 암베비가 예상컨대 외국 경쟁업체들로부터 자사를 보호하고 '브라질 다국적 기업'을 설립할 목적으로 창설됐다면 어떻게 벨기에 사람들과의 계약을 정당화할 수 있겠는가? 그것이 합병이었다는 암베비 측의 생각은 누구에게도 설득력이 없었다.

암베비의 직원들 역시 수요일 아침 그 소식을 듣고 깜짝 놀랐다. 대형 스크린으로 브록과 텔레스가 지휘하는 브뤼셀 기자 회견을 중계했다. 잠시 후 텔레스가 미리 녹화한 동영상이 전송됐다. 동영상에는 탁자와 무료 음료로 가득한 라운지의 활기차고 행복한 모습이 담겨 있었고 브라마와 스텔라 아르투아 브랜드로 건배가 이어졌다. 브라질 유명 배우 안토니우 파군지스Antonio Fagundes가 출연한 광고를 전국 텔레비전 네트워크에 계속 방송하면서 그 거래가 대중들에게 왜 이로운지를 설명하기 위해 노력했다. 당시 룰라 대통령과 정기적으로 만나던 광고 전문가 두다 멘돈사Duda Mendonça가 만든 광고였다.

전 세계 신문들은 거래의 형식과 관련 액수에 의문을 제기했다. 브라쿠가 소유한 암베비 주식은 약 20억 달러로 환산됐지만 세 사업가는 40억 달러 상당의 인베브 주식을 확보했다(차액이 발생한 것은 '컨트롤 프리미엄' 때문이다). 이와 동시에 일부 분석가들은 암베비가 캐나다 회사 라바트에 지나치게 많은 액수를 지불했다고 여겼다. 그들은 업계 평균치는 현금 창출 규모의 8배가 넘지 않은 반면 암베비는 라바트의 가격을 11배로 계산했다. 이와 같은 대중들의 불신의 결과는 폭락한 주가에서 고스란히 나타났다.

주가가 떨어지자 행복감이 사그라졌다. 대부분의 보너스로 주식을 매입하던 직원들의 자산 가치는 한 시간 만에 절반으로 뚝 떨어졌다. 그러자 소문이 퍼지기 시작했다. 레만, 텔레스, 시쿠피라가 암베비를 인터브루에게 팔아넘겼다는 것이 과연 사실일까? 사태를 내외부적으로 진정시키기 위해 비상대책을 가동시켰다. 암베비 내부에서는 브리투가 텔레스의 메시지를 전달했다. 메시지는 이성적인 해명이라기보다는 간청에 가까웠다. 텔레스는 직원들에게 자신을 믿어달라고 부탁했다. 그는 다음과 같이 전했다. "거기서 나에 대한 신뢰가 바닥이 났죠. 그나마 남은 신뢰가 있어서 정말 다행입니다." 텔레스는 결국에는 인베브의 경영권이 브라질로 넘어올 것임을 알고 있었다. 하지만 모든 것이 계획이었다고 공개적으로 밝힘으로써 쓸데없이 새 파트너와 마찰을 일으키고 싶지 않았다.

데 마르치는 브라질 주요 신문사의 편집자들을 직접 방문해 두 회사의 작전을 설명하기 위한 마라톤 일정을 소화했다. 평소 기자들을 싫어했던 브리투는 몇몇 대형 언론사와 독점 인터뷰를 가졌다. 레만은 출판사 아브릴의 소유주 호베르투 시비타Roberto Civita 같은 언론계 거물에게 합의서의 세부 사항을 몸소 전달하러 갔다. 언론계에 한바탕 소란이 일어났다. 합병을 발표하고 48시간 동안 언론 보도를 위해 설립된 전략 기획실에서 접수한 정보와 인터뷰 요청이 482건에 달했다.

레만을 가장 괴롭힌 것은 브라질 잡지 『이코노미스트』에 실린 기사였다. 이 기사에서는 두 종류(보통주와 우선주)의 주식을 허용하는 브라질 자본 시장이 소수의 이해관계를 차별한다고 보도하며 암베비 사례에서 나타나는 이 같은 변칙적인 현상을 강조했다. 보베스파 주식시장에서 상장된 회사를 규제하는 상장 회사 법에 따라 인터브루는 (세 사업가의 소유가 아닌) (의결권이 있는) 보통주를 매입하기 위해 공모를 했지만 지불한 가격의 80퍼센트만 제시했다. 문제는 인터브루가 (의결권이 없는) 우선주의 소유자에게 이 '태그얼롱tag-along'* 권리를 확대할 법적 의무가 없다는 사실이었다. 그 결과 우선주PN 주식을 소유한 주주들은 그 잡지의 표현을 빌자면, 결국 '고가의 쓰레기'를 받았다고 느끼게 됐다. 다음 며칠 동안 보통주의 주가가 상승한 반면 우선주는 급락하면서 상황은 더욱 악화됐다.

레만의 한 측근은 "기사 때문에 조르지가 그렇게 속상해하는 모습을 본 기억이 거의 없다."라고 전했다. 레만은 소주주들이 이런 주식을 매입할 때 수반되는 제한 조건들을 미리 알았으므로 이들의 불만이 가당치 않다고 여겼다. 그는 이 문제에 대해 말할 때면 대개 "페라리를 사서 페라리를 차고에 둘 권리를 가지고 있다고 생각하는 것이나 다름없다."라고 표현했다.

---

* 1대 주주가 보유 지분을 매각할 때 2, 3대 주주가 그것이 좋은 조건이라고 판단되면 1대 주주와 동일한 가격으로 팔아 달라고 1대 주주에게 요구할 수 있는 권리를 뜻함-옮긴이

『이코노미스트』 기사로 말미암아 프레비 같은 소주주들의 불만이 세계적으로 확대됐다. 프레비는 방쿠 두 브라질 연금 기금으로(거의 우선주PN인) 암베비 총 자본의 약 8.8퍼센트를 보유하고 있었다. 거래가 세 명의 대주주에게만 유리하다고 생각했던 프레비는 합의가 발표된 이후 공공연하게 불만을 표현했다. 레만, 텔레스, 시쿠피라는 무엇보다 이들의 비난이 법정으로 이어져 청구권 분쟁으로 변할까봐 두려웠다. 그들은 브라마가 안타르치카를 매입할 때 일어난 사태는 무슨 일이 있더라도 피하고 싶었다. 그 당시 카이저가 일련의 법적 주장을 펼치며 소비자보호단체들이 인수를 승인하지 못하도록 지연시키는 바람에 치열한 공방이 일어났다. 텔레스는 변호사 세르지우 베르무데스를 고용했다. 소주주의 입장에서 합의 사항을 파악하고 모든 세부사항을 심층적으로 이해함으로써 일어날 소지가 있는 위반 사례를 확인하기 위해서였다(텔레스가 택한 전술의 한 가지 부작용은 브라질에서 가장 이름난 변호사로 손꼽히는 베르무데스가 프레비를 대변하지 못할 수 있다는 점이다).

그러나 인터브루로 하여금 우선주의 소유주들에게 특별대우를 제시하도록 강요할 수단이 전혀 없었다. 그래서 소주주들은 어쩔 수 없이 합의를 하고 상황을 받아들여야 했다. 그러자 마침내 주가가 다시 상승하기 시작했다. 이후에는 이보베스파 지수가 150퍼센트 상승하는 동안 거의 700퍼센트가량 상승했다. 세 사업가가 대처해야 할 문제는 여기서 그치지 않았다. 브라질 증권거래위원회CVM는 세 사람이 특혜로 얻은 정보를 이용했는지 여부와 인터브루와 협상하는 과정에 암베비 지휘자들에게 유리하게 작용했던 그밖의 수상쩍은 변칙 사례를 조사하기 위해 행정 처리 과정을 시작했다.

2009년 말 레만, 텔레스, 시쿠피라는 브라질 증권거래위원회CVM와 그 절차를 끝내고 1,800만 헤알이 넘는 돈을 지불한다는 합의에 이르렀다. 그들이 합의했다는 사실을 유죄를 인정하는 의미로 받아들이는 사람이 많았다. 하지만 이 사건에서 그들을 변호한 변호사 아라가웅의 설명은 달랐다.

"브라질 증권거래위원회CVM의 계약 조건들을 공개적으로 받아들인 것은 유무죄를 인정하는 것이 아닙니다. 우리의 목표는 단순히 문제를 마무리하는 것이었어요."

수십 년 동안 레만과 그의 파트너들은 회사를 매입하고 능력주의라는 문화를 고취시키는 데 익숙했다. 가란치아가 로자스 아메리카나스를 매입했을 때 시쿠피라는 그 소매 업체에 자신의 스타일을 새길 재량권이 있었다. 단기간에 주요 중역들을 교체하고 변동 보상 시스템을 변경하며 직원들을 위한 목표를 수립했다. 몇 년 후 가란치아가 브라마를 인수했을 때 텔레스도 비슷한 경로를 따랐다. 두 사례에서 시쿠피라와 텔레스는 사실상 이 두 회사의 새로운 소유주나 다름없었고 성과를 개선하기 위해서 필요하다면 무슨 일이든 할 수 있었다. 인기를 얻으려고 애쓰거나 다른 주주들의 눈치를 볼 필요가 없었다. 새로운 규칙이 마음에 들지 않는 직원들은 떠나면 그만이었다.

그러나 인터브루의 거래에는 다른 접근 방식이 필요했다. 이번에 그들은 정복자가 아니었다. 매입된 것은 암베비였으므로 브라질 사람들이 인베브 본사로 걸어 들어가서 자기들 생각을 강요할 수 없었다. 미묘하지만 외교와 어느 정도의 인내심이 필요했다. 게임의 규칙은 그들이 익숙했던 것과 달라질 것이다. 이제 그들이 새로운 조건에 적응해야 했다.

거래가 마무리된 직후 세 벨기에 가문의 대표들이 짐 콜린스의 전통적인 워크숍에 참석하기 위해 레만, 텔레스, 시쿠피라를 대동하고 콜로라도로 향했다. 콜린스에 따르면 "조르지는 우리가 회사에서 한 문화를 창조해야 하며 이사회가 최선의 출발점이 될 것이라고 말했다." 레만의 멘토였던 콜린스는 누구보다도 훌륭하게 이 계획을 통합하도록 도왔다.

합의서에 규정된 규칙에 따라 인터브루의 미국 CEO 브록이 인베브를 통솔할 계획이었다. 반면 재무 담당 이사는 암베비의 펠리피 두트라Felipe Dutra가 맡았다. 텔레스가 이끄는 통합 위원회는 곧바로 각 회사에서 최고의 인재와 프로세스를 확인했다. 벨기에 가문의 한 측근은 다음과 같이 말했다. "처음부터 인터브루의 최고경영자들은 모든 주주가 합동으로 주요 결정을 내렸어도 결국 암베비 경영 방식이 주도권을 잡을 것이라는 사실을 확실히 알았습니다."

인터브루의 모든 사람이 브라질 사람들의 개입을 인정한 것은 아니었다. 인베브 본사에서 텔레스, 두트라, 그리고 다른 브라질 사람들의 존재감이 뚜렷해짐에 따라 모든 단계의 직원들이 점차 저항하기 시작했다. 말단부터 정상까지 예전 인터브루 직원들은 그때껏 자신들이 공격적이고 지나치게 탐욕스럽다고 여긴 관행들을 처음 접하고 충격을 받았다. 그들은 안정적인 고용, 직장생활과 가정생활의 균형, 그리고 모든 시민의 건강과 교육, 안전을 보장할 수 있는 부유한 정부에 익숙했다. 미친 듯이 돈을 좇는 브라질 사람들의 방식을 도무지 이해할 수 없었다. 그들은 전통적인 '당근'(풍부한 보너스와 회사의 파트너가 될 수 있다는 가능성)에 매력을 느끼지 못했다.

뢰벤의 한 공장 근로자는 당시 대부분의 직원이 느낀 감정을 다음과 같이 요약했다. "그들은 고정 급여를 줄이는 한편 변동 보상을 늘리고 싶어 하지만 우리는 보너스를 받는 것에는 관심이 없습니다. 이 때문에 해고를 당한다고 해도 국가에서 우리에게 필요한 모든 것을 제공해줄 테니 전혀 문제될 게 없죠."

그런 분위기는 또한 중역들 사이에서도 갈등의 한 가지 요인이 됐다. 인터브루 사람들은 비즈니스 클래스를 타는 것(현재는 6시간이 넘는 항공 여행에만 허용된다) 같은 특전의 중단, 개인 사무실 제거, 중역과 다른 직원들 사이의 엄격한 계층구조 철폐, (돈이 아니라 주식으로 지급되는 보너스를 포함한) 변동 보상 시스템 등의 변화를 승인할 의사가 전혀 없었다. 벨기에의 한 중역은 심지어 인베브가 설립되고 몇 달이 지나 상파울루에서 열린 회사 행사에서 동료와 같은 방을 써야 한다며 공개적으로 불평했다. 상황이 변하고 있었다. 텔레스는 몇 년 전에 이렇게 말했다. "좋아하는 사람도 있었으나 대부분 싫어했죠. 하지만 우리 문화는 변할 수 없습니다."

텔레스는 비록 이 무렵 중역의 직책을 맡지 않았으나 거의 매일같이 회사에서 일했다. 전 세계의 다양한 업무 활동을 익히고 직원들과 대화를 나누었다. 각 분야의 운영 원칙을 면밀히 관찰하고 싶어 했다. 세계적인 규모라는 사실만 달랐을 뿐 브라마와 안타르치카의 통합 작업을 다시 진행하는 느낌이었다. 통합 위원회는 매달 만나서 진전 상황과 다음 단계를 의논했다(위원회는 인베브가 설립되고 3년이 지나고 나서야 해체됐다).

브라질 사람들의 개입으로 거둔 첫 번째 성과가 단시간에 나타나기 시작했다. 2005년 상반기 판매량이 5.5퍼센트 증가한 반면 소득은 거래가 발표됐던 2004년 같은 기간에 비해 11퍼센트 증가했다. 텔레스와 그의 파트너들은 자신들의 아이디어를 채택하도록 벨기에 사람들을 설득하기 위해 노력한 것은 물론이고 또 다른 분야에서도 적극적으로 활동하며 점차 인베브에서 자신들의 지분을 늘려갔다. 새로운 양조 회사의 탄생을 발표한 직후 시장에 나온 자사 주식을 매입하기 시작해서 1년이 채 지나지 않았을 때 인베브의 최대 개인주주들이 됐다.

이들이 (지분과 경영진에 대한 영향력을 확대하면서) 세력을 넓히자 새로운 모형을 계속 거부하는 중역들이 떠나기 시작했다. 텔레스와 파트너들이 예상한 대로 불만을 품었던 사람들이 조금씩 회사를 떠났다. 그 결과 암베비의 '갇혀 있던' 인재들이 마침내 기회를 찾을 공간이 생겼다. (암베비의 베테랑이었던) 미구엘 파트리시우**Miguel Patricio**, 클라우지우 가르시아**Claudio Garcia**, 후앙 베르가라 같은 사람들이 인베브의 정상에 올라 세계적인 직책을 맡았다.

가장 상징적인 부상은 2005년 12월 브리투가 인베브의 CEO로 발표된 일이었다. 벨기에 측의 추락은 최악이었다. 인터브루를 통솔했던 가문의 한 측근은 다음과 같이 전했다. "투자가와 기자들이 처음에는 인터브루에 의해 매입됐던 브라질 측이 실제로 더 명석하게 보였고 그래서 통솔권을 차지했다고 말했죠. 하지만 벨기에 주주들은 여권 색상과는 상관없이 최고 인재들이 회사를 이끌어야 한다고 생각했습니다."

2003년 암베비를 지휘했던 브리투는 CEO 직책에 어느 정도 준비된 상태였다. 이듬해 인터브루가 암베비를 매입한 직후 텔레스로부터 이야기를 나누자는 요청을 받았고 거부할 수 없는 '초대'를 받았다.

텔레스: "브리투, 당신은 브라질의 제1인자요. 이제 회사가 바뀌었으니 브라질 밖에서 당신을 증명해야 합니다. 캐나다로 가서 라바트를 맡으세요."

브리투: "하지만 마르셀, 캐나다라니요. 캐나다는 브라질에 비하면 너무 작습니다."

텔레스: "언젠가 회사의 세계 CEO가 되고 싶다면 브라질 밖에서 능력을 입증해야 할 겁니다."

브리투는 상사를 믿고서 아내와 아이들을 데리고 북아메리카로 향했다. 1년 남짓 지났을 때 세계 인베브의 주요 중역이 됐다.

인터브루와 암베비의 거래가 발표된 직후부터 분석가, 기자, 그리고 투자가가 무수히 반복했던 질문, 즉 '누가 회사를 운영하는가?'에 대한 해답이 드러나기 시작했다.

Dream Big
16

앤호이저-부시와 버거킹의 주인이 되는 야심을 품다

: 전세계 맥주 1위 버드와이저와 버거킹을 인수해 혁신하다

인터브루가 암베비를 매입하고 몇 달이 지난 후에 레만, 텔레스, 시쿠피라는 미국에 투자 회사를 세우기로 결정했다. 미국의 여러 기업에게 지금까지와는 달리 기금이 아닌 다른 방식으로 자신들의 일부 자산을 직접 할당하기 위해서였다. 새로운 기업을 운영할 사람은 전혀 부족하지 않았다. 아메리카 라티나 로지스티카ALL을 쓰레기 더미에서 브라질 자본 시장에서 가장 가치 있는 철도 회사로 탈바꿈 시킨 사나이 알렉산드리 베링이 바로 얼마 전에 CEO 직책을 베르나르두 히스에게 넘기고 새로운 모험에 대비하고 있었다. 베링은 GP 인베스치멘투스의 파트너로 경험을 쌓은 덕분에 비록 지금은 곤경에 처했지만 관리 방식을 파격적으로 변화시키면 성과가 향상될 회사를 찾아내는 방법을 알고 있었다.

베링은 1997년 조르주 레만의 아들 파울루 레만이 1997년 뉴

욕에 설립한 시너지를 사모 펀드로 바꾸자고 제안했다(그 무렵 파울루 레만은 시너지를 떠나 자산관리 회사 폴룩스를 설립했다). GP가 미국에서 과도한 투자를 했던 경험을 반복하고 싶지 않았던 세 파트너는 세심한 주의를 기울였다. 미국 펀드 GP가 몇 가지 선택에 집중한 끝에 3G 캐피탈이 탄생했다. 가란치아의 옛 소유주들을 의미하는 이름이었다.

이전 회사들과 다름없이 파트너십 모형을 채택하게 될 이 새로운 기업에서 톰슨과 베링은 레만, 텔레스, 시쿠피라의 첫 번째 파트너가 됐다. 3G의 시작은 실험과 학습 단계였다. 사무실은 맨해튼 중심지의 3번 가에 위치한 한 건물의 31층에 마련했다. 베링은 코카콜라 같은 미국 기업들의 주식을 소량 매입했다. 3G가 경영에 개입할 수 있을 만큼 많은 양이 아니었지만 브라질 사람들은 그런 식으로 미국 기업들과 조금씩 가까워졌다. 베링은 이 사업에서 자신을 도울 40명 미만의 정예 팀을 구성했다(3G 역사상 2010년 전 대통령 빌 클린턴의 딸 첼시 클린턴과 결혼한 마크 메즈빈스키만큼 헤드라인을 숱하게 장식한 직원은 없었다. 메즈빈스키는 결혼하고 몇 달 후 회사를 떠났다). 처음부터 레만, 텔레스, 시쿠피라, 톰슨은 베링과 매주 화요일 화상회의를 통해서 펀드의 모든 계획을 의논하면서 새로운 투자 대상을 물색할 계획을 세웠다.

가장 눈에 띄는 첫 번째 3G의 동태는 2007년 12월 미국 3대 철도인 CSX 자본의 4.2퍼센트를 매입한 일이었다. CSX은 총 수입이 미화 10억 달러가 넘었으나 노화로 접어든 회사였다. 베링은 CSX를 브라질 회사 아메리카 라티나 로지스티카ALL의 미국 버전이라고 생각했다. 과연 그들이 CSX와도 아메리카 라티나 로지스티카

ALL의 성공담을 반복할 수 있을지가 관건이었다.

CSX를 운영하려면 3G가 보유한 4.2퍼센트보다 많은 지분이 필요했다. 따라서 처음부터 다른 파트너를 참여시킬 거래를 설계했다. 후보자는 아동투자기금TCI이었다. 런던에 본사를 둔 이 행동주의 펀드는 이미 CSX 자본의 4.1퍼센트를 확보하고서 경영진에 진출하기 위해 노력하던 중이었다. 자본을 보유하는 투자가들이 수적으로 많았기 때문에 3G와 아동투자기금TCI은 두 펀드가 힘을 합치면 회사의 통수권을 얻을 수 있다고 판단했다. 그러나 CSX 이사회나 중역 회의는 이 두 주주에게 굴복할 마음이 없었다. 양측의 오랜 법정 싸움이 시작됐다. 법정에서 싸움이 계속되는 동안 3G와 아동투자기금TCI이 얻을 수 있는 최대의 결과는 4개의 이사회 의석, 전체의 3분의 1이 전부였다. 그들은 소수에 속했기 때문에 특히 비용 절감 프로그램 같은 조정안을 제시할 수는 있었어도 주도권을 완전히 장악할 수는 없었다.

2년 후 아동투자기금TCI은 두 손 들고 철도 회사의 자사 지분을 매각했으며 2011년 3G도 그 뒤를 따랐다. 3G는 CSX에 했던 투자에서 4년이 채 되지 않은 기간에 약 80퍼센트라는 상당한 수익을 거두었다. 비록 경제적으로는 훌륭한 수익이었다. 하지만 브라질 사람들은 자신들이 원하는 방향으로 회사를 움직일 수 없었고 따라서 파트너들에게는 약간 불만스러운 결과였다. 가란치아가 상파울루 알파르가타스와 소매 업체 로자스 브라질레이라스의 소액 지분을 매입하던 30년 전의 상황도 이와 비슷했다. 그들의 주식 보유량이 회사 운영에 개입하기에는 충분치 않아서 두 경우에서 모두 손을 떼기로 결정했던 적이 있었다.

베링은 또 다른 좋은 사업을 찾아야 했다. 이번에는 실제로 경영할 수 있는 사업이라야 했다.

대서양 건너편에서는 창립한 지 3년이 지난 인베브가 암베비 문화의 주요 원칙들을 이미 흡수한 상태였다. 전 직원이 각자 목표를 파악하고(빈센테 팔코니 교수의 자문에서 도움을 받아 최고위 직책부터 공장 근로자까지 모든 사람이 맡은 임무였다) 새로운 변동 보상 프로그램에 참여했다. 암베비의 능력주의 모형에 대한 일부 직원들의 저항은 수습됐다. 그것은 새로운 방식에 대해 불평하던 많은 사람이 회사를 떠났기 때문이다. 두 양조 회사는 시너지 효과를 발휘해 미화 약 1억 5,000만 달러의 수입을 거두었다. 2005년과 2007년 사이 수익은 거의 150퍼센트 증가해서 9억 유로에서 22억 유로로 껑충 뛰었다.

세 브라질 기업가들은 새롭게 출발할 때가 왔다고 느꼈다. 그들은 언제나 세계 최대 양조 회사의 주인이 되겠다는 야심을 품었다. 이제 마침내 마지막 조치를 취할 수 있는 힘을 갖추었다. 그것은 세계에서 가장 잘 팔리는 맥주 버드와이저의 생산업체인 미국의 앤호이저-부시를 매입하는 일이었다.

2008년 6월 11일 브리투는 앤호이저-부시의 CEO인 오거스트 부시 4세에게 회사를 사고 싶다는 뜻을 정식으로 전달하는 편지를 보냈다. 11월 레만, 텔레스, 시쿠피라는 미화 520억 달러라는 대가를 치르고 그 미국 양조 회사의 지휘자가 돼 앤호이저-부시 인베브를 설립했다.

인수는 신속하게 진행됐다. 매입이 결정되고 6개월이 지났을 때

『월스트리트 저널』은 한 기사에서 브리투와 브라질 사람들로 구성된 팀원들이 미주리주 세인트루이스의 앤호이저-부시 본사에서 일으킨 변화를 나열했다. 중역실의 벽이 허물어지고 중역들이 공동으로 사용할 대형 탁자가 놓인 큰 방이 들어섰다. 중역들에게 지급된 휴대전화(블랙베리)는 1,200대에서 720대로 줄어들었다. 회사 소유의 비행기들은 시장에 내놓았고 중역들이 상용 비행기로 출장을 다니기 시작했다. 물론 일반석이었다. 무료 맥주 배급은 끝났고 세인트루이스 카디날스의 경기 티켓도 마찬가지였다. 대부분 수십 년 동안 근무했던 1,400명의 직원들은 새로운 경영진이 들어서던 첫 주에 해고됐다. 일단 계산이 끝나자 브리투와 그의 팀은 1년도 채 되지 않아 미화 10억 달러의 비용을 절감하고 미화 90억 달러에 이르는 자산을 처리했다.

『월스트리트 저널』은 다음과 같이 보도했다. "직원들이 감수하기 어려운 변화들이었다. 일부 직원들은 고용 안정에 대해 걱정하고 절약을 강조하는 방침에 불만스러워하며 더 무거워진 업무 부담과 씨름하고 있다." 과거 브라마 암베비와 인베브가 설립됐을 때 일어난 일과 다를 바 없었다.

2008년 세계 금융 위기가 발생하자 브리투가 채택한 조치들을 더 조속하게 실행해야 했다. 인베브가 앤호이저-부시를 인수하려면 세계적으로 돈이 점점 부족해지는 시점에 어마어마한 부채를 떠안아야 했다. 그래서 최근 매입한 미국 양조 업체에서는 허리띠를 졸라매고 있었다. 일반적으로 모든 영업 분야에서 과감한 삭감을 단행하고 브라질에서 이미 수립한 2009년 계획을 서둘러 바꾸었다. 암베비 CEO 카스트루 네비스는 당시 상황을 다음과 같이 묘사했다.

“평소 우리가 세우는 다음해 예산은 7~8월에 준비하기 시작한다. 따라서 금융 위기가 갑작스럽게 터졌을 무렵 예산은 사실상 이미 준비된 상태였기 때문에 2~3주 안에 수정해야 했다. 신속하게 행동하고 목표를 변경해야 했다. 우리는 대개 매년 시장점유율, 경비, 법인세 이자 감가상각비 차감 전 영업 이익EBITDA, 현금 등 네 가지 큰 목표를 세웠다. 하지만 2009년이 생존의 해가 될 것이라고 판단하고 법인세 이자 감가상각비 차감 전 영업 이익EBITDA과 현금에만 초점을 맞추기로 결정했다. 그러고 나서 사전 조사를 했다. 지불 기한을 어떻게 연장할 수 있을까? 플랜트 확장 프로젝트를 어떻게 연기할 수 있을까? 3,000만 헤알이 아니라 2,000만 헤알로 제품을 출시할 수 있을까? 선택이 필요했다. 중요하지 않는 것은 무엇이든 기다려야 했다.”

브리투와 앤호이저-부시 인베브의 고위 경영진 서른아홉 명에게는 재빨리 경비를 줄이고 앤호이저-부시를 벨기에-브라질 양조회사와 통합해야 할 또 다른 이유가 있었다. 매입이 마무리된 직후 앤호이저-부시 인베브는 경영진에게 2,800만 주의 패키지 주식 옵션을 제안했다. 당시 시세로 환산하면 미화 10억 달러에 해당하는 액수였다. 그러나 회사 부채를 2013년까지 절반으로 줄여야만 이 주식을 받을 수 있었다. ‘모 아니면 도’인 상황이었다.

브리투와 그가 이끄는 집단은 이 목표를 성취했을 뿐만 아니라 마감 시한을 2년이나 앞당겼다. 그 결과 레만, 텔레스, 시쿠피라가 거쳐온 경로에서 흔히 그랬듯이 새로운 백만장자들의 집단이 탄생했다. 브리투에게 약속된 주식만 해도 2013년 초 앤호이저-부시 인베브 주가를 기준으로 5억 헤알에 이르렀다. 앤호이저-부시를 인수한 이후 주가는 270퍼센트 상승했다. 잡지 『에포카 네고시우스』에 따르면 당시 브라질 사상 최대의 변동 보상이었다. 그러나 레만과 파트너들의 문화에 따라 브리투가 그 상을 한꺼번에 받을 수는 없었고 2014년과 2019년에 각각 절반씩 받을 예정이었다(따라서 지급하는 시점의 주가에 따라 총 가치가 증가하거나 감소할 것이다). 회사의 공인 회계에 따르면 브리투는 현재 주식의 0.18퍼센트를 보유하고 있다. 이는 약 6억 헤알에 해당한다(여기에는 앞으로 받을 주식은 포함되지 않았다).

앤호이저-부시를 매입한 후 브리투가 실행한 혹독한 비용 절감 프로그램들은 처음부터 반발을 불러일으켰다. 브리투는 (사분기마다 훌륭한 성과를 거둔 덕분에) 월스트리트에서 높이 평가되는 중역인 동시에 (효율성을 높이기 위해 직원을 해고하는 바람에) 경멸의 대상이 됐다. 최근에는 소비자들로부터 맥주 맛이 변했다는 비난을 받았다. 2012년 10월 미국 잡지 『블룸버그 비즈니스 위크』는 커버스토리에서 비용 절감 목표가 앤호이저-부시 인베브의 제조 과정에 미친 영향을 폭로함으로써 이 문제를 더욱 부각시켰다.

이 기사에서는 미국에서 판매된 벡스 맥주가 예전에는 독일에서 수입됐으나 이제는 세인트루이스 공장에서 생산된다고 보도했다. 아울러 이 회사가 맥주 생산의 필수적인 원료인 호프 공급 업체를 비롯해 전통적인 공급 업체를 대거 교체했다고 주장했다. 그뿐만 아니라 맥주 맛이 나빠졌으며 수많은 소규모 공급 업체들이 거래에서 제외돼 하루아침에 버려졌다는 의혹을 제기했다. 브리투에 대해서는 다음과 같이 언급했다. "그는 비용 절감이라는 명분으로 버드와이저 제조법을 변경함으로써 미국 맥주 애호가들의 열렬한 사랑을 위태롭게 만들고 있다."

레만은 햄버거를 먹지 않는다. 식단을 매우 엄격하게 조절하며 '프렌치프라이를 곁들인 샌드위치'보다는 '샐러드를 곁들인 생선'으로 구성한다. 아이러니하게도 그와 파트너들이 미국에 투자할 두 번째 기회를 찾은 곳은 패스트푸드 분야였다. 3G가 뉴욕에서 영업을 시작한 이후 베링이 운영하는 펀드는 일종의 패스트푸드 시험에 전념했다. 웬디스, 잭 인 더 박스, 맥도날드 같은 체인점에 소액을 투자했다. 베링은 이 분야를 더 깊이 조사한 끝에 큰 기회가 있다는 결론에 이르렀다. 목표는 70개국에 진출해 세계 최대 패스트푸드 체인점으로 손꼽히는 버거킹이었다. 버커킹은 50년 동안 여섯 개 집단이 지휘했으며 적어도 지난 10년 동안 가장 저조한 성과를 거두었다. 다시 말해 그것은 3G를 위한 큰 기회였다.

베링은 2009년 말 회사를 더 정확하게 알고 싶다는 구실을 내세워 버거킹 이사회에 진입하기 위해 노력했다. 어떤 수를 써야 할지 모색하면서 한 가지 제안을 준비했다. 우선 라자드 은행을 고용했다. 버거킹 CEO 겸 이사회 의장인 존 W. 치드시John W. Chidsey는 2010년 3월 29일 편지 한 통을 받았다. 편지에서 베링은 그 체인점을 사고 싶다는 뜻을 공식적으로 전달했다.

5개월 동안 진지한 협상이 이어진 끝에 2010년 9월 2일 마침내 미화 40억 달러에 회사가 매각됐다는 발표가 났다. 레만, 텔레스, 시쿠피라의 주머니에서 모든 돈이 나온 것은 아니었다. 세 사람이 투자한 돈은 미화 12억 달러였고 나머지는 JP 모건, 바클레이즈 캐피탈 등의 은행과 에이크 바치스타, 앤호이저-부시 인베브의 파트너인 알렉상드르 반담 등의 사업가로 구성된 투자 집단에서 출자했다.

버거킹의 경영자로 히스가 선정됐다. 그는 지난 몇 달 동안 파울루 바실리우Paulo Basilio를 자신의 뒤를 이을 아메리카 라티나 로지스티카ALL의 CEO로 키워두었다(이 지역 영업의 지휘권은 질베르투 사양의 빈치 파트너스가 소유하고 있었기 때문에 3G가 보유한 브라질 버거킹의 자본은 30퍼센트에 지나지 않았다).

시쿠피라는 기업가정신주의를 지지하는 NGO 엔데버가 조직했던 한 행사에서 그 인수에 대해 다음과 같이 밝혔다. "내가 햄버거 먹는 법을 배워야 할지는 모르겠지만 햄버거 만드는 법은 확실히 배울 것이다. 나는 그 브랜드[버거킹]가 사람들의 생각보다 한층 탄탄한 브랜드라고 결론을 내렸다. 버거킹은 대기업이 아니다. 매장 수는 물론이고 인수 금액이나 로자스 아메리카나스의 시장 가치의 절반에도 미치지 못하는 법인세 이자 감가상각비 차감 전 영업 이익EBITDA 등 모든 면에서 로자스 아메리카나스 규모의 절반에 미치지 못한다. 하지만 이 인수가 얼마나 큰 반향을 일으켰는가! 나는 세계 여러 지역에 친구들이 있는데 그 모든 나라에서 뉴스거리가 됐다고 한다. 브랜드 인지도가 매우 높은데도 총 수입이 인지도를 따라가지 못한다면 이는 당신에게 큰 기회가 있다는 뜻이다."

레만, 텔레스, 시쿠피라는 베링이 지휘하는 협상을 멀리서 지켜보았다. 그들은 마침내 거래가 체결됐을 때 자신들의 새로운 투자 대상을 가까이서 보고 싶었다. 레만과 시쿠피라는 평소의 식습관을 버렸으며 앞으로 그들이 전 세계에 판매할 제품을 파악하기 위해 버거킹 샌드위치를 시식하기도 했다(평소와 색다른 요리를 시식한 레만은 양이 너무 많다는 의견을 내놓았다). 텔레스와 시쿠피라는 (의장인) 베링, 히스, 반담을 비롯해 다른 독자적인 임원들과 함께 이사회에 합류했다.

현재 앤호이저-부시 인베브, 암베비, 로자스 아메리카나스 이사회의 임원인 톰슨은 다음과 같이 말했다. "우리는 지난 10년 동안 올바른 전략을 따랐습니다. 이제 부차적인 문제는 남겨두고 핵심 문제에 집중했습니다. 이처럼 우리는 중요한 일들에 전적으로 시간을 투자합니다. 거액의 수표를 발행할 때는 당연히 수표를 잘 관리해야죠."

이 '거액의 수표'를 잘 관리해야 할 가장 큰 책임은 42세의 베르나르두 히스의 몫이었다. 그와 아내와 두 아이는 현재 회사 본사가 위치한 마이애미에서 거주하고 있다. 히스는 리우의 PUC에서 경제학을 공부하며 에스투다르 재단의 장학금을 신청했던 20여 년 전 세 파트너의 사고방식을 배웠다.

"나는 장학금을 받기 위해 베투가 이끌던 로자스 아메리카나스에서 그와 면담했다. 베투 같은 CEO가 청바지를 입은 모습이 얼마나 신기했는지 지금도 기억한다. 베투는 자리에 앉아 두 발을 탁자에 얹고서 왜 자기에게 돈을 받고 싶으냐고 물었다. 나는 20세이고 학비를 내야 한다고 대답했다. 아버지가 은퇴하시는 바람에 상황이 그리 좋지 않았다.

다행스럽게도 그때까지는 아버지가 나를 돌봐주었지만 이제 모든 책임은 내게 있었다. 내가 스스로 삶을 꾸려나가야 했다. 베투가 두 번째 질문을 했다. '내 돈을 여자 친구들에게 쓸 작정이오?' 나는 그 돈으로 PUC의 학비를 내고 싶지만 남는 게 있다면 여자 친구에게 쓸 것이라고 대답했다. 그는 내 농담에 소리내어 웃었다. 내 생각에 그는 내 답변을 좋아했다. 나는 그의 솔직함과 단도직입적인 스타일이 좋았다."

히스는 PUC를 졸업하고 영국 워익 대학교에서 MBA 과정을 마쳤다. 1998년 분석가로서 아메리카 라티나 로지스티카ALL에서 일하기 시작해서 7년 후 CEO가 됐다. 2010년 7월 계속 아메리카 라티나 로지스티카ALL을 이끌던 중에 3G의 파트너가 됐다. 그것은 그 철도 회사에 변화의 바람이 불고 있으며 히스가 곧이어 다른 직책을 맡을 것이라는 부인할 수 없는 증거였다. 버거킹에 합류한 이후 히스는 세 파트너의 원칙들을 모두 활용했다. 회사 본사에 목표와 성과를 담은 게시판을 내걸었다. 직원 수백 명이 해고됐다. 중역에게는 집무실을 나와 매장을 둘러보고 샌드위치 만드는 법을 배우라고 권고했다. 2013년 버거킹의 시가 총액은 미화 62억 달러에 이르렀다. 3G가 매입한 가격의 2배가 넘는 액수였다(회사 자본은 인수 이후에도 변하지 않았고 주식은 2012년 6월부터 다시 거래되기 시작했다). 이는 상당한 향상이었으나 버거킹은 여전히 시장 가치가 920억 달러에 육박하는 업계의 선두주자 맥도날드에게 크게 뒤처져 있었다.

버거킹의 영업이 제 궤도에 오르기 시작하자 베링은 이사회 의장으로 맡은 임무를 조금씩 줄이고 새로운 사업을 모색했다. 새로운 사업에 투자할 수 있는 미화 40억 달러의 자금이 확보돼 있었다. 3G의 세 창업자뿐만 아니라 앤호이저-부시 암베비의 파트너인 벨기에의 세 가문으로 구성된 투자가들의 돈이었다. 버거킹과 마찬가지로 브랜드와 세계적 영향력이 탄탄하지만 경영 충격을 통해 성과를 개선할 여지가 있는 또 다른 회사를 표적으로 삼았다.

2012년 화장품 회사 코티가 아봉에게 적대적 매수 계획을 제시했다가 실패했을 때 3G가 배후에 있었다는 추측이 떠돌았다. 이런 의혹이 일어난 이유는 한두 가지가 아니었다. 코티 이사회의 의장이자 에이본에게 제시한 거래의 주요 지지자인 독일인 피터 하프Peter Harf는 2012년까지 앤호이저-부시 인베브 이사회의 의장이었다. 브라질 인인 코티의 CFO 세르지우 페드레이루Sérgio Pedreiro가 수년 동안 물류 회사 아메리카 라티나 로지스티카ALL의 재무 분야를 지휘했다. 에이본을 매입할 자원의 일부는 레만의 오랜 친구 워렌 버핏의 투자 회사 버크셔 헤서웨이에서 출자될 예정이었다(버핏은 레만과 무척 가까워서 최근 몇 년 동안 콜로라도에서 열리는 짐 콜린스의 워크숍에 세 번이나 함께 참가했다). 세 사람의 흔적을 어디에서나 볼 수 있었다.

8개월 후 베링은 수중의 현금 수십 억 달러를 투자할 이상적인 회사를 용케 찾아낸다.

Dream Big

17

세계 억만장자 2위보다 회사의 지속가능성이 중요하다

: 능력주의, 비용 절감, 지속적인 향상의 안내로 기회를 쫓는다

수자나 레만은 2012년 11월 30일 금요일 이른 시간에 몹시 놀랐다. 스위스에 있는 자기 집 부엌에서 아침을 먹다가 지역 라디오 뉴스를 틀었는데 아나운서가 남편의 이름을 언급하는 것이 아닌가. 신문이나 잡지에 실린 남편의 이름을 보는 일에는 익숙했지만 라디오에서 거론되는 것은 사뭇 달랐다. 레만의 이름이 언급된 것은 잡지 『빌란』이 최신호에서 그를 스위스 최대 부자로 손꼽았기 때문이다. 레만은 이중 국적(브라질과 스위스) 소지자였기 때문에 비록 정상 근처에는 가지 못했어도 몇 년 동안 순위에 올라 있었다. 그런데 이제 이케아 소매 체인점을 설립한 잉그바르 캄프라드Ingvar Kamprad의 뒤를 이어 2위를 차지한 것이다. 몇 시간 후 블룸버그 통신사가 매일 업데이트하는 세계 억만장자 순위에서는 그 스위스-브라질 국적의 사나이가 약 미화 1,890억 달러에 이르는 자산으로

EBX 그룹의 소유자인 에이크 바치스타Eike Batista를 제치고 브라질 최대 갑부가 됐다. 레만의 측근들은 그가 소식을 전해 듣고 태연했다고 말한다.

레만은 다음과 같이 말했다. "샘 월튼이 세계 최대 갑부 목록에 등장했을 때 그에게 기분이 어떠냐고 물었습니다. 그러자 목록은 그저 종이에 지나지 않으니 아무것도 바뀌지 않는다고 대답하더군요. 정말 중요한 것은 다른 것들이라고 말했죠. 제 생각도 그렇습니다." 그에게 중요한 것은 회사의 지속가능성과 자선 이니셔티브였다. 레만은 자신이 지휘하던 여러 회사의 일상적인 운영에서 물러난 후에 교육 프로젝트에 전념했다.

이제 그의 시간 가운데 3분의 1을 에스투다르와 레만 재단의 활동에 투자했다. 두 재단은 그의 회사에서 본질적인 요소인 간소한 문화와 탁월함의 추구를 실천한다. 린 구조를 채택할 뿐만 아니라 (두 재단의 직원은 합쳐서 25명이 넘지 않는다) 직원마다 각자 성취해야 할 목표가 있다. 1991년 세 파트너가 설립한 에스투다르는 여태껏 국내외 브라질 학생 529명에게 대학과 대학원 장학금을 지급했다. 선발된 학생들은 모두 세 파트너에게 평가를 받았다. 이 지원 과정을 거친 학생 가운데 남부 브라질에 위치한 반리술 은행의 CEO이자 현재 빈센테 팔코니가 설립한 자문 회사의 지휘자인 마테우스 반데이라Mateus Bandeira가 있다. 그 밖에도 장학금을 받고 나서 세 파트너가 통솔하는 여러 회사에서 고위직을 맡았던 사람으로는 카스트루 네비스와 히스가 있다.

레만은 에스투다르 재단에서 출장을 다니는 일종의 국제 대사와 같은 역할을 했다. 에스투다르가 정기적으로 최고 기관의 대표들을 초대해 학생들에게 강연을 실시할 수 있었던 것은 주로 외국 대학교와 친분이 있었기 때문이다. 예컨대 이 재단에서는 2011년 초 하버드 총장 드루 파우스트Drew Faust를 초대해 하버드에서 수학한 경험에 대한 강연을 열었다. 하버드 학생이자 중대한 기부자인 레만이 그녀를 초대해서 브라질 대통령 지우마 호세프Dilma Rousseff와의 면담에 대동했다. 레만은 또한 2002년 브라질 공교육의 질을 높이기 위해 직접 창설한 레만 재단의 활동에 대한 전면적인 계획을 세운다. 이 재단의 첫 번째 이니셔티브는 공립학교의 교사와 관리자들을 훈련시키는 일이다.

레만 재단은 최근 몇 년 동안 국제적으로 많은 관심을 받았다. 2012년 이 재단은 브라질 교육을 위한 창의적이고 혁신적인 연구센터를 세울 목적으로 스탠퍼드 대학교와 파트너십을 맺었다. 아울러 하버드 대학교와 일리노이 대학교와도 국제적인 파트너십을 맺고 브라질에 관한 연구에 매진하는 학생들에게 장학금을 수여한다. 2013년 1월에는 '빌 게이츠의 스승'으로 알려진 미국인 살만 칸Salman Khan이 브라질을 방문해 자신의 교수 방식에 대해 강의를 했다. 이 강의는 유튜브로 방송됐다(레만 재단은 2012년 칸 아카데미와 강의 내용을 포르투갈어로 번역하기로 계약을 맺었다).

텔레스와 시쿠피라는 에스투다르 재단에 참여할 뿐만 아니라 각자의 사업을 진행한다. 텔레스의 사업인 이스마트는 일류 사립대학에 재학 중인 저임금 가정 출신의 학생들에게 장학금을 제공하는 비정부 단체이다. 텔레스는 이 단체 이사회의 임원이며 장학생을 최종 선발하는 과정에 참여한다. 여태껏 1,000명이 약간 넘는 학생들이 혜택을 받았다. 시쿠피라는 두 재단에 참여한다. 첫 번째 재단 엔데버는 기업가정신을 지원하는 미국 단체로 2000년 시쿠피라의 지원에 힘입어 브라질에서 활동을 개시했다. 이후 엔데버는 브라질 신생 기업을 적극적으로 후원하는 단체로 성장했다. 비즈니스 리더 56명을 (훈련, 네트워킹, 코칭뿐만 아니라 경제적인 부분까지) 직접 지원하는 것은 물론이고 현장, 인터넷 강좌, 그리고 전국적인 행사를 통해 기업가정신주의에 관심이 있는 모든 사람을 대상으로 연수를 실시한다. 지금껏 엔데버가 브라질에서 직접 지원해서 창출된 고용이 2만 건이 넘는 것으로 추정된다. 시쿠피라는 2012년 엔데버의 회장직을 토투스의 소유주 라에르시우 코센티누Laércio Cosentino에게 넘겼다. 그는 앞으로 이사회 임원으로 남을 것이다.

물론 이 재단들은 세 파트너의 원칙을 따르고 있으며 설립자들이 독립해서 떠난 후에도 이 원칙은 지속되어야 한다. 조르지 게르다우는 다음과 같이 회상했다. "베투가 내게 살면서 실천하는 중요한 일은 모두 제도화해야 한다고 말한 적이 있어요. 그렇지 않으면 아무것도 하지 않은 것이나 마찬가지라고 하더군요. 그 말을 결코 잊지 않을 겁니다."

시쿠피라와 게르다우는 방쿠 가란치아 시절부터 알고 지냈지만 지난 10년 동안 더욱 가까워졌다. 시쿠피라의 두 번째 자원 봉사 사업은 공공 행정을 개선하는 일을 추진하는 브라마 재단이다. 게르다우는 2000년 주 정부와 시 정부의 효율성을 높이는 운동을 시작했다. 두 사업가의 길은 평행선을 달리다가 2007년 빈센테 팔코니 덕분에 만나게 됐다. 팔코니는 게르다우와 함께 공공 분야에 경영 충격을 안겼던 그의 오른팔이었다. 공공 행정의 효율성을 높이려는 두 사람의 노력은 미나스제라이스, 리우그란데 두 술, 페르남부쿠, 그리고 리우데자네이루로 확대됐다. 2011년 5월에 게르다우가 조정하는 연방 관리와 계획 회의소가 창설되면서 연방 정부까지 이 과정에 참여했다.

시쿠피라는 주지사와 정부 대표들이 모인 회의에 참석하는데 만족하지 않고 직접 적극적으로 활동하는 자신의 방식을 고수한다. 가까운 한 지인은 다음과 같이 전했다. "그는 리우에서 반쯤 변장한 채 경찰관들과 함께 회의에 참석했습니다. 보안 프로젝트가 어떻게 개발되는지 직접 보려고 눈에 띄지 않게 야구 모자를 쓰고 회의실 뒤편에 앉았죠."

시쿠피라는 행정 업무를 개선하기 위해 리우데자네이루에서 대부분의 시간을 보냈다. 주지사 세르지우 카브랄Sérgio Cabral은 시쿠피라의 참여에 관해 다음과 같은 의견을 전했다.

"나는 영광스럽게도 베투를 영구 자문으로 두고 있다. 그는 다양한 분야에서 활동하며 내 직원들과 대화를 나눈다. 배낭을 메고 추레한 청바지 차림으로 나타나는 그는 노련한 전문가이지만, 세상에서 가장 소박한 사람이며 마치 내 조수처럼 행동한다. 그가 우리 주 정부에서 가장 열심히 권장한 것은 능력주의 정책을 수립하는 일일 것이다. 수십 년 동안 이어져 내려온 엉터리 공무원 평등 법규들이 판을 치는 브라질에서 이것은 대단한 도전이었다. 우리는 주요 법률에 능력주의 정책을 포함시킬 방법을 모색했다."

자선 사업에 많이 참여한다고 해서 레만, 시쿠피라, 텔레스가 사업 활동을 뒷전으로 미룬 것은 아니다. 그들은 세계 최대 양조 회사, 브라질 최대 소매 체인점, 그리고 세계적으로 유명한 패스트푸드 체인점을 소유한 것에 만족하지 않고 더 많은 것을 원한다. 암베비가 2012년 마침내 남아메리카에서 가장 가치가 높은 회사가 됐다는 사실은 그다지 중요하지 않으며 주요 회사(암베비의 소유주인 앤호이저-부시 인베브, B2W의 소유주인 로자스 아메리카나스, 버거킹, 상카를로스)의 총 자산이 미화 1,600억 달러에 이른다는 사실도 그러했다. 그들이 지휘하던 암베비, 로자스 아메리카나스, 상카를로스가 25퍼센트라는 사상 최고의 평균 연간 수익을 거두었다는 사실 또한 중요하지 않다. 시쿠피라는 꾸준히 자신들의 독창적인 기둥들(능력주의, 비용 절감, 지속적인 향상)의 안내를 받으며 계속 기회를 좇고 있다.

그들의 목표는 수십 년에 걸쳐 시험한 이 비법을 이용해 최근 인수한 두 회사를 변화시키는 것이다. 첫 번째 회사 모델로는 2012년 미화 200억 달러에 인수한 멕시코 맥주 코로나의 제조업체이다. 이 인수를 통해 앤호이저-부시 인베브는 세계 최대 양조 회사로서 2위인 SAB밀러와의 격차를 더욱 크게 벌릴 것이다.

2013년 2월 인수를 발표한 두 번째 회사는 오랜 역사를 가진 미국 양념 제조업체 하인즈였다. 미화 280억 달러에 이르는 이 거래는 식품업계 역사상 최대 규모였다. 하인즈의 인수 소식에 전 세계가 깜짝 놀랐다. 거래 규모는 물론이고 브라질 사람들이 미국의 상징적인 브랜드 버드와이저, 버거킹, 하인즈의 소유주가 됐다는 사실 때문이다. 게다가 초대형 투자가 워렌 버핏이 파트너로 참여했다.

베링과 다른 3G 중역들은 그전부터 세계에서 가장 유명한 케첩 제조업체의 성과를 추적했다. 조르지 파울루의 넷째 아들 마르크

레만Marc Lemann도 분석 과정에 참여했다. 베링은 2009년 여름 3G에서 인턴으로 잠시 근무하던 마르크에게 하인즈의 성과를 분석하는 임무를 맡겼다. 그때 마르크는 스위스의 한 고등학교에 재학하던 17세의 소년이었다(현재 뉴욕의 컬럼비아 대학교에서 경제학을 공부하고 있다). 분석 결과를 보고 몹시 흥분한 그는 3G 팀에게 짧은 발표를 하면서 그 무렵 미화 40달러 미만으로 거래되던 하인즈의 주식을 매입하라고 추천했다. 그러나 3G 파트너들은 소년의 의견을 따르는 대신 다른 식품과 음료 회사들의 주식을 매입했다.

3년이 지난 후에 3G는 마침내 하인즈와 접촉했다. 베링은 2012년 12월 첫째 주 레만과 대화를 나누다가 연간 총 수입이 미화 116억 달러에 이르는 절대적인 거물이었던 하인즈의 지휘권을 매입하라고 제안했다. 그는 하인즈가 전 세계 200여 개국에 진출했고 매년 평균 한 자리씩 성장하는 탄탄한 브랜드라고 주장했다(브라질 하인즈의 소유주는 고이아스에 거점을 둔 케루였다). 그 회사가 훨씬 더 빠른 속도로 확장할 잠재력이 있다고 느꼈던 베링은 며칠 후 버크셔 헤서웨이의 소유주 버핏과 함께 콜로라도에서 열린 짐 콜린스의 워크숍에 참석했을 때 아이디어를 전달했던 것이다.

12월 9일 볼더에서 오마하로 가는 비행기에서 레만은 자신의 계획을 버핏에게 대략적으로 설명했다. 두 사람은 결국 거래를 진행하기로 결정했다. 얼마 후 레만과 베링은 하인즈 이사회 의장 겸 CEO인 윌리엄 존슨William Johnson과 저녁 식사를 함께하기로 약속했다. 그달 말 플로리다의 한 레스토랑에서 가진 만남을 필두로 협상이 시작됐다. 이후 레만은 뒤로 물러났고 베링이 하인즈와의 협상을 이끌었다.

송년회 시즌이 끝난 직후 베링은 1세기가 넘도록 하인즈의 본사가 있었던 피츠버그로 향했다. 논의의 속도가 빨라졌다. 양측은 작업의 체계를 세우기 위해 여섯 개 은행과 네 개 법률 회사를 고용했다. 결국 300여 명이 참여했다.

버핏은 멀리서 추이를 살피다가 2013년 2월 11일 월요일이 돼서야 직접 관여했다. 거래가 타결되기 직전 베링과 존슨을 초대해 오마하에 있는 한 소박한 레스토랑에서 점심 식사를 했다. 그리고 계약이 체결됐다. 사흘 후 버크셔 헤서웨이와 3G 캐피털은 주당(그 전날 시가보다 20퍼센트 높은 가격인) 미화 72.50달러에 하인즈를 매입했다고 발표했다. 두 회사는 하인즈의 지휘권을 얻기 위해 각각 미화 45억 달러를 투자했다(버크셔 헤서웨이는 우선주로 미화 80억 달러를 추가로 출자했다). 거래가 법적 승인을 받기까지 기다리는 동안 (2013년 3사분기에 승인을 받았다) 베링과 그의 팀은 하인즈의 운영 방식을 직접 파악하고 매입을 승인받기 위한 변화를 계획했다.

『이코노미스트』는 다음과 같이 보도했다. "하인즈가 식품계의 앤호이저-부시 인베브가 되려면 갈 길이 멀다(하인즈의 세계 순위는 13위이다). 하지만 그 브라질 사람들이 지휘를 맡고 버핏이 배후에 있으니 상승할 가능성이 있다." 레만, 텔레스, 시쿠피라의 세계적인 발전은 그쯤에서 멈출 것 같지 않다. 세 사람의 측근들에 따르면 그들은 다른 외국 대기업들을 염두에 두고 있다. 몇 년 동안 앤호이저-부시 인베브가 펩시코나 코카콜라를 인수할 것이라는 소문이 떠돌았다. 전 브라마가 펩시코의 소프트드링크를 브라질에 유통시키기 시작하면서부터 수십 년 동안 앤호이저-부시 인베브와 펩시코는 가까운 사이였다. 코카콜라의 경우에는 다른 방향으로 접근할 가능성이 있다(지분 9퍼센트를 소유한 버핏은 코카콜라의 최대 개인 주주이다).

과연 버핏과 그의 친구(이제 파트너)인 레만이 힘을 합쳐 미국 최대의 상징이며 시가가 1,690억 달러에 육박해 경쟁회사인 펩시코의 2배에 이르는 회사의 지휘권을 매입할 것인가? 이 질문에 버핏은 고개를 젖히고 크게 웃었다. "지금 당장은 내게서 아무것도 얻지 못할 것이오."

나는 2007년 1월 조르지 파울루 레만을 개인적으로 알게 됐다. 그때 나는 그와 파트너들 마르셀 텔레스와 베투 시쿠피라의 부상에 대한 책을 쓰겠다는 내 목표를 알렸다. 조르지 파울루는 최대한 눈에 띄지 않는 스타일로 정중하게 사양의 뜻을 전했다.

"우리가 한 일은 골드만삭스와 월마트를 조금씩 복제한 게 전부입니다. 그 이상은 아무것도 없어요. 어쨌든 저는 책을 내기에 적절한 시기라고 생각지 않습니다."

나는 이후 4년 동안 세 사업가에게 이 문제를 놓고 설득했다. 아무런 소득이 없었다. 나는 결국 그들에게 '적절한 시기'란 없을 것이라고 결론을 내렸다. 조르지 파울루, 마르셀, 베투는 그저 이런 종류의 노출을 원치 않는 것이다. 그래서 모험을 감행하기로 결심했다.

이런 상황에서 책을 쓰기 위해서 (대부분 이름을 밝히지 않는다는 조건으로) 100명에 가까운 사람들의 의견에 의존해야 했다. 이 목록에서 가장 유명한 이름은 단연코 워렌 버핏이다. 우리는 그의 집무실에서 한 시간 동안 이야기를 나누었다. 세계 4대 갑부인 그는 알고 보니 소박하고 호기심 많은 사람이어서 오히려 내게 브라질에 관해 많이 물었다. 세 브라질 사업가의 부상에 대한 그의 견해는 이 책의 토대가 됐다.

나는 레만, 텔레스, 시쿠피라와 가까운 많은 사람의 도움을 받았다. 인터뷰한 사람들 가운데 몇 명은 친절하게도 두 차례 이상 나를 만나고 수많은 이메일에 답장해주었다. 특히 페르센 람브라뉴, 알렉스 베링, 호베르투 톰슨, 파울루 아라가웅, 주제 카를로스 하모스 다 시우바, 마르셀루 바르바라, 주제 올림피우 페레이라, 호제리우 카스트루 마이아에게 고마움을 전하고 싶다. 암베비 커뮤니케이션 부서의 책임자인 밀턴 셀리그먼Milton Seligman과 알렉산드리 로레스Alexandre Loures는 회사에 관한 정보를 조사하고 중역들과 인터뷰할 때 내가 더 편안하게 일할 수 있도록 도와주었다.

내가 12년가량 잡지 『이자미』에 근무하는 동안 몇 차례 즐겁게 인터뷰를 한 적이 있는 짐 콜린스는 서문을 써달라는 내 제의를 수락해주었다(그는 아마 줄기차게 내 부탁을 받느니 동의하는 편이 더 편할 거라고 생각했을 것이다). 콜린스는 그 브라질 사업가들을 이끈 철학을 몇 페이지로 간결하게 요약했다.

특히 페드루 멜루Pedro Mello, 알프레두 오가와Alfredo Ogawa, 카르멘과 라우렌치누 고메스Carmen & Laurentino Gomes 같은 많은 사람들과 미리 몇 차례 대화를 나누지 않았다면 이 책을 쓰기로 결정하기가 더 어려웠을 것이다. 이들은 모두 나름대로의 방식으로 책을 쓰는 과정에 일어날 만한 실수를 최대한 줄일 방법을 알려주었다. 프로젝트를 시작해보라고 용기를 북돋아주었던 에두아르두 오이네기Eduardo Oinegue도 빼놓을 수 없다. 그의 격려가 없었다면 나는 아직도 '적절한 시기'를 기다리고 있을지 모른다.

아울러 (부분이든 전체든 상관없이) 초안을 읽고 실수를 바로잡으며 바꿀 부분을 제안하고 읽기 쉽게 고칠 방법을 지적해준 친구들에게 감사한다. 파트리시아 아르그레아비스Patricia Hargreaves, 지미트리 아부디Dimitri Abudi, 그리고 내 편집자들 엘리우 수세킨드Helio Sussekind, 그리고 마르코스 다 베이가 페레이라Marcos da Veiga Pereira가 바로 그들이다. 엘리우와 마르코스의 헌신적인 도움은 내가 이 책을 계속 쓰겠다는 자신감을 얻는 데 결정적인 역할을 했다.

그리고 나는 우리 부모님 에지네지아와 도밍구스의 지원과 영향이 없었다면 결코 이 책을 끝내지 못했을 것이다.

주요 연표

가란치아에서부터 3G 캐피털까지 제국의 건설

연도	주요 사건
1939	조르지 파울루 레만, 리우데자네이루에서 태어나다.
1948	카를로스 알베르투 시쿠피라, 리우데자네이루에서 태어나다.
1950	마르셀 에르만 텔레스, 리우데자네이루에서 태어나다.
1961	레만, 하버드 대학교에서 경제학과를 3년 만에 마치다.
1963	레만, 스위스 제네바의 크레디트 스위스에서 인턴 과정을 마치고 리우데자네이루로 돌아오자마자 인베스코 할부 금융 회사에 고용되다. 그가 파트너가 됐던 이 회사는 3년 뒤 파산한다.
1967	레만, 방쿠 알리안사가 소유한 리브라 중개 회사의 주식 13퍼센트를 사고 그곳에서 근무하기 시작하다.
1970	레만, 리브라의 통수권을 매입하지 못한 후 회사를 떠나다.
1971	레만과 파트너들, 가란치아 중개 업무 인가를 매입하다.
1972	텔레스, 가란치아에 고용되다. 근무 초기의 몇 주 동안 사환처럼 일하다.
1973	시쿠피라, 수중 낚시를 하는 동안 레만을 만나 가란치아에서 일하기 시작하다.
1976	미국 은행 JP 모건, 가란치아 중개 회사를 매입하기 위해 노력하다. 레만이 빠져나와 투자 금융에 진출하기로 결심하고 가란치아를 설립한다.
1982	가란치아, 로자스 아메리카나스를 매입하다. 시쿠피라가 가란치아를 떠나 이 소매 회사를 운영한다.
1989	가란치아, 맥주 양조 회사 브라마를 미화 6,000만 달러에 매입하다, 텔레스가 경영자로 선발돼 은행의 일상 업무에서 손을 뗀다.
1993	레만과 시쿠피라, 텔레스, 브라질 최초의 사모 투자 회사 GP 인베스치멘투스(GP Investimentos, 가란치아와 별개)를 창립하다. 시쿠피라는 GP를 위해 로자스 아메리카나스를 떠나다.

1994	가란치아, 약 미화 10억 달러의 수익을 올리며 연간 최고 성과를 기록하다.
1998	가란치아, 아시아 위기의 여파와 문화의 약화로 타격을 입은 후에 미화 6억 7,500만 달러에 크레디트 스위스로 매각되다.
1999	브라마, 경쟁 양조 회사 안타르치카를 매입 암베비를 창립하다.
2003	레만, 텔레스, 시쿠피라, 자신들의 GP 인베스치멘투스 지분을 안토니우 본크리스티아누와 페르센 람브라뉴가 이끄는 신세대 파트너들에게 매각하다. 이듬해 세 기업가는 남은 지분을 매각하고 회사를 완전히 떠난다.
2004	벨기에의 인터브루, 암베비를 매입해 인베브를 설립하다. 거래에 따라 레만, 텔레스, 시쿠피라가 새로운 양조 회사의 주주가 된다. 훗날 그들은 인베브의 지분을 늘려 최대 개인 주주가 된다. 세 기업가, 미국 기업에 투자할 목적의 펀드 3G를 시작하다. 알렉산드리 베링이 운영자로 선정된다.
2006	로자스 아메리카나스의 전자제품 소매 회사 아메리카나스 닷컴, 1999년 GP 인베스치멘투스가 설립한 서브마리노를 매입하다.
2008	인베브, 버드와이저의 제조업체인 미국 양조 회사 앤호이저-부시를 미화 520억 달러에 매입하다. 앤호이저-부시 인베브라고 불리는 새 회사는 세계 최대 양조 회사다. 카를로스 브리투가 CEO를 맡는다.
2010	3G, 미국 패스트푸드 체인점 버거킹의 세계 지휘권을 미화 40억 달러에 매입하다.
2013	3G, 미국 식품 제조업체 하인즈를 미화 280억 달러에 매입한다는 사실을 발표하다. 워렌 버핏이 이 거래에서 브라질 사람들의 파트너가 된다.

드림 빅

초판 1쇄 발행 2024년 11월 22일
초판 2쇄 발행 2024년 11월 27일

지은이 크리스치아니 코레아
옮긴이 이미숙
펴낸이 안현주

기획 류재운 **편집** 안선영 김재열 **브랜드마케팅** 이민규 **영업** 안현영
디자인 표지 정태성 본문 장덕종

펴낸 곳 클라우드나인 **출판등록** 2013년 12월 12일(제2013 - 101호)
주소 우) 03993 서울시 마포구 월드컵북로 4길 82(동교동) 신흥빌딩 3층
전화 02 - 332 - 8939 **팩스** 02 - 6008 - 8938
이메일 c9book@naver.com

값 20,000원
ISBN 979 - 11 - 92966 - 96 - 0 03320

* 클라우드나인에서는 독자 여러분의 원고를 기다리고 있습니다.
출간을 원하시는 분은 원고를 bookmuseum@naver.com으로 보내주세요.

* 클라우드나인은 구름 중 가장 높은 구름인 9번 구름을 뜻합니다. 새들이 깃털로 하늘을 나는 것처럼 인간은 깃펜으로 쓴 글자에 의해 천상에 오를 것입니다.